Heinrich Barth

H. Barths Reise von Trapezunt durch die nördliche Hälfte Klein-Asiens nach Scutari

Heinrich Barth

H. Barths Reise von Trapezunt durch die nördliche Hälfte Klein-Asiens nach Scutari

ISBN/EAN: 9783743476639

Hergestellt in Europa, USA, Kanada, Australien, Japan

Cover: Foto ©Andreas Hilbeck / pixelio.de

Weitere Bücher finden Sie auf **www.hansebooks.com**

Dʀ. H. BARTH'S
REISE VON TRAPEZUNT

DURCH DIE NÖRDLICHE HÄLFTE KLEIN-ASIENS

NACH

SCUTARI

IM HERBST 1858.

MIT EINER KARTE VON Dʀ. A. PETERMANN.

(ERGÄNZUNGSHEFT ZU PETERMANN'S GEOGRAPH. MITTHEILUNGEN.)

GOTHA: JUSTUS PERTHES.
1860.

Es war mir ein grosser Genuss, Konstantinopel zum zweiten Mal zu besuchen, so verhasst auch mir Pera ist, das schmutzige, widerliche Frankenquartier. Als ausschliesslicher Mittelpunkt einer festen Osmanen-Herrschaft hatte die Stadt seit meinem ersten Besuch im Oktober 1847 keineswegs gewonnen, im Gegentheil hatte Europäisches Element versucht, in alle Zweige ihres Lebens einzudringen, aber als Mittelpunkt eines grossartigen Handelslebens hatte es offenbar einen bedeutenden Aufschwung genommen und die beiden Brücken über das Goldene Horn schienen fast dem Verkehr schon nicht mehr zu genügen. Dafür war aber auch Alles im Preise gestiegen. So war selbst der Preis in Missiri's Hôtel, wo ich auch bei meiner ersten Reise abgestiegen war, seit dem Krieg erhöht worden. Auch diess Mal konnte ich wiederum unter Leitung des Herrn Dr. Mordtmann manches Einzelne, was mir bei meinem ersten Besuch entgangen war, aufsuchen und eben durch diese wichtigeren Merkzüge meinem Bilde dieser merkwürdigen Stadt innigeren Gehalt geben. Es war ausserordentlich charakteristisch für die jetzige Stellung der 'Osmanlis und für ihr Bewusstsein ihrer gegenwärtigen bedrängten Lage dem von allen Seiten sie bedrohenden Europäischen Element gegenüber, dass, während das Grab des letzten Kaisers Konstantin im Welfä-hanè ohne Grabstein und voll Schutt und Unrath, fast unkenntlich geworden dalag, dasjenige des ruhmgekrönten Siegers, der den Kaiser bei der Einnahme der Stadt erschlug, vor Kurzem mit einem schönen Eisengitter eingefasst und durch eine Lampe erhellt war. Dagegen zeigten sich auf der anderen Seite die ersten merkbaren Spuren municipalen Eingreifens in der Frankenstadt, und diess Quartier versprach sich mit der Zeit aus seinem Schmutze hervorzuarbeiten.

Höchst interessant war auch ein Besuch der Zairèk djâmi, ursprünglich einer alten Griechischen Kirche, an die eine andere Kirche angebaut war, in alter Einfachheit und grossartigem Style mit keinem andern Schmuck als zahlreichen Plänen und Zeichnungen berühmter moslemischer Gotteshäuser und daneben edlem Marmor. Vor Allem belohnend aber mit Berücksichtigung der älteren Geschichte der Stadt war ein Besuch des zerstörten Klosters Pankratòr, das seiner beherrschenden Lage wegen der Sitz der Herrschaft der Lateiner war während ihres Besitzes der Stadt. Diese Lokalität hat Herr Löwenstern entdeckt und damit viel für die volle historische Anschauung der früheren Bedeutung dieser Weltstadt gethan.

Auch die Mauern, die Herrn Dr. Mordtmann's ganz specielles Studium in den letzten Jahren gebildet hatten, wurden nun ganz ins Einzelne wieder besichtigt und mancher neue interessante Zug lebendig erfasst und in die historische Anschauung eingereiht; zumal wichtig war der durch die Inschriften des Theodosius und der Paläologen gebotene Haltpunkt. Dabei durchstrichen wir die ganze Stadt nach verschiedenen Richtungen und versäumten weder die Moscheen noch sonst interessante Punkte. So gewährte die herrliche Aussicht vom Thurm des Seraskier das umfassendste Interesse und rief manches früher Erlebte wieder ins Gedächtniss zurück.

Eine herrliche Spazierfahrt den Bosporus hinauf bis nach den Hissars oder den von Mohammed II. vor der Eroberung Konstantinopels erbauten Kastellen und den Blauen Wassern war dazwischen eine grosse Erholung. Diese Spazierfahrt hatte dabei zum Zweck einen Besuch bei Ahmed Wefik Effendi, der oben auf der Höhe über Rûmili Hissar wohnt. Er ist einer der aufgeklärtesten Türken und hat wohl einen klaren Blick über die gesammten politischen Verhältnisse seines Vaterlandes.

Herr Eichmann, der eben angekommene zeitweilige Chef der Preussischen Gesandtschaft und Herr Dr. Blau erzeigten mir während meines Aufenthaltes in Konstantinopel grosse Freundlichkeit; Herr v. Wildenbruch war gerade im Begriff abzureisen, ja ich war mit der vorgefassten Meinung hierher gekommen, dass er schon abgereist sei, und hatte daher die beiden ersten Tage versäumt, ihm meine Aufwartung zu machen.

Mittlerweile vereinigten wir uns, dass Herr Dr. Mordtmann mich auf meiner Klein-Asiatischen Reise begleiten solle, und schifften uns demnach mit unserem ziemlich schweren Reisegepäck, das drei Süttel inbegriff, am 25. Oktober an Bord des Französischen Dampfbootes „Sully" nach Trapezunt ein. Das Schiff war sehr voll von Gütern und Passagieren. Die Letzteren fuhren meist vierter Klasse und waren fast insgesammt Leute, die mit ihrem in der Hauptstadt gesammelten Erwerb in ihre Heimath zurückkehrten. Die Franzosen thun sehr viel, um sich durch bequeme Einrichtung des Deckes für diese Art Passagiere bei der eingeborenen Bevölkerung beliebt zu machen.

Wie wir so am Nachmittag den Bosporus hinauffuhren, zog ein sehr drohendes Gewölk sich zusammen, und wie wir in das offene Meer hinaus kamen, trat eine ganz starke Bewegung ein. Am Morgen aber hatte der Himmel sich wieder aufgeklärt. Da befanden wir uns an der schön gezackten Küste hinter E'regli; besonders schön machten sich die tiefen Thaleinschnitte von Kidros und Kapü-ssü. Jedoch im Allgemeinen veränderte sich jenseit Amasreïa der Charakter der Landschaft vollkommen und die Hügel wurden sanfter gewellt. Am Abend erreichten wir Ineboli, wo eine beträchtliche Anzahl Passagiere sich ausschiffte, auch mehrere Tartaren oder Kouriere, deren glänzende Tracht unter der halbzerlumpten Menge angenehm abgestochen hatte.

Als wir am Morgen des 27. aufs Verdeck hinaustraten, zeigte sich unseren Blicken ein neuer Charakter der Küste, der Kamm der Bergreihen weiter zurücktretend und ein grosses, breites Vorgebirge in niedrigerer Höhe sich ins Meer vorschiebend. Leider versäumte ich den Anblick von Sinope vor der Westseite. Man legt an auf der Ostseite der Halbinsel. Sinope hat jetzt nur an 2000 Häuser und während es dem Alterthumsforscher ein nicht uninteressanter Punkt ist, kann es in jetzigen Verhältnissen keine Bedeutung gewinnen, da keine grosse Verkehrsstrasse ins Innere eröffnet ist und es kein bedeutendes Hinterland hat. Sonst hat die Beschiessung durch die Russen wohl keinen dauernden Einfluss auf die Wohlhabenheit der Stadt ausgeübt.

Wir umschifften dann das flache, ziemlich reich mit Bäumen bewachsene Delta des Kisil Irmak, erreichten um vier Uhr Nachmittags Ssamssün und machten hier einen kleinen Spaziergang ins Land hinein. Ssamssün hat viele Vortheile, da es ein ausgedehntes reiches Hinterland hat, aber es hat auch viele Nachtheile, besonders die offene ungeschützte Bucht und ein keineswegs gesundes Klima. Ehe nicht das alte Kastell unten am Landungsplatze weggerissen wird, ist an gar keine Erweiterung und Verbesserung der Stadt zu denken. Am Morgen des 28. hatten wir das alte Kap Jasonion, Yasön Burün, mit seiner weit ins Meer hinausgestreckten Spitze hinter uns. Dann passirten wir den Hafen von Ordu oder Durdu mit dem kleinen niedlichen Ort von über 100 Häusern etwas weiterhin; die Felder zwischen den tief eingerissenen Schluchten zeigten hübschen Anbau. Die gesammten Abhänge waren hier dicht mit Nussbäumen besetzt. Weiterhin folgte A'yio Vásili und um acht Uhr legten wir uns vor dem malerischen Kérassün vor Anker. Die Lage ist sehr schön und auch fest, aber es ist für den Verkehr ohne Bedeutung. Weit am Abhang der hohen Halbinsel herum sieht man die Reste der früheren Befestigung sich hinziehen und die Häuser steigen am Abhang hinter der Halbinsel weit hinan.

Da sieht man noch schöne, reichbelaubte Waldung. Besonders Tabaks-Ballen wurden hier ausgeschifft und unter den Passagieren, die hier einstiegen, zeichnete sich ganz vorzüglich eine Griechische Familie aus, ein Mann mit Frau, zwei Töchtern und, wie es schien, dem Bräutigam der einen; am interessantesten waren die beiden Töchter, zwei schmucke, eben heirathsfähige Mädchen in höchst reicher, interessanter Nationaltracht, mit eng anschliessendem sammtnen Brustwamms, seidenem Schürzenkleid, auf dem Kopf eine kleine Mütze mit goldener Troddel und mit seidenem Tuch umbunden und mit Schnüren von Goldstücken um den Nacken.

Östlich von Kérassün steigen mächtige Kuppen vom Paryádres empor und endigen zum Theil in spitzen Kegeln. Dann passirten wir ein anderes Hàyio Vássili und dann Tirèboli, ein kleines Städtchen, in lieblicher Lage am Bergabhang gelegen, besonders von Osten her einen höchst malerischen Anblick gewährend, aber ganz ohne Hafenbildung. Dann folgte der Buyúk Limàn, mit prächtiger kleiner Thalbildung dahinter aufwärts steigend. Der Ort ist ausschliesslich von 'Osmanlis bewohnt und scheint ganz für ein still zufriedenes Leben geeignet. Bei Kará Burün war die ganze Küste in Weinbergen angelegt, deren jeder sein kleines Landhäuschen einschloss. Etwas nach Mittag passirten wir Koralla oder vielmehr dessen Ruinen, da der Ort vor 60 Jahren, wo er ganz bedeutend war, von einem Dere-bei zerstört wurde. Bei Háyios Oros veränderten wir unsere Richtung und hatten nun einen schönen Blick auf Trapezunt, während nach Osten die prächtige Kammhöhe des Moschischen Gebirgszuges mit ihren schneebedeckten Kuppen sich herumzog. Das Ufer zeigte Bohnenbau, Oliven und Viehzucht und selbst eine ganz steil ansteigende Steilschlucht war an mehreren fast unzugänglich scheinenden Stellen angebaut. Dann ging es bei Indjir Limän vorbei und 2¾ Uhr erreichten wir Aktsché Kalé, ein kleines Dorf mit sehr frischem grünen Gehänge, dann um drei Uhr ein zerstörtes Kastell auf einem kleinen Küstenvorsprung; dann ging es bei Plátana vorbei, einem lieblich gelegenen Orte, der sich vorzüglich durch seine vortrefflichen Bohnen auszeichnet.

So erreichten wir den Hafen von Trapezunt eben zu rechter Zeit, um noch am Abend ans Land zu gehen. Der Kapitän des „Sully" hatte uns in allen Stücken grosse Aufmerksamkeit bewiesen, aber das Schiff war schlecht und musste bald zum Kalfatern nach Frankreich zurückgeschickt werden. Wir wandten uns also die ziemlich steilen Strassen aufwärts nach der vor Kurzem eingerichteten Europäischen Locanda; sie ist leidlich gehalten, aber der Wirth ist ein ganz versoffener Mensch.

Wir blieben in Trapezunt oder, wie die Türken den

Namen aussprechen. Tarabosan zwei Tage und benutzten unsere Zeit sehr eifrig, sowohl um mit dem ganzen interessanten Charakter der Stadt uns vertraut zu machen, als auch im Einzelnen, so viel es die kurze Zeit erlaubte, eingehender zu betrachten. Die Stadt gewährt neben ihrer schönen, malerischen Lage das Bild eines ganz regen Verkehres und doch gewahrt man nicht leicht Scenen, die das Auge beleidigen. Aber so blühend die Stadt jetzt ist, so hängt ihre ganze Zukunft doch an einem Haare und die Russen werden ihr sicherlich ihr Lebenselement entziehen, wenn die Türkische Regierung noch länger mit dem Strassenbau ein blosses Spiel treibt. Das kleine, ein Paar Hundert Schritt lange Endchen einer Kunststrasse bei Trapezunt ist vollkommen lächerlich und der schwere Anstieg am Bôs-tepé herum ist bis jetzt nichts als eingehauen. Zwei Punkte waren es besonders, die unsere Aufmerksamkeit auf sich zogen, das Schloss und die Háyia Ssofía. Erst wenn man das Schloss oder die Citadelle genau untersucht, verschafft man sich ein lebendiges Bild der eigenthümlichen Lage der Altstadt, die im Alterthum so wie im Mittelalter die eigentliche Stadt bildete, mit ihrer oben schmalen und erhobenen, allmälig im Abstieg sich erweiternden Felsplatte, die von zwei tief eingerissenen Schluchten auf beiden Seiten eingerahmt und vertheidigt wird. Wir konnten die ganze Citadelle, obgleich sie noch ziemlich dicht bis an die Mauern hinan bewohnt ist, ohne die geringste Störung nach Gefallen begehen und den höchsten Punkt erklettern und ich zeichnete von der freien Terrasse oberhalb der Burg die hier gegebene Ansicht der Stadt. Hier ist ein gar anmuthiger, freier Lagerplatz in der schönen Jahreszeit. Die beiden tiefen Felsspalten sind reich bebaumt, besonders die westliche, aber sie durch die in ihrer Tiefe angelegten Ledergerbereien auch sehr verunstaltet, und wie nichts in der Welt romantischer sein kann, als der Blick von der Steinbrücke, die hoch im Niveau des Felsplateau's über sie hinführt, so wird der Enthusiasmus bedeutend gemindert, wenn man in ihre Tiefe hinabsteigt. Wir suchten mit grossem Eifer nach alten und mittelalterlichen Inschriften in der Stadt und an der Citadellenmauer und fanden einiges von Fallmerayer Übersehenes. Ein zweiter Gegenstand von besonderem Interesse war die Ruine der Háyia Ssofía in geringer Entfernung westlich ausserhalb der Stadt, mit ihrer romantisch stillen Lage am Meeres-Ufer und ihrem sorgfältigen, zierlichen Bauwerk. Die Façade des Portals ist höchst eigenthümlich komponirt im halbbarbarisch mittelalterlichen

Ansicht von Trapezunt.

Style; sie ist wiederholt gezeichnet, aber die Skizze, die ich machte, giebt viele übersehene Motive; doch will ich sie hier nicht mittheilen. Die Mannigfaltigkeit der einzelnen Darstellungen nämlich des Reliefs ist sehr gross. Während unseres kurzen Aufenthaltes erzeigten uns der Österreichische, Neapolitanische und Englische Konsul viel Aufmerksamkeit und Freundlichkeit.

Stets wird man beim Aufbruche zu einer längeren Reise die meisten Schwierigkeiten haben; Alles wird da von Neuem aufgelöst und muss noch einmal vom Anfang an angeordnet werden. So ging es auch uns bei unserer Abreise von Trapezunt. Da fehlte es an dem Nöthigsten, an den Pferden. Der Mann, mit dem am vorhergehenden Tage der Vertrag geschlossen war, liess sich nicht sehen.

Endlich nach grosser Anstrengung gelang es uns, andere Pferdeführer aufzutreiben, aber auch mit diesen ward der Kontrakt sehr ungenügend abgeschlossen und wir hatten in der Folge die grösste Noth mit ihnen, da sie uns nur bis nach Gümüsch-Hané bringen wollten, wohin zu gehen gar nicht unsere Absicht war. Gerade von solchen Städten aus wie Trapezunt, den Ausgangspunkten einer grossen, viel und exklusiv betretenen Handelsstrasse, ist es am allerschwierigsten, eine Nebenroute einzuschlagen.

Endlich waren wir zu Pferde. Aber wir hatten nur vier Gäule und die beiden Ssurudschi — denn ihrer waren zwei — mussten zu Fuss gehen. So rückten wir langsam den steilen Hügel aufwärts, den wir schon neulich auf dem Wege nach dem Bös-tepē erstiegen hatten, und hier oben nahmen wir für einige Zeit Abschied vom Meere, so wie ich dem schönen malerischen Schloss ein warmes Lebewohl sagte. So traten wir unseren Gebirgs-Marsch an. Leider war er nicht von klarer Beleuchtung begünstigt, denn drohendes Regengewölk hatte sich zusammengezogen. Immer aber stand mir im Nachtheil das aus Fallmerayer's zu enthusiastischer Beschreibung eingesogene Vorurtheil der üppigen Bebauung dieser Höhen; allerdings fehlte es nicht ganz an Unterholz, aber doch hatte sich einmal in der Phantasie ein ganz anderes Bild festgesetzt; denn in Wirklichkeit war da keine Waldgegend. Schön war der Blick nach etwa einer Stunde, als wir unten in der Tiefe bei augenblicklich herrlicher Beleuchtung zur Linken das östlich von Trapezunt ausmündende Flüsschen hatten, das unsere Begleiter an dieser Stelle Moegirdussu nannten, was aber ein etwas ungewöhnlicher Name zu sein schient. Sonst heisst es Degirmén-ssú. Hier hatten wir so ziemlich die erste Kammhöhe erreicht und stiegen nun abwärts und erreichten so nach 30 Minuten in einem schönen Kessel das Niveau des Flusses selbst. Wir hatten uns aber kaum eine halbe Stunde im Lande gehalten, bis zu einer Gruppe von Herbergen (Hánlar oder Chanlar), als wir schon wieder eine Berghöhe überschreiten mussten. Recht langsam ging es vorwärts mit unseren Saumthieren und es war uns gar nicht unangenehm, als wir nach dem Abstieg bei dem Derebénd aghassi oder dem Wachtmeister der Strasse, wie die Türken sie jetzt an den gefährlichsten Stellen aufgestellt haben, eine Tasse Kaffee zu trinken Gelegenheit fanden. Man kann oft von diesen Leuten förderliche Nachrichten über seine Strasse einziehen und thut gut, an ihnen nicht immer vorbeizugehen. Wir erfuhren von unserem Freund auch die Namen der umliegenden Dörfer. So liegt auf der Rechten Sséssera, auf der Linken der Strasse Fanda, aber wir bekamen sie nicht zu Gesicht. Auf der rechten Seite des Flusses liegen etwas abwärts die Dörfer Lonssa und Chösch-Oghlán.

Nachdem wir unsern Marsch wieder angetreten hatten, war die Gegend malerischer und alsbald theilte sich das Thal beim Dorf Djéssero, das am Fusse einer mit einer mittelalterlichen Burgruine geschmückten, recht malerisch bewaldeten Berghöhe liegt, in zwei Arme und wir folgten dem westlichen. Hier war die Gliederung der Oberfläche und die Bebauung mannigfaltiger und reicher, aber die Spuren menschlichen Fleisses und menschlicher Thätigkeit waren allerdings nicht gross; erst nach einer Stunde folgte ein Dorf zur Linken — es hiess Ilakssa — und dann nach 20 Minuten ein anderes, am südlichen Abhange einer malerischen Schlucht gelegen. Bald dahinter passirten wir den hier schon ganz ansehnlichen Strom und seine rauschende Wassermasse belebte jetzt das Thal mehr und mehr. Ein sehr hübscher Punkt ward hier auch gebildet von einem mit Cypressen anmuthig geschmückten Grabhof zur Seite eines Chans, aber seine Frische verlieh der ganzen umherliegenden Gegend einen Charakter der Dürre und lieferte einen scharfen Gegensatz gegen die wildschönen aber nackten Trachytmassen auf der westlichen Thalseite, in denen Höhlen zu erkennen waren. Wir begegneten zahlreichen Trupps wandernder Yürüks, die von den Bergen herabstiegen und mit Weib und Kind nach Trapezunt zogen. Obgleich unser Weg am Strome aufwärts führte, waren wir doch auf der letzteren Strecke von der höheren Thalwand abwärts gestiegen und erreichten so den ersten Chán von Djéwislik und bald darauf das Dorf selbst. So hatten wir auf diesen Marsch ungeachtet unseres ziemlich schwer beladenen Packthieres nicht allzu viel Zeit verwandt, indem wir, den Aufenthalt in Derbend abgerechnet, kaum 5¾ Stunden gebraucht hatten. Herr Texier gebrauchte zu derselben Strecke beinahe acht Stunden. Da ich selbst bis heute noch nicht durchgreifend beobachtete, führe ich unten an, was mein Begleiter über diese Strecke in sein Tagebuch eintrug[1]).

---

[1]) „Auf dem Wege, den wir betraten, befinden sich in kurzen Zwischenräumen, höchstens alle zehn Minuten, eine Anzahl Schuppen, wo die Karawanen für alle ihre Bedürfnisse Befriedigung finden; ausser Haus für Reisende mit Stallung für die Pferde findet man dort noch Fleischer, Bäcker, Bakkala (Viktualienhändler), Obsthändler, Kaffeehäuser u. s. w. ... (9¾ Uhr aufgebrochen). um 10½ Uhr betraten wir die Thalschlucht des Degirmen Sú, die wir den ganzen Tag verfolgten. Die Kultur in diesem Thale besteht vorzüglich in Mais und Tabak, auch Melonen, Hanf und Flachs. Die Dörfer liegen alle seitwärts von der Landstrasse auf den Höhen; um 10 Uhr 40 Min. passirten wir das Dorf Lousa (rechtes Ufer), um 11¼ Uhr das Dorf Chösch-Oglán, nach welchem das ganze Thal benannt wird; es liegt ebenfalls auf dem rechten Ufer; um 12 Uhr erreichten wir den Engpass (Derbend, in der ganzen Türkei vulgär Devrend genannt) Mäherdji, dessen Kommandant im J. 1828 bei der Einnahme von Anapa Russischer Kriegsgefangener ward und nach Sebastopol gebracht wurde. Auf der rechten Thalseite liegt hier das Dorf Fondsk, auf der linken Sóssera. Wir machten hier eine Viertelstunde Halt. ... Um 1 Uhr 10 Min. passirten wir Matschka Köi (rechtes Ufer), um 1 Uhr 40 Min. Ilaksa (linkes Ufer); von hier an blieben wir beständig auf dem rechten Ufer. Um 2¼ Uhr passirten wir Matara jinün Köi (linkes Ufer) und erreichten

Aber unser Quartier war keineswegs, wie wir es wünschten, und hätten wir unsere Pferdeführer nur von der Stelle bringen können, so hätten wir gern ein weiter vorwärts gelegenes Dorf erreicht. Nichts ist unerfreulicher als diese Chane, wo man nichts findet als leere schmutzige Wände und selten einen freundlich entgegenkommenden dienstbaren Geist, um Einem die verschiedenen Artikel, deren man bedarf, zu verschaffen. Zum freien Zelten-Lager war die Jahreszeit schon zu weit vorgerückt und ökonomische Rücksicht verbot mir, mich mit Europäischen Bedürfnissen zu versehen, ausser gutem Kaffee und Thee, so dass wir gänzlich auf das angewiesen waren, was wir an Ort und Stelle finden konnten. Während uns ein einfaches Abendbrod angerichtet wurde, machten wir einen äusserst interessanten Spaziergang am Flusse hinab. Die Brücke war erst vor Kurzem neu erbaut und spannt, wie fast alle neuen Türkischen Brücken in hohem, für die Passage keineswegs sehr bequemen Bogen, unter dem ein ansehnlicher Nebenarm aus einer recht wild aussehenden Felsschlucht hervorstürmte; dorthin scheint keinerlei Art Strasse zu führen. Jenseits der Brücke sieht man einige leidlich gemüthlich aussehende Chans, die wenigstens dem unsrigen, im Anfang des Dorfes gelegenen, der Vorrang abliefen; sie müssen auch eine recht hübsche Aussicht von ihren oberen freien Veranden gewähren. Hier fing der Baumwuchs an, recht schön zu werden, und man sah doch auch Wallnuss-Bäume, d. h. denjenigen Baum, von dem nach der Ort seinen Namen erhalten hat. Wir verliessen dann diese Fluss-Seite und gingen auf schwankendem schmalen Steg über den Strom. Hier auf der anderen Seite ist ein schmaler Saum sehr schönen Feldlandes mit einem neu angelegten Tschiftlik oder Landgute und darüber ragt eine mit einer mittelalterlichen, jetzt aber unbewohnten Derebé-Burg gekrönte Höhe empor, während über den von hier sichtbaren Abschluss des Thales eine hohe malerische Gebirgs-Kuppe aus der Ferne von WSW. herüberragt. Wir fanden nichts von Alterthümern in dieser Gegend, wie denn dies ganze Binnenland sehr wenig unter den Einfluss der Griechen und Römer gekommen zu sein scheint.

Es war eine dunkle, regnerische Nacht gewesen und es sah aus, als wenn es mit dem schönen Wetter vorbei wäre. Dennoch waren wir froh, als am folgenden Morgen unser unbehagliches Quartier verliessen. Nun fing aber unsere Noth mit unseren Pferdeführern erst an, da ihr Packthier gelähmt war, und wir hatten grosse Noth, sie zu zwingen, ihren Kontrakt einzuhalten nach Kara-Hissar,

---
um 2½ Uhr die Chane von Dschewizlik und um 2 Uhr 40 Min. Dschewizlik selbst," Ich bemerke hier, dass ich Herrn Dr. Mordtmann's Schreibart unverändert wiedergebe. Sein s entspricht meinem Doppel-s, sein z meinem einfachen s.

da sie durchaus nach Gümüsch-Hané wollten. Wir überstiegen nun also die Brücke und freuten uns, als wir den hier nach Gümüsch-Hané abzweigenden Weg, der die Höhe gleich ersteigt, zur Seite liegen gelassen hatten und uns am Flüsschen entlang hielten. Erst nachdem wir drüben ein Chaua genanntes Dorf gelassen, fingen auch wir an anzusteigen und betraten nun einen Gebirgsgau, wo das Christenthum seine Zuflucht gefunden hat. Diese von steilen Felshöhen umgürtete und von tiefen Schluchten zerrissene, von den Haupt-Strassen abgelegene Gegend nämlich bot den Christen eine Zuflucht, um theils offen, theils unter dem Mantel eines äusserlich angenommenen Islam ihre religiöse Freiheit zu bewahren. So sieht man hier denn, besonders an den Öffnungen steiler Felsthäler, mehrere Kapellen, theils frei erbaut, theils in Fels ausgearbeitet, und Ghiaur-koi, Ghiaur-dagh, Ghiaur-köprü sind die wiederkehrenden Namen für Dorf, Berg und Brücke. Leider waren unsere Leute in dieser Gegend zu wenig bewandert, um sich auf ihre Angaben stets zu verlassen; der Name Matschka kehrte bei ihnen gar zu oft wieder, obgleich Herr Dr. Mordtmann meinte, das sei wohl der Kollektiv-Name für das ganze Thal. Der Fels nun tritt hier besonders auf der gegenüberliegenden Seite zu mächtiger Höhe empor und an manchen Stellen fiel die Wand wohl nicht weniger als 2000 F. steil ab. Aber an anderen Stellen war dafür auch der Baumwuchs recht schön.

Da wir am Morgen ausser einer Tasse Kaffee nichts genossen hatten, machten wir nach etwas weniger als zwei Stunden einen kleinen Halt in einem Chan, wo der Weg sich wieder sehr hoch an der Felswand herum wand, gerade einer in die tiefen hohlen Felsmassen eingerissenen Schlucht gegenüber, und es war recht interessant, dass, während wir hier einen Bissen Käse und Brod verzehrten, einer jener christlichen Bewohner dieser Wildgegend sich heimlich zu uns setzte und uns fragte, ob es wahr sei, dass Russische Regimenter im Anmarsch seien. Übrigens war er eben keine sehr einnehmende Figur und seine Physiognomie gewährte in ihrem bissweiligen und verzerrten Charakter einen schneidenden Gegensatz gegen die joviale Offenheit so vieler Türkischen Gesichter. Hauptgrösssen im geistigen und sinnlichen Leben dieser Christen ist der ewige Raki und an Reinlichkeit und Betriebsamkeit thun sie es wohl kaum ihren Religionsfeinden zuvor. Im Gegentheil, während wir die männlichen Osmanischen Bergbewohner, so viel wir ihrer begegnet, ohne Ausnahme auch im Gehen mit Strumpfstricken beschäftigt gesehen hatten, fiel uns das hier weniger auf. Es war uns noch auffallender, dass wir hier gar keine Ziegen beobachteten, für deren Zucht dieses Bergland keineswegs ungeeignet scheint. Tabak und Mais waren bisher die Hauptartikel des Anbaues gewesen, hier aber hören sie auf. Übrigens sieht man hier von rein Griechischem Blut gar wenig, wenn überhaupt etwas, und diese Christen haben ganz das Aussehen von Karduchen oder irgend einem anderen Schlag Barbaren, kurze, stämmige, zum Theil verschrobene Gestalten mit krausem Haar, zum Theil aufgestülpter breiter Nase und dicken Lippen.

Während dessen hatte das Wetter wieder den freundlichsten Charakter angenommen und stellte diese interessante Berglandschaft in der schönsten Sonnenbeleuchtung dar. In grossen Windungen zog sich der Pfad am Abhange, bald ab-, bald aufwärtssteigend, in südwestlicher Richtung dahin, während wir drüben auf der gegenüberliegenden Thalseite das Dorf Ferssa liessen mit einer in den Fels ausgehauenen Kapelle, bis wir nach zweistündigem Marsch unten an dem Thal-Strom oder Deré, wie er hier allgemein genannt zu werden scheint, hinabstiegen und auf einer Brücke auf seine linke Seite hinüber gingen, wo das Dorf Ghiaurkoei liegt. Hier bildete das enge Thal mit seinen von prächtigen Wallnussbäumen malerisch durchbrochenen Felsmassen ein sehr grossartiges Ganze. Nun ging es an dieser Stromseite entlang und wir passirten etwas weiterhin eine sehr alte Kapelle, in geringer Entfernung von der Strasse auf einem kleinen Felsaufsprung erbaut. Jetzt belebten sich auch die Abhänge hier und da mit Ziegen und wir bemerkten, dass die Yürüks zum Theil von ihren hohen Sommersitzen in die Thäler hinabgestiegen waren. Weder bei diesem Stamm noch bei den Turkmannen nehmen es Frauen und Mädchen mit dem Verschleiern sehr genau.

Wir tränkten unsere Pferde an der Tränke eines Dorfes, das sich durch eine kleine Moschee und einen Grabhof auszeichnete; sein Name ward uns als Köprü-ghiaurkoei genannt, ich glaube aber, dass dieser Name im mehr eigentlichen Sinne dem nächsten, wirklich an der Brücke gelegenen Dorfe zukommt: vielleicht heissen auch beide so. Der gegenüberliegende Abhang zeichnete sich hier durch seinen malerischen Charakter aus. Das Hauptthal zog sich hier nach Südsüdwest, während wir uns westlich abwandten und mit starkem Anstieg in ein kleines Seitenthal hineinrückten, dann den aus ihm dem grösseren Flüssen zurauschenden Waldstrom passirten und durch ein Dorf anwärts die gegenüberliegende steile Thalwand hinaufstiegen. Das Dorf war augenblicklich verlassen, aber schon waren verschiedene Gruppen beschäftigt, die Wohnungen für den Winteraufenthalt wieder in Stand zu setzen. Hier betraten wir nun einen herrlichen Buchenwald, der aber kaum wenigen Hundert Fuss Anstieg hohen Fichten Platz machte, während der Boden mit Rhododendren in dichter Masse bewachsen war. Hier rauschte der kleine Waldstrom unten zur Rechten in tiefem Felseinschnitt, weiterhin aber glich sich unser Niveau aus und wir passirten ihn in dichter Waldgruppe. Hier schloss sich ein Reiter an uns an, der sich für einen zur Sicherheit der Strasse bestellten Beamten oder Bektschi ausgab, , und während er die Unsicherheit des Verkehrs durch diese Gegend hervorhob, schoss er zu wiederholten Malen seine Pistolen ab. So erreichten wir auf malerischem Waldwege, wo sich am Strom entlang eine kleine Thalbildung öffnete, Bektschi Chané. Diess ist eine Gruppe mehrerer Chane oder Karavanserais, an der Theilung des Baches und am Fusse des steilen Passweges über den Gebirgskamm gelegen, aber augenblicklich war hier kein Mensch. Es war auch eine Polizeistation und hatte davon seinen Namen; unser Begleiter eben selbst war der Bektschi. Die Regierung scheint wirklich etwas zur Sicherheit dieser Strasse zu thun oder es musste erst kürzlich etwas Ernsthaftes vorgefallen sein, denn auch hier begegneten wir einem Grenzjäger. Wir mussten jedoch hier auf unser weit zurückgebliebenes Packpferd warten und hatten, als es endlich ankam, Mühe, unsere aufsätzigen" Kátirdschis zum Weitermarsch zu bewegen.

Wir stiegen nun von hier steil den Pass ins Kolat-Gebirge hinauf, hart am Bach entlang, dem entferntesten Quellstrom des Flusses von Trapezunt. Hier hörte fast aller Baumwuchs auf bis auf ganz gelegentliche Streifen hoher Fichten, während im Allgemeinen nichts als Rhododendren zu sehen waren. Auch der Bach ward stets kleiner und kleiner und verzweigte sich mehr und wir erstiegen in starken Windungen den eigentlichen Kamm von etwa 8000′ Höhe. Ein Meer von Höhen lag vor uns, leider ohne sehr kenntliche Kuppen oder charakteristische Gruppirungen, aber die schneebedeckte Berggruppe von Kara-Hissar, die schon um diese Jahreszeit so weiten Umweg erfordert, nahm von hier aus eine hervorragende Bedeutung ein. Die südwestliche gegen die kalten, vom schneebedeckten Kaukasus herwehenden Nordostwinde geschützte Kammseite war schön mit Fichten bestanden. Steil fiel der Abfall hinunter und wir wandten uns links am ausgerissenen Abhang in weitem Kreise herum und erreichten so mit einem Abstieg von etwa 1200 Fuss das Dorf Sigana oder Mädenkoei. Der Name Sigana war schon früher bekannt und seine Identität mit der gleichnamigen Station Sigana im Itinerar. Antonin. p. 260 bei 52 mil. von Trapezunt konnte Niemanden entgehen; dass es hier aber Grubenwerke giebt, war unbekannt, jedoch sind sie von höchst geringer Bedeutung und werden mit der gewöhnlichen Nachlässigkeit betrieben. Man erblickt diese Gruben, eben bevor man das Dorf erreicht, zur Rechten in der Tiefe.

Das Dorf, aus etwa zwanzig flachen, halb in die Erde im Alt-Armenischen Styl hineingebauten Steinwohnungen bestehend, liegt ganz am Abhange zur Seite einer kleinen

Schlucht, wo man einige Gärten sieht, in denen besonders Braunkohl gezogen wird. Hier fanden wir sehr freundliche Aufnahme bei dem Ortsvorsteher, einem ehrwürdig aussehenden, leutseligen alten 'Osmanli. Allerdings nahm er uns nicht in sein eigenes, für diess Dorf ganz stattliches, oben mit einer Holzveranda geschmücktes Privathaus auf, aber er quartierte uns ganz gut, wenn auch dunkel, in einer niedrigen Oda ein, wo, wie das so oft in diesen Gegenden der Fall ist, der Raum für Reisende nur durch eine Holzbalustrade von einer kleinen Stallung für zwei bis drei Pferde getrennt ist; denn hier liebt der Mann sein treues Thier neben sich zu haben, zumal in der Nacht, wo Alles darauf ankommt, dass es sein gehöriges Futter erhält. Bis das Gemach aufgeräumt war, sassen wir auf seiner flachen Erdterrasse, die gleichsam einen freien Platz vor dem höher gelegenen Hause 'Alī's bildete. Mittlerweile ward ein lustiges Feuer im Kamin zwischen unsern beiden Lagern angezündet und so ward der kleine enge Raum, der bei Tage überaus ungemüthlich gewesen wäre, recht freundlich und behaglich. Auch ein einfaches, aber gut zubereitetes Abendessen mit Huhn, Burgu und Reissuppe wurde uns zur rechten Zeit zu Theil und dann ward geschrieben und studirt. Viel wohnlicher erschien so Sigana als Djèwislīk, aber leider stellte sich unser Wirth nicht zum traulichen Abendgespräch ein, wodurch wir verhindert wurden, noch Erkundigungen über die Umgegend einzuziehen. Nur gewarnt wurden wir vor den Bulldoggen, von denen wir schon selbst einige respektable Exemplare gesehen hatten.

(2. November.) Unsere störrischen, über diese schweren Bergwege keineswegs sehr erbauten Kátirdschis verzögerten am Morgen unseren Aufbruch längere Zeit. Der Doktschi blieb noch in unserer Gesellschaft und führte uns auf dem steilen Abhang wieder auf die gerade Strasse hinunter, die wir westlich zur Seite gelassen hatten und die überaus jäh vom Gebirgskamm hinabführen muss. Die Einrisse dieses Gehänges waren mit Birn- und Kirschbäumen bepflanzt und ein oder zwei kleine Weiler lagen an geschützten Stellen. Besonders das eine Dorf mit einer prächtigen, laubbewachsenen Lehne dahinter brachte einen höchst malerischen Eindruck hervor. Auch wurden jetzt die Abhänge im Allgemeinen wieder schön bewaldet. Der Weg aber wand sich hier in einer ganz engen Felsschlucht an einem ansehnlichen Bergstrom entlang, den wir mehrere Male passirten; Verkehr zeigte sich gar nicht und die Chane, die wir nach einem fünfviertelstündigen Marsche passirten, waren verödet und verlassen, weil, wie unsere Begleiter sagten, „sie nicht essen", itschlemés, d. h. keinen Zuspruch haben. Wir waren nicht wenig überrascht, als wir aus diesem engen Thal in ein grösseres hinaustretend ein ansehnliches Flüsschen uns entgegenkommen, den Bach, den wir entlang gekommen, aufnehmen und rechts in nordöstlicher Richtung zwischen den Höhen abziehen sahen; diess ist der A'rdassī-tschaï, der für den oberen Lauf des bei Tripolis mündenden Charschutschaï gilt, und allerdings muss man wohl annehmen, dass dieser Strom gar bald seine hier nordöstliche Richtung gegen eine nordwestliche vertauscht.

Auf hoher Spitzbogenbrücke überschritten wir den etwa 20 Schritt breiten Strom und hielten uns dann an seiner linken Seite abwärts. Einiger Anbau zeigte sich und ein kleines Thal, das von der Rechten einmündete, war anmuthig mit reichbelaubten, frischgrünen Wallnussbäumen geschmückt. So erreichten wir A'rdassī. Wir hatten es immer als ein Städtchen nennen hören und waren daher nicht wenig erstaunt, als wir einen fast ganz verlassenen Ort von etwa 30 Häusern fanden, worunter nur zwei gute Gebäude waren, nämlich das Amthaus des Muteselïïm, am Flusse gelegen, ganz stattlichen Aussehens für einen Ort wie diesen, und sein Privathaus, ländlich und sehr freundlich in einer Umpflanzung von Bäumen, etwas seitwärts vom Städtchen. Allerdings würde auch dieser Ort tiefer im Winter, wo die ganze Bevölkerung von den Höhen herabgestiegen ist, belebter und rühriger erscheinen, zum Theil aber mag auch Ungerechtigkeit des Beamten seinen Einfluss üben; diese Ansicht begründete sich durch spätere Erfahrung. Dazu kam nun freilich auch, dass die frühere Brücke zerstört und eine neue erst im Bau begriffen war. Hier sah man, was die Türken können, wenn sie wollen, wie sie zum Bogenbau ganz besonderes Geschick haben. Der ganze Bau hatte ein recht stattliches Ansehen und die Quadern waren sorgsam behauen. Unsere Kátirdschis, denen unser Kauas leider vier Pf. St. vorausbezahlt hatte, weigerten sich aufs Entschiedenste, weiter als bis A'rdassī zu gehen, und wir suchten andere Thiere zu miethen, fanden aber bei dem geringen Verkehr ansehnliche Schwierigkeit und bewogen an dem Ende unsere Leute zum Weitergehen, indem wir einen rüstigen und gut bewaffneten Führer bis Kara-Hissár engagirten.

So brachen wir am Nachmittag wieder auf, passirten zur Seite der Brücke dort jetzt etwa 20 Schritt breiten und $1\frac{1}{2}$ Fuss tiefen Fluss und betraten einen Engpass, aus dem der Fluss um den nördlichen Fuss einer mit einer mittelalterlichen Burg geschmückten, überaus zackigen Felshöhe hervorrauscht, während er auf seiner linken Seite aus einem gewundenen breiten Seitenthal einen ansehnlichen Zufluss erhält. Unsere Richtung ward hier die erste Strecke südöstlich, indem wir nach Kara-Hissár sich mit dem von A'rdassī nach Gümüsch-Hané führenden in Folge natürlicher Bedingungen zusammenhält. Hinter dem Engpass erweiterte sich das Thal wieder, besonders oberhalb der Einmündung eines ansehnlichen Zuflusses, und hier war es hübsch mit Ulmen bestanden; auch sah man hier Ackerbau. Dann aber wurden die umschliessenden Thalwände wieder ungleich steiler und nahmen zumal auf der gegenüberliegenden Seite die täuschende Form von Kastellen an; wirklich glaubten wir im ersten Augenblick mit Bestimmtheit dort zwei grosse Kastelle zu sehen, aber in der Folge wurden wir wieder ungewiss, ob das nicht die natürlichen Felsformen seien.

Auf unserer Seite lag eine ganze Reihe von Chanen, am Fusse des weniger steilen Abfalls der Höhen, aber sie waren augenblicklich unbewohnt; dennoch standen die Thüren der meisten gastfrei offen, bereit, den obdachlosen Wanderer aufzunehmen. So gab es stets etwas zu beobachten und wir erreichten nach siebenviertelstündigem Marsche die Vereinigung zweier ansehnlicher Bäche, die den A'rdassī-tschai bilden; der bedeutendere war der nahezu von Osten kommende und an ihm hielt sich die nach Gümüsch-Hané führende Strasse entlang. Diesen passirten wir und stiegen an dem kleineren, von SSO. kommenden, auf die Felsen hinauf. Der Pfad ward ausserordentlich rauh und war kaum für andere Geschöpfe als Ziegen tauglich, indem die rauhen Trachyt- und Trappmassen steil bis hart an den unten im tiefen Einschnitt rauschenden Bach herantraten. An der Mündung des Thales erschien auf einem vereinzelt aufspringenden gewaltigen Felsblock eine Kapelle. In dieser rauhen Umgebung zeigt sich in um so schrofferem Gegensatz die Betriebsamkeit der Eingeborenen und wir hatten etwa eine Stunde von der Ausmündung dieses Seitenthales eine allerdings schmale, aber recht hübsche Garten-Oase mit sorgfältig bebauten Abhängen zur Seite. — Wir begegneten einer armen, zerlumpten alten Frau, die ihren Esel, beladen mit ihrem Kinde und dem kleinen Rest ihrer Habe, langsam vor sich hertrieb. Schon vorher waren wir

Ansicht von Ködil.

einem grösseren Trupp Fortziehender begegnet, die vor der Erpressung des in A'rdassī behaglich residirenden Türkischen Herrn aus ihrem heimathlichen Felsthale von Ködil flohen. Dieses erreichten wir nach einer Verengung des Thales, indem wir auf die andere Seite des Stromes hinüberschritten; es öffnete sich nun wieder ein hübscher Kessel und gewährte Platz für ein Paar Obstbäume, die vermittelst kleiner Wasserleitungen bewässert wurden, während die Abhänge fleissig zu Ackerland bestellt waren. Ausser Weizen und Gerste ward auch Hirse und Mais gebaut.

Das Felsthal Ködil; Gebirgsweg nach U'lu Schehräu.

Hier liegt ein Dorf oder eigentlich das Gartendorf von Ködil; Ködil baghtsche; das eigentliche Ködil liegt weiterhin auf einer ziemlich vereinzelt abgelösten, quer im Thalkessel vorliegenden, Kuppe.

Wir erhielten ganz leidliches Quartier in einem kleinen, aber reinlichen Kämmerchen und wurden auch gut bewirthet, aber auch dieser Ort ging seiner Verödung und seinem Untergang entgegen in Folge der Erpressungen der Regierung. Den Vorwand dazu hatte nach Aussage unseres Wirthes der Umstand geboten, dass an der dem Orte auferlegten Abgabe von 3000 Piastern etwas über 100 gefehlt hatten, und in Folge davon waren von 25 Familien alle bis auf fünf schon ausgewandert und auch die übrigen mit unserem Wirth an der Spitze wollten nachfolgen. Unser Wirth zog aber durch seine ganz untürkische Physiognomie unsere Aufmerksamkeit ganz besonders auf sich, denn sowohl seine Züge wie seine schlanke Gestalt stempelten ihn zu einem Griechen oder Albanesen, wiewohl er behauptete, er sei von Türkischer Abkunft.

Am Abend brach ein von Blitz und Donner begleitetes regelmässiges Gewitter los mit leidlichem Regen; schon im Laufe des Nachmittags war schwarzes Gewölk vor uns aufgestiegen. Um so erfreulicher war es, als wir beim Erwachen am nächsten Morgen einen ganz sternenklaren Himmel vor uns hatten, und um so weniger zögerten wir mit dem Aufbruch. Wir stiegen an der linken Stromseite aufwärts auf felsigem Pfade und liessen das eigentliche Dorf Ködil, auf einer erdreichen Terrasse gelegen, zur Linken. Überall wurden hier die Felsmassen von schönen Baumgruppen belebt, aber das hörte bald auf, Euphorbien und Disteln bildeten dann fast den ganzen Pflanzenwuchs. Kleinere und grössere Zuflüsse vereinigten sich mit unserem Bache und über einen grösseren derselben ging mit südlicher Richtung auf schöner Brücke die Strasse nach Ér-Singana oder, wie es gewöhnlich genannt wird, Ersingiän. So erreichten wir in sieben Viertelstunden die schöne Pflanzung von Béler, die sich mit den schönsten Fruchtbäumen, allerdings nicht in grosser Breite, über eine halbe Stunde weit hinzog, und auch weiterhin folgte stellenweiser Anbau. Die prächtigen Wallnussbäume standen noch in frischester Belaubung, auch einige Eichen gab es und sehr schlanke Weiden. Mittlerweile stiegen wir aus dem Strombett in die Höhe und schauten in die Öffnung einer in der gegenüberliegenden Thalwand eingekerbten Seitenschlucht hinein, wo eine ansehnliche Ruine eines sogenannten Genuesischen Kastells sich zeigte. Darauf folgte die im engen Thale sich hinziehende schöne Pflanzung von Báyana, dann erweiterte sich allmälig das Thal und wir erreichten bald das kleine, in seiner Pflanzung liegende Dorf Bülbül-oghlü und machten hier einen kurzen Halt, um einen Inbiss von Kaffee, Brod und Käse zu nehmen; dazu hatten wir noch sehr schöne Birnen von Ködil. Das Dorf hat eine recht freundliche Lage und von der Brücke aus hat man nach Ost und West einen Blick auf Schneekuppen; über die letzteren, den Gadjur-Dagh, führt der geradere Sommerweg nach Kara-Hissár. Diese Berggruppe nährt offenbar eine Menge der diese Gebirgslandschaft durchfurchenden Bäche. Die Bewohner des Ortes schienen ausschliesslich Christen zu sein; unser Wirth wenigstens sprach Griechisch. Er hatte eine zahlreiche Familie.

Als wir unsern Marsch fortsetzten, hatten wir den nördlicheren der beiden Bäche, die sich hier vereinigen, auf einer Brücke zu passiren und hielten uns dann an der linken Wasserseite des südlichen Armes aufwärts. Die Höhen waren hier viel sanfter abgerundet und wurden es stets mehr, zeigten aber weniger Anbau als bisher. Auf dieser Strecke gingen wir bald auf der einen, bald auf der anderen Seite des Baches entlang und überschritten mehrere kleine Zuströme. So ging es bis Dághdibi, einem Chan und Kaffeehaus, „am Fusse des Berges" oder der Kammhöhe. Hier veränderte sich der Charakter der Landschaft vollkommen, da wir eine ansehnliche Bergpassage vor uns hatten. Wir waren so glücklich, bei dem Kaffeehaus zwei Reiter aus U'lu Schehräu zu treffen, die eben im Begriff standen, in ihren Ort über das Gebirge zurückzukehren. Beides waren Armenier, aber sehr verschiedenen Charakters, auch im Äussern sehr verschieden. Der Eine von ihnen war ein feister, höchst unliebenswürdiger Mensch, der Andere gewandt mit der Zunge, wie auch zu Pferd und mit der Lanze. Er hatte mit einem Europäer und zwar einem Deutschen, einem gewissen Baron von Schöneich, zu thun gehabt, der, wie wir von ihm hörten, erst vor wenigen Monaten von Ssamssūn nach Karss und von Karss nach Kónia gegangen sei. Er lud uns auch in sein Haus nach U'lu Schehräu ein.

So ging es rüstig ins Gebirge hinauf, während unser Lastthier, von den drei Leuten begleitet, uns in einiger Entfernung nachfolgte. Zuerst waren die Gebirgsgehänge schön bewaldet, und Nadelholz oben und frische Weide unten in den Thalniederungen verliehen der Landschaft ein höchst anziehendes Gepräge. Bald darauf ging es steil anwärts, da hörten wir das halbstündigem Anstieg der Tannen auf und wir gewannen einen Überblick über die benachbarten Höhen; jedoch zeigten sich wenig charakteristisch ausgezeichnete Gipfel, ausgenommen ein auffallendes Kuppelhorn in NO. und nach W. der von kleineren Kuppen umgebene Schámurlū. Auf der Kammhöhe warteten wir eine Weile, bis wir unsere Nachhut heranrücken sahen; denn ganz sicher ist diese Passage allerdings nicht und

2*

Raubanfälle auf vereinzelte Wanderer sind keineswegs eine Seltenheit. Dann ging es ans Hinabsteigen und nach 20 Minuten hatten wir wieder die Quelle eines nach SW. fliessenden Gewässers; auch fing das Nadelholz wieder an. Nach weiteren 20 Minuten erreichten wir den Anfang eines für die einfachen Karren der Eingeborenen geschaffenen rohen Fahrweges, auf dem sie ihr Holz einfahren. Es waren gerade ein Paar solcher Karren auf der Strasse in Thätigkeit und ihr lautes Knarren hörte man auf weite Entfernung. Hier befand sich auch die jetzt schon verlassene Stätte einer Sommerresidenz oder Yaïla und eine Gruppe verödeter und verfallener Chans. Jetzt ging es allmäliger abwärts. Nach etwas mehr als einstündigem Marsch traten wir aus den Gebirgsabhängen hinaus in eine ringsumher von niederen Höhen umsäumte Ebene, aber aus grösserer Ferne ragten mächtigere, mit Schnee bedeckte Höhen hervor. Wir wandten uns mit grosser Abbiegung nach S. herum, um den vielen kleinen Wasserläufen auszuweichen, und erreichten so U'lu Schehrän beim Eintritt der Dunkelheit, aber unsere Leute trafen erst eine Stunde später ein. Mittlerweile waren wir von unserm Armenischen Freunde in einem sehr geräumigen und ganz angenehm eingerichteten Gemach einquartiert worden und hatten es uns bequem gemacht. Wir hatten eine grosse Menge Besucher, aber wir lernten wenig von ihnen. Unser Essen war mittelmässig und unsere nächtliche Ruhe ward von einer Unzahl von Flöhen gestört.

Am nächsten Morgen, ehe wir aufbrachen, sahen wir uns etwas im Orte um; er liegt am südl. Fusse einer kleinen Felshöhe, um die herum der Bach seinen Lauf nimmt, und besteht aus ungefähr 30 oder 40 sehr vereinzelt liegenden Wohnungen, Stein- und Holzbau; am Ende des Dorfes nach SW. liegt eine verfallene Armenische Kirche oder Kapelle aus nicht sehr alter Zeit und ohne irgend ein Interesse so wie am Bache entlang ziehen sich hübsche, nicht eben sorgfältig gehaltene Gärten hin. Der Name des Ortes aber scheint entschieden auf viel grössere Bedeutung in früherer Zeit hinzuweisen. Leider erhielten wir keine bestimmte Auskunft über den ferneren Lauf des Baches; er fliesst hier nach SW. und giebt so der ganzen Hydrographie dieser Landschaft einen ganz neuen Charakter.

Unser Führer war A'rdassi wahrscheinlich nie in U'lu Schehrän gewesen, wie denn dieser Ort allerdings bedeutend ausserhalb der geraden Strasse liegt, und so kam es, dass er uns am folgenden Morgen bei unserem Aufbruche von hier sowohl in den Anfang in ungeheueren Zickzackwindungen führte, als auch weiterhin grosse Umwege machte. Dazu kam, dass diese Gegend viel von den einheimischen Karren befahren wird, die, um dem unebenen Terrain auszuweichen, grosse Umwege machen. Die Hügelungen waren meist mit Wachholder und Eichengebüsch bewachsen.

Nachdem wir erst wieder in unsere Hauptrichtung zurückgekehrt waren, hielten wir uns einer mittelmässigen Höhenkette parallel, die in mässiger Entfernung zur Rechten hinlief und über deren leichte Vorhöhen der Pfad hinführte. Sie bestanden aus zum Theil ganz und gar verwittertem Tuff- und Bimsstein und bildeten zu Zeiten eine höchst eigenthümliche Oberfläche, meist schieferartig absplitternd und mit allem Anschein des Verbrennens. Dabei war das Land fast ganz verwildert und nur stellenweise höchst nachlässig angebaut. Aber in einiger Entfernung zur Rechten, nach dem Fusse des Gebirges hin, blieb uns ein ansehnliches Dorf, dessen Namen wir leider nicht erfuhren. Zur Linken lag weiterhin das Dorf Körss'yk, das man auch schon von U'lu Schehrän aus erblickt. Wie einige am Wege liegende, jetzt unbewohnte, Chane zu zeigen schienen, bestehn die Wohnungen dieser Gegenden meist aus Holzbau, mit ganzen Stämmen über einander geschichtet, dem Vorbilde der Lycischen Felsbauten. Nur wenig Menschen liessen sich sehen, und die Erscheinung dieser wenigen war zu verdächtig, um willkommen zu sein. Plötzlich sprengte ein Trupp Reiter querfeldein auf uns zu und wir hielten es für gut, Front zu machen, bis uns der Anführer erklärte, er sei der Mudir eines benachbarten Dorfes und verfolge eine Räuberbande. Sie sprengten dann dem Gebirge zu. Als ich mich aber nach einer Weile umsah, bemerkte ich dieselben oder andere Reiter wieder hinter uns und wir behielten desshalb unser Packpferd scharf im Auge.

Wir passirten mehrere Bäche, die vom Gebirge zur Rechten durch die hier mit Fichten bewachsenen Vorhöhen in die Ebene zur Linken hinabflossen. Nach etwa vierstündigem Marsch stiegen wir dann mit kurzem Abstieg in eine Thalebene hinab, die ein wenig Anbau zeigte, aber einen sehr sumpfigen Charakter hatte. Wir wandten uns nun hart am nördlichen Fuss einer spitzen Kuppe herum, die schon lange Zeit als Landmarke für uns gebildet hatte und auf der Linie die das Thal von U'lu Schehrän westlichen begrenzenden Höhenzuges lag. Hier zeigten sich mehrere meist verlassene kleine Weiler, in welchen wir uns umsonst nach gastlicher Aufnahme umsahen. Weiter ziehend erreichten wir eine andere Gruppe Namens Ssycherï tékessï — nach Herrn Dr. M. Sÿkarï Tékkiessï, d. h. Kloster des Zacharias —, aber auch hier hatten wir die grösste Noth, indem Etwas zu verschaffen, da die Frauen in Abwesenheit ihrer Männer sich in ihren Balkenhauten einschlossen. Endlich nach langer Unterhandlung, nachdem man sich überzeugt, dass wir keine Milizen seien, die oft genug bei ihren Durchzügen sich allerlei Freiheiten erlauben mögen, gab uns eine Frau aus ihrem Blockhaus heraus, was sie eben an Speise für uns hatte, Brod in allerlei Form der Teigbereitung, saure Milch und Käse. Auch hier war die diessjährige Trockenheit sehr gross gewesen und die Leute hatten eben keinen Überfluss. Als wir dann unsern Marsch fortsetzten, ging es Anfangs bergauf, bergab am nördlichen Abhange des unregelmässigen Thales, während wir am Abhange zur Linken ein auch von Vieh belebtes Dorf liessen. Hier sah man etwas Gemüsebau. Wir hätten wohl sicherlich in diesem Hauptthale fortgehen können, aber wir erhielten die Weisung, ganz unsere Richtung verlassend ein kleines nördliches Seitenthal zu betreten, und es ist möglich, dass diese Strasse trotz des Umweges bequemer ist. Das Seitenthal muss überhaupt eine nicht unbedeutende Verbindungslinie bilden, denn wir bemerkten hier auf der Stätte eines zerstörten Dorfes an der Hügelkette zur Linken den Neubau eines grossen Chans und einer Moschee, die letztere mit hölzernem Spitzdach. Mehrere kleine Dörfer lagen umher; als wir aber wieder in unsere Hauptrichtung einbogen, durchzogen wir eine gebirgige öde Landschaft, in welcher nur jenseits der kleinen Schlucht nach Süden ein Dorf sich zeigte. Die Abhänge waren dicht mit Eichengebüsch bewachsen. Von diesen Höhen gelangten wir dann mit starkem Abstieg in die Thalebene hinunter und erblickten zur Rechten, an einen kleinen Felsrücken angelehnt, das ansehnliche Dorf Karabök oder Karábiyik. Da machte sich wieder die Marschunlust in unsern Leuten Luft, und sie wollten durchaus in diesem Dorfe übernachten; denn weiterhin, behaupteten sie, gäbe es kein Dorf; aber wir erfuhren von einem Hirtenknaben, dass es doch noch Quartier weiterhin gäbe, und zogen also voran. Hätte unser Führer den Weg nur leidlich gekannt, so hätten wir noch vor finsterer Nacht in Sil sein können; leider aber kannte er diesen Theil der Strasse gar nicht. Der Boden dieser Ebene war ganz besonders ausgedörrt und die Schafheerden fanden kaum hinreichendes Futter und doch war sie von einem ansehnlichen Strom durchzogen, der hier Kara-tschai heisst, jedoch kein anderer ist, als der bei Kara-Hissár vorbeiziehende Kalkit-tschai. Er braust da, wo wir ihn passirten, über Felsblöcke schäumend dahin und mag, wenn er angeschwollen, den Marsch stören, wenn auch hier wohl irgendwo eine Brücke sein wird, wie das weiter unten der Fall ist. Wir waren froh, endlich einigen Verkehr zu beobachten, denn bisher waren wir keinem Menschen begegnet.

Wir hatten jetzt den Strom drüben von steilen Felswänden eingeschlossen auf unserer Linken, während von der Hügelkette auf unserer Rechten mehrere Kegel aufstiegen. Wo wir das Flüsschen passirten, zeigte sich an der Höhenkette, welche das ansehnlich breite Thal nördlich begrenzt, ein grösseres Dorf — vielleicht Kará-tutái —, nur zu weit abgelegen, um dort Nachtquartier zu suchen. Wir trieben deshalb unsere Thiere an, um das nächste Dorf zu erreichen, aber unser unerfahrener Führer wurde, als wir vom Thalboden aus, eine weit vorspringende Kuppe abschneidend, aufwärts gestiegen waren und die Dunkelheit eintrat, unschlüssig und liess sich, unbekannt, wie er war, mit der geringen Entfernung von Sil, durch ein an den höheren Abhängen zur Rechten gesehenes Feuer vom geraden Wege abziehen.

So tappten wir im Finstern, bald von dem einen, bald vom anderen Feuer angezogen, auf dem Bergabhang umher, bis wir endlich dem grössten Feuer folgend anstatt gastfreundlichen Quartieres ein einzelnes ganz junges Mädchen fanden, das hier in kalter Bergluft ohne Schutz und mit sehr spärlicher Kleidung zu wachen hatte. Bald kamen denn auch ein Paar Knaben heran und einer derselben führte uns nach einer Erdwohnung, einer Mühle, wo wir auch Erwachsene fanden, aber man wollte uns nicht aufnehmen. Es war also mit diesem Yürükslager Nichts. Glücklicher Weise erhielten wir aber einen Führer, der uns nach Sil brachte, wo uns nach längerem Warten die Fremden-Oda zugerichtet wurde, auch brachte man uns ein gutes Abendessen. Sogar unsere ganz zurückgebliebenen Leute mit dem Packthier fanden sich ein und so nahm der Tagesmarsch noch ein gutes Ende. Ein Glück war es, dass der den ganzen Abend drohende Regen nicht losgebrochen war.

Erst am folgenden Morgen bemerkten wir, welch' schwieriger Pfad wir am Abhange der Höhe dahergekommen waren. Der Ort liegt oben am Abhange, oberhalb der von Erserúm kommenden Strasse, die augenblicklich ganz belebt war durch einen langen Zug wohlbeladener Maulthiere. Zu ihr stiegen wir alsogleich vom Dorfe hinunter und nun ging es bergauf, bergab in sehr gebirgiger Landschaft mit unregelmässigen Schluchten, bis wir nach etwas mehr als einer Stunde in eine tiefere Einsenkung gelangten, durch welche ein ansehnlicher Zufluss des Kalkit-tschai seinen Lauf nahm. Hier war die Oberfläche sehr mannigfach gestaltet und besonders ein merkwürdig geformter Kegel, zur Rechten der Thalebene vorliegend, zog unsere Blicke auf sich. Sein zackiger Gipfel war mit einem siaré oder einer Wallfahrtskapelle geschmückt und an seinem Fusse lagerte sich schöner Anbau, von einem tieferen Einschnitt umschlossen. Mehrere Dörfer lagen an geschützten Stellen umher. Darüber hinweg sah man an der steileren Thalwand des Kalkit-tschai selbst die erste zum Gebiete von Kara-Hissár gehörige Alaungrube. Leider hatte der seit dem Morgen losgebrochene

Regen das Terrain schwierig gemacht und benahm den Fernblick.

Nach schwierigem Abstieg auf dem Lehmboden ging es in grossen Windungen auf der anderen Seite wieder unwärts. Der ganze Abhang war ausserordentlich steinig und von Ackerboden war auf den Feldern kaum Etwas zu sehen, so voll lag Alles von Steinen. In siebzig Minuten erreichten wir die Kammhöhe und blickten nach N. in die wild ausgerissene Thalspalte. Von steilen, wie in buntem geologischen Farbendruck ausgelegten Felsmassen eingeschlossen, enthielt sie eine andere der vier Alaungruben; nach W. (genauer W. 15 S.) erblickten wir drüben auf der anderen Seite des Thales hoch am Abhange, am Nordost-Fusse der zackigen Burghöhe, in überaus beherrschender Lage, unsere nächste Reisestation, Kara-Hissár. Dann stiegen wir eine Stunde abwärts und passirten unten wieder den Kalkit-tschai, der, wie wir nun sahen, sich wirklich im S. um Kara-Hissár herumzieht; auch hier stürzte er sich rauschend über Felsen dahin. Nun ging es gerade auf die Stadt los, aber noch hatten wir einen ansehnlichen Weg aufwärts und wir waren nicht wenig überrascht über die Ausdehnung der Gärten. Allerdings machte ich erst am folgenden Tage genauere Bekanntschaft mit ihnen und hatte den Augenblick keine Ahnung von diesem eigenthümlichen Leben, aber schon fiel es uns auf, dass die früheren Reisenden Gärten und Stadt gar nicht geschieden hatten, wodurch ihr Bericht so ganz und gar unklar geworden war. Heute hatten wir bei den tiefen Wegen besonders die Steilheit des Anstieges zu beklagen, die von dieser Seite ausserordentlich ist, besonders jenseits des von Tamssara herkommenden, die Gärten durchziehenden Baches, und die Schwierigkeit des Ansteigens wird durch das ganz abscheuliche Pflaster, einen wahren Knüppeldamm, der wahrscheinlich seit Jahrhunderten nicht ausgebessert worden, noch vermehrt. So brauchten wir denn vom Flusse aus eine Stunde und 40 Minuten bis zur Stadt hinauf und waren froh, als wir, ohne auszugleiten, das abscheuliche Pflaster hinter uns hatten. Da wir nicht ohne Grund zum Gouverneur gehen wollten, der eben kein Mann von hoher Abkunft ist, quartierten wir uns im Djamly Kaveh ein, das seinen Namen von seinen Fensterscheiben oder vielmehr geölten Papierbogen hat, obgleich die Kammern recht unbedeutend waren. Dabei wurden wir von einer Menge neugieriger und unthätiger Leute belästigt, die zweierlei bewiesen, einmal, dass hier die Erscheinung eines Europäers ein ungewöhnliches Ereigniss ist, und dann, dass der Mangel an regsamem Leben eine Menge Müssiggänger erzeugt.

Bei dem regnerischen Wetter machten wir am Nachmittag nur noch einen kleinen Spaziergang durch die Stadt und fanden uns in unseren Erwartungen von deren Bedeutung und Leben entschieden getäuscht, obgleich wir allerdings keine ganz blühende Stadt erwartet hatten. Aber das Basárleben war sehr beschränkt und die Stadt offenbar in Verfall. Das bezeugte ganz besonders der Zustand der Moscheen, denn von Privatwohnungen wurden zur Zeit allerdings noch mehrere neue am Abhange der Kastellhöhe gebaut, gerade am höchsten Punkt der jetzigen Stadt, ein Beweis, dass das Osmanische Element jetzt vorwiegt. Und alle diese Bauten sind im leichtesten jetzt beliebten, Style, aus leichtem mit ungebrauntem Thon ausgefüllten Fachwerk aufgeführt, während man doch Steine in Massen auf allen Seiten zur Disposition hat. Was diese Neubauten an Solidität einbüssen, machen sie durch ihre Höhe wieder gut, denn einige bestehen aus vier Stockwerken. Auf dem Markt fand sich natürlich Alaun in grosser Menge und wir erfuhren, dass die vier Alaunbergwerke zusammen 100,000 (nach Dr. M.'s Aufzeichnung nur 36,000) Okken liefern; ausserdem aber giebt es hier zwei Kupferminen und eine Silbermine, die achtzehn Okken liefert. Die Alaunbergwerke haben nur horizontale Gänge.

Gegen 8 Uhr Abends brach ziemlich heftiger Regen los, der, von Donner begleitet, fast die ganze Nacht anhielt. Dann aber klärte sich das Wetter wieder auf; wir machten uns daher am folgenden Morgen mit einem älteren erfahrenen Mann auf dem Weg, um die Felsenburg zu ersteigen. Der Pfad windet sich von der Stadt aus hinter der schon von Ewlia erwähnten Djama Mehemed's hinauf, gemach ansteigend, bis man zum Thore kommt. Dieses Thor ist das interessanteste Stück der mittelalterlichen Seldschukischen Befestigung und hat das Wappenschild eines Doppeladlers über dem in Spitzbogen gebauten Portal, aber keine Inschrift; es ist ganz anmuthig mit verschlungenem architektonischen Zierrath geschmückt, und es thut mir leid, dass meine Skizze davon nicht vollendet genug ist, um sie hier zu geben. Ich lasse hier meinen Begleiter über den Doppeladler sprechen. „Über dem Thor ist ein Saracenischer Spitzbogen mit allerlei Ornamenten und in der Mitte dieser Ornamente ein Doppeladler, dessen Ursprung wohl ziemlich räthselhaft ist, zumal da wir über die Geschichte der Stadt so gut wie Nichts wissen. Im Alterthum sowohl wie im Mittelalter kennen wir keine Stadt, deren Lage mit der von Kara-Hissár übereinstimmt, und vergebens haben wir den ganzen Ort nach irgend einem Reste alter Kultur durchstöbert. [Der Brunnenschacht ist meiner Ansicht nach entschieden ein Rest alter Kultur. H. B.] Für die Griechen mochte das Land wenig Anziehungskraft haben, weil ihm die Verbindung mit dem Meere so gut wie gänzlich abgeschnitten war; auch in der

Byzantinischen Geschichte findet sich keine Spur. Plinius (l. 35, c. 52) dagegen erwähnt des Alauns aus dem Pontus. Die erste Erwähnung Kara-Hissars in der Geschichte finde ich im Jahre 1473, wo Sultan Mehemed II. es nach seiner Besiegung des Fürsten vom weissen Hammel (Akkóyunlü), Usun Hassan, auf dem Rückwege nach Konstantinopel durch freiwillige Kapitulation des Kommandanten Derab Bey erwarb. [Diess ist ein auch schon Anderen bekanntes Faktum. Ich weiss aber nicht, ob Herr M. absichtlich Ewlia's Notizen verschmäht, II, S. 205.] Wie aber die Fürsten des weissen Hammels in den Besitz des Ortes kamen, finde ich nirgends angegeben; wahrscheinlich haben sie es der in diesen Gegenden herrschenden Dynastie der Danischmende abgenommen und diese den Seldschuken. Aber das Seldschukische Wappen war der Löwe und die Sonne, das Wappen der Danischmende kennen wir nicht; schwerlich aber hätten die Ak-kóyunlü es gelassen; es gehört also vermuthlich den letzteren der Doppeladler an. Er gleicht in seiner Form am meisten dem Russischen Doppeladler älterer Zeit.

Gegen die Stadt hin ist die Befestigung, die fast nur auf dieser Seite eine zusammenhängende Mauer gebildet zu haben scheint, noch in leidlichem Stande, aber sie hat nichts Grossartiges. Früher, noch vor nicht vielen Jahren, war diese Burg oder vielmehr die Unterburg zahlreich bewohnt, aber augenblicklich hat nur noch ein einziger altbejahrter Mann hier seine Behausung. Natürlich ist das Wohnen dort umständlich und theuer, da der ganze Proviant durch Esel hinaufgeschleppt werden muss. Jetzt fand sich nichts Beachtenswerthes, als der Felsschacht hinab in das Innere der Burghöhe, der dazu diente, die Burg mit Wasser zu versorgen, aber jetzt nur noch mit grosser Noth gangbar ist. Auch scheint aus Ewlia's Bericht (vol. II, p. 206) hervorzugehen, dass schon damals dieser Brunnengang ganz unbrauchbar geworden war. Dieser Brunnenschacht allein ist nach meiner bestimmten Überzeugung schon ein genügender Beweis dafür, dass auch im hohen Alterthum eine Feste diese steile Felshöhe krönte, aber ihr alter Name ist unbekannt geblieben. Der Grund des Mangels an Baumaterial aus jener Zeit war nur die gänzliche Schleifung dieser Felsenfeste. Wir nahmen hier eine Umsicht der Umgegend und erstiegen dann den höchsten Theil der Burg, der aber aus so schwacher Befestigung besteht, dass er kaum eine Citadelle bilden konnte, sondern wahrscheinlich nur einen Wohnsitz für den Kommandanten darbot. Auch in älterer Zeit muss das der Fall gewesen sein, sonst hätte man jenen Brunnenschacht unfehlbar oben auf dieser höchsten Platform angelegt. Dieser höchste Befestigungspunkt besteht nur aus einem, von einer keineswegs sehr starken Mauer umgebenen, viereckigen Hofraum mit einem oktogonen — nicht, wie Ewlia angiebt, heptagonen — Thurm an der Felskante, von welchem drei Seiten in die äussere Mauer vorspringen.

Da man von unten keine Umsicht der verschiedenen Punkte hatte, so lag mir viel daran, diesen Thurm zu ersteigen, und ich erkletterte die kaum zwei Fuss breite, an der Mauer sich herumwindende, nach Innen ungeschützte steinerne Treppe, nicht ohne grosse Beschwerde und Gefahr. Dafür konnte ich aber dann auch von dieser höchsten Warte aus, die sich wohl jedenfalls bis zu 4500 Fuss erhebt, mit Hinzunahme einiger Punkte von der unteren Terrasse eine ziemlich vollständige Aufnahme dieser eigenthümlichen Wohnstätte entwerfen (siehe den Plan von Kara-Hissár auf dem ersten Kartenblatt). Schon in dieser Jahreszeit war es ein höchst eigenthümliches Bild von wildester Bergscenerie und künstlicher fruchtbarer Anpflanzung von der Hand des Menschen, aber noch unendlich schärfer muss der Gegensatz sein zur Zeit des Sommers, wenn die ganze Gartenmasse in der Tiefe des von nackten, vulkanischen Felsmassen eingeschlossenen Thales in allem Reichthum ihres Schmuckes prangt. Auch der untere Abhang des Zuges, in dem die eigenthümliche Kuppe des Dêgirmendügh aufsteigt, ist dann wohl hübsch grün und verleiht so den an ihm liegenden Dörfern höheren Reiz. Leider war das grosse Dorf Támssara (oder richtiger Támsara) mit seinen 500 Wohnungen und seiner ausgedehnten Gartenpflanzung von hier oben durch den Yüksuruk Yafassi verdeckt. Nach diesem einzelnen Dorfe haben frühere Durchreisende ganz fälschlich die gesammte Pflanzung Támssara genannt.

Als wir von dieser Felsenburg wieder hinabgestiegen waren, machten wir dem Gouverneur einen Besuch. Sein Konák, der offenbar unter allen Gebäuden der Stadt so ziemlich die beste Lage hat, ist im Vergleich zum ganzen Charakter der Stadt anständig und in leidlichem Stande. Er empfing uns recht freundlich und machte uns Vorwürfe, dass wir nicht gleich von Anfang Quartier bei ihm gesucht hätten, und er hatte wirklich gleich bei unserer Ankunft seine Leute geschickt, uns dringend aufzufordern, Wohnung in seinem Konák zu nehmen. Wir kehrten dann in unseren Chan zurück und bestellten uns Pferde zu einem Ritt in die Gärten, obgleich der Ab- und Anstieg über alle Maassen unerfreulich war und wiewohl wir am vorhergehenden Tage den grösseren Theil der Pflanzung der Länge nach durchritten hatten. Ein wenig besser war es indess heute als gestern, wo der Abhang noch schlüpfriger machte, aber immer freuten wir uns, als wir unten bei dem am Bache errichteten Kaffeehaus angelangt waren. Hier wollten wir uns nun der schönen Lage und einer Tasse Kaffee erfreuen, aber in beiden Rücksichten fanden wir uns bitter getäuscht. Die Luft war durch eine dem lkade eben an der schönsten Stelle gegenüber gelegene Schlächterei verpestet und der Kaffee, den wir erhielten, war der schlechteste, den ich je auf Türkischem Gebiete getrunken habe. So setzten wir denn bald unsern Ritt fort, indem wir auf der rechten Bachseite abwärts stiegen. Im kleinen Städtchen von Kara-Hissár hat dieser Bach eine grosse Bedeutung, indem er die noch eng mit dem städtischen Weichbilde verbundenen Gärten von Bröl-baghtschálarī und Noortschum von Autmúsch-baghtschálari trennt, deren Bewohner nicht mehr wie diejenigen der übrigen Pflanzungen im Winter hinauf in die Stadt ziehen, sondern zu allen Jahreszeiten in ihren Gartenwohnungen bleiben. Denn das ist der eigenthümliche Charakter von Kara-Hissár, so ganz und gar verschieden von demjenigen so vieler andern Ortschaften in Anadōl, dass die Bewohner im Sommer in die tiefer gelegene Gartenregion hinabziehen und den Winter oben auf der kalten Berghöhe, am Fusse der Kastellhöhe, zubringen, während sonst Alles im Sommer auf die höher und frischer gelegenen Yaïlas wandert und dagegen im Winter in die wärmeren Tiefthäler wieder herabsteigt.

Die Gärten zu beiden Seiten des Pfades waren im Ganzen gut gehalten, mit schönen Fruchtbäumen und Weinstöcken, und Kara-Hissár ist seiner Traubenzucht wegen altberühmt. „Es heisst och ain Land Karasser (Kara-Hissár). Das ist an winwachs gar ain fruchtbars Land", sagt Johannes Schiltberger (Ausgabe von Neumann, S. 99). Aber der Pfad selbst, wohl vor Jahrhunderten gepflastert und seitdem nicht ausgebessert, war zum unerträglichsten Knüppeldamm geworden und verringerte sehr den Genuss dieses Spazierrittes. Die Pflanzung erstreckt sich nicht hart bis an den Rand des Kara- oder Kelkitschai, der wahrscheinlich eine rauhe felsige Umgürtung hat. Den Abschluss der äussersten Pflanzung von Kirkésbaghtschálarī machte nach Westen ein mit grossartigen Portal versehenes Gartengehöft, dessen Besitzer aber, Bektásch Bey, der Landesautorität verdächtig geworden, eingezogen und enthauptet worden war. Weiter westlich folgte Acker- und Weideland und da sah man zwei ovale Wasserbassins, die ihren Ursprung wohl halb der Kunst, halb der Natur verdankten. Wir wandten uns dann, um unseren Rundmarsch abzuschliessen, südlich um den Burgfelsen herum und liessen hier an seinem Fusse das jetzt ganz ins Elend gesunkene Dorf Sïbere zur Seite, das ganz von Siebmachern bewohnt wird — ein eben so eigenthümlicher wie zufälliger Zusammenklang der beiden Sprachen. Es sind insgesammt Zigeuner. Zur Linken entfernter liessen wir Waislar-baghtschálarī und betraten so die Stadt von SO.

Ich füge hier hinzu, was Herr Dr. M. über den Charakter des Ortes sagt: „Seitdem Kara-Hissár aufgehört hat, als Waffenplatz eine militärische Bedeutung zu haben, ist der Ort gänzlich zu einer Landstadt herabgesunken, d. h. zu einem Mittelpunkt, wo die Landleute der Umgegend ihre Produkte verwerthen und ihre kleinen Bedürfnisse an Kolouialwaaren, Werkzeugen, Kleidungsstoffen u. s. w. einkaufen. Da die Verbindung mit dem Meere schwierig und die Lage weder central noch an irgend einer bedeutenden Landstrasse ist, so übt er keine starke Anziehungskraft aus; die Armenier und Griechen (erstere sind in grosser Anzahl vorhanden, letztere geringfügig) haben sich, so zu sagen, des Basars bemächtigt und sind durch ihren Handelsgeist zu einem verhältnissmässigen Wohlstande gelangt; die Türken, welche nicht Beamte sind, beschränken sich auf den Landbau und einige Gewerke. Im Ganzen aber ist aus den oben angegebenen Gründen in Kara-Hissár keine besondere Regsamkeit und Thätigkeit wahrzunehmen; das Bild des Verfalles zeigt sich überall; wohin wir gingen, sahen wir Bettler und waren von müssigen Lungerern begleitet: mit Einem Wort, die heutige Bevölkerung hat keine Zukunft, aber der Ort gewiss eine. Die Mineralschätze der Umgegend, die Wassermenge und der fruchtbare Boden, die Nähe des Meeres bieten einer anderen Generation, welche weniger an der allgemeinen Versumpfung der Indolenz leidet, ein reiches Arbeitsfeld dar, und ist erst eine solche Generation vorhanden, so wird sie auch schon die Wege zum Meere bahnen."

Sonntag den 7. November. Wir hatten einen Kontrakt mit neuen Pferdebesitzern schon am vorhergehenden Tage abgeschlossen, indem ich mich in Folge der gemachten Erfahrung entschlossen hatte, von nun an immer fünf anstatt vier Pferde zu miethen, aber diese Leute schienen zu meinen, dass wir das fünfte Thier nur zu ihrem eigenen Nutzen genommen hätten, und beabsichtigten, auf demselben alle ihre Packsättel mitzuschleppen. Dadurch war der Zweck des Opfers, der in grösserer Schnelligkeit des Fortkommens bestand, gänzlich aufgehoben worden, und da die Kátirdschí hartnäckig bei ihrer Forderung beharrten, sahen wir kein anderes Mittel, als uns an den Gouverneur zu wenden, und nach längerer Verhandlung entschied er oder vielmehr der Mollah zu unseren Gunsten.

So ward es etwas spät, ehe wir „Schwarzburg-Alaunstadt" verliessen. Zuerst ging es am Abhang des Yássurúk entlang, der hier in der unteren Stufe erdreich ist und vom letzten Regen eben angefeuchtet war. Weiterhin lag in einer Art Thaleinsenkung zwischen dem Yássurúk und einer unbedeutenderen Bergerhebung, in welcher der rauhe Pfad nach Kérassun sich hinzieht, die schöne Pflanzung von Armutlý, dem „Birnendorf". Wie wir von der kahlen Höhe dann etwas abwärts stiegen, ward das Land grüner und bekleidete sich mit etwas Buschwerk: mehrere Dörfer lagen umher. Hier belebte sich auch die Strasse mit grossen Zügen von Pferden und Eseln, die mit Birnen und Korn beladen aus Énderess zum Montagsmarkt nach Kara-Hissár zogen. Hätten wir die Stadt an diesem Tage gesehen, da würde sie wohl ein ungleich regeres Leben dargeboten haben. Wir passirten mehrere kleine Bäche und rückten zur Seite des letzten, der nach Herrn M. Dárabüd oder Dáravüd heisst, an den Kalkit-tschai heran, der, mittlerweile von mehreren aus diesem Gebirgsknoten herabfliessenden Bächen vermehrt, hinter dem Digmendagh wieder hervortrat und nun in ein ganz enges Felsenthal sich hinein schlängelte. Über zwei von beiden Seiten vortretende Felsblöcke ist hie eine Holzbrücke gespannt — sie heisst Kurbá-köprÿ —, da er der am Felsabhange dahinführende Weg nach dem Regen sehr schlüpfrig und der Fluss selbst nicht tief war — er hatte bei 60 Schritt Breite nur 1½ Fuss Tiefe —, durchschritten wir letzteren an einer Furtstelle und stiegen nun in grossen Windungen auf den abgeschwemmten Abhäugen nach WSW. an, während wir nach NW. allmälig einen Blick auf hohe Schneekuppen gewannen, die über die näheren wild ausgerissenen Felsränder des Bergstromes herüberragten. Nach fünf Viertelstunden hatten wir die Höhe erreicht, wo wir erstaunt waren, die ganze Kammfläche in Ackerfelder ausgelegt zu finden. Dann stiegen wir allmälig nach dem schönen Thal von Énderess in die Aschkár Owß hinab und freuten uns nicht wenig an seinem blühenden, frischen Aussehen, während der Ort selbst vom gegenüberliegenden Thalgelände aus seiner Pflanzung hervorsah. Das Grün der künstlich bewässerten, frisch aufgeschossenen Saat war überaus erfreulich für die Augen. Allerdings zeugte der ganze Zustand der Pflanzung von einem gewissen Grade von Betriebsamkeit seiner Armenischen Bewohner, aber die Aufnahme im Orte entbehrte gleich von Anfang an jener herzerfreuenden Gastlichkeit, der man so oft in moslemischen Dörfern begegnet. Das Dorf besteht aus etwa 120 Wohnungen, ganz flachen Steinhütten, halb in die Erde hineingebaut, so dass die Strassen über die Dächer vieler derselben hinführen. Das Türkische Viertel liegt ganz getrennt und abgeschlossen oben auf der ersten Stufe des Hügel und hat 70 — 80 Familien. Leider waren wir in Folge der nicht ganz klaren Darstellung in Ritter's Klein-Asien, Bd. 1, S. 109, 209 und 214, in der falschen Meinung befangen, dass die von Boré, allerdings einer sehr schwachen und in dieser Beziehung einsichtslosen Autorität, angegebene Inschrift, welche Nicopolis erwähnt, in diesem Türkischen Quartier von Énderess sich finde, anstatt dass sie, wenn sie überhaupt existirt, sich im benachbarten Dorfe Puchta befindet, über das wir, wenn wir über

diesen Punkt früher klar gewesen wären, mit leichter Mühe unseren Weg von Kara-Hissár aus hätten nehmen können. Jedenfalls darf man Nicopolis wohl nicht mit Énderess identificiren und Boré's Inschrift muss nothwendig erst von einem gewissenhaften Reisenden controlirt werden. (S. Boré's voyage, I, 368.)

Wir machten uns dann mit einem Führer auf, die Denkwürdigkeiten der Stadt zu sehen, und er geleitete uns zuerst in die ältere Armenische Kirche des Ortes, wo wir einige alte Quadern, aber keine Inschrift bemerkten. Die andere Armenische Kirche ist ganz neu und nicht übel. Wir wandten uns dann an dem kleinen Bergstrom aufwärts, der aus einer Öffnung der Höhen hervorrauscht und ins Thal hinabfliesst, und fanden hier noch etwas frische Belaubung, wie denn die Gärten von Énderess eine ausserordentliche Zierde sind. Sonst aber hat der Ort gar nichts Interessantes. Unsere Bewirthung ganz erträglich. Herr Dr. M. sagt über den Ort Folgendes: „Die Armenier von Énderess [oder, wie sie es nennen, Endrics] bauen Weizen, Gerste, Obst und Flachs; künstliche Bewässerung ist in dem ganzen Thale gebräuchlich. Énderes ist übrigens dadurch berühmt, dass die Tabaksschneider in Konstantinopel fast ausschliesslich aus diesem Dorfe kommen. Die jungen Bursche begeben sich, wie die meisten ihrer Landsleute, nach der Hauptstadt, um dort Geld zu verdienen, als Lastträger, Dienstboten und vorzüglich als Tabaksschneider, und wenn sie nach drei- bis vierjähriger Arbeit ein kleines Kapital erspart haben, kehren sie nach Énderes zurück, um es hier zu verzehren. Ist das Geld fast verbraucht, so wird der letzte Rest zu einer neuen Reise nach Konstantinopel verwendet, um abermals den Arbeitskursus zu beginnen. So sind sie völlig abhängig von der Hauptstadt und an eine Stufe höherer bürgerlicher Freiheit ist nicht zu denken."

Montag den 8. Novbr. durchzogen wir nun auf unserem Marsche nach W. die schöne Pflanzung, bis wir nach einer halben Deutschen Meile auf unebenen, ausgerissenen, meist öden Thalboden hinaustraten. Aber dann folgte wieder eine Weile lang fruchtbarer Boden mit grünen, künstlich bewässerten Saatfeldern und mehreren kleinen Dörfern an den Abhängen umher gelegen. Mit einem Abstieg auf sehr zerrissenem Boden mit tief ausgewaschenen Schluchten erreichten wir jetzt den Rand des Stromes, des Lykos, der sich mittlerweile durch rauhe Gebirgsmassen Bahn gebrochen und nun, von mehreren kleinen Bächen verstärkt, ein ganz stattliches Aussehen hatte. Immer steiler und kahler wurden die Hochufer und eng und schmal wand sich an ihnen der Pfad hin über dem Strom und die Schwierigkeit war keineswegs gering, hier einigen uns entgegenkommenden heimischen Reisenden auszuweichen, um so mehr, als ihnen ein höchst nervöser Greis voranging, der in seiner wankenden Haltung jeden Augenblick in den Strom zu stürzen drohte. Es war erfreulich, als wieder ein wenig Ackerland und mehr Laub die öden Gehänge unterbrach. Dann aber verwandelte sich das Thal in eine völlige Einöde, bis wir nach fünfstündigem Marsch von Énderess der wundersam ausgerissenen und alle Farben eines geologischen Musterbildes darstellenden Kegelwand der Burghöhe „Koilu Hissár" gegenüber waren und nun in grosser Biegung einer Erweiterung der Thalfurche entgegenrückten. Da hatten wir drüben in lieblicher, von reichem Laubschmuck bekleideter Bergausbucht das kleine Dorf, das der Felsenburg den Namen verliehen hat — Koilu Hissár heisst nämlich „das Schloss mit dem Dorf". Herr Dr. Mordtmann bemerkt über den Namen Folgendes: „Ritter (Kl.-Asien, I, S. 217) führt alle bei den verschiedenen Reisenden vorgefundenen Entstellungen des Namens an, von denen nur Koilü Hissár, die von Indschidschean gegebene Benennung, in der Umgegend gebräuchlich ist; Koilü Hissár heisst aber nicht „Bauernschloss", wie Ritter angiebt, sondern „ein Schloss, welches ein Dorf hat". Die offizielle Benennung aber, d. h. der Name, den der Ort an der Pforte und in dem von ihr herausgegebenen Staats-Almanach hat, ist Koilü Hissár, قيولو حصار; dieselbe Orthographie finde ich in den Manuskripten des Aschik Paschazade, des ältesten Türkischen Historikers im Dschihán-Numa (S. 627), und in der von dem Vicepräsidenten der K. Türkischen Akademie, Cheirullah Effendi, herausgegebenen Osmanischen Geschichte (Heft VIII, S. 112), während die übrigen mir zugänglichen Türkischen Historiker Koyunlü Hissár, قيونلو حصار, schreiben. Der wahre Name aber ist, wie sich aus dem Gesagten ergiebt, Koilü Hissár, und da die späteren Geschichtschreiber das Wort koilü nicht verstanden, so veränderten sie es willkürlich in Koyunlü Hissár, ein Name, der weder in dem Orte und dessen Umgegend, noch an der Pforte bekannt ist, und die Untersuchung, ob Koyunlü Hissár (Schafschloss) von den Ak-koyunlü (Fürsten vom weissen Hammel) herrühre oder nicht, ist ganz müssig. Koyu, قيو, ist eine provinzielle Aussprache und bedeutet dasselbe, was in Konstantinopel kuyu heisst, nämlich einen Brunnen; Koyulü Hissár oder Koilü Hissár ist also „ein Schloss mit einem Brunnen". Es wurde 1461 von Sultan Mehemed II. nach der Einnahme von Sinope und vor der Einnahme von Trapezunt erobert." — Wir liessen jetzt die aufs andere Ufer hinüberführende Brücke zur Seite und machten kurze Frühstücksrast in einem Chan hart zur Seite der Strasse oder vielmehr draussen vor seiner Thüre im Angesichte der anmuthigen Landschaft des jenseitigen Ufers. Um sie noch besser zu geniessen, kehrte ich nach der Brücke zurück und von hier aus entwarf ich eine leichte Skizze der nachstehenden Ansicht. Besonders schön waren ein Paar prächtige Wallnussbäume hart jenseits der Brücke und verliehen dem Ganzen einen höchst anziehenden Vordergrund; das Dorf selbst hat eine recht malerische Lage am Abhang; auch bemerkte man einige ganz stattliche Wohnungen und ich hätte gern dort heute Rast gemacht, um von da aus auch das Kastell zu besuchen.

Allerdings schien der Bau selbst nach dem, was wir durch das Fernrohr erkannten, Nichts von besonderem Interesse darzubieten, aber immer hätte die bedeutende Höhe einen umfassende Umsicht gestattet und kaum ist zu bezweifeln, dass auch im Pontischen, ja vielleicht noch im entfernteren Alterthume diese bedeutende Kegelhöhe eine Landesfeste trug.

In der Nähe unseres Chanes lag ein ganz leidlich aussehendes Haus eines kleinen Türkischen Grundbesitzers und das ganze Land umher, in dem wir nach anderthalbstündiger Rast unsern Marsch fortsetzten, trug deutliche Spuren einer gewissen Industrie; künstliche Wasserrinnen liefen an den Hügeln entlang, während das Ackerland in dem ungleichen, bald weiteren, bald beschränkteren Raume des Thalebenu verschiedene Stadien der Entwickelung zeigte. Besonders schön waren die Weingärten, von denen sich einige bis hart an das Ufer des Flusses hinabzogen, zumal an der Stelle, wo er einen ansehnlichen Nebenarm aufnimmt. Der Lykos muss hier ein gewaltiges Gefälle haben, denn als wir uns mit geringem Anstieg nur wenig von ihm entfernt hatten, führte uns erst ein ansehnlicher Abstieg wieder zum Wasser hinab. Auch ist das Flussbett voll Felsen. Hier hatten wir auch drüben

Koilu Hissár; das Thal des Lykos; Übergang nach dem Iris.

hübsche Pflanzungen, zuerst die von Aschadé-kalé, lang sich hinziehend, dann Muschal. Auf unserer Seite waren die Weinberge besonders gut gepflegt. So erreichten wir denn bald den Ssultān Murād Chanē, der breiten Felskuppe gegenüberliegend, welche die Ruinen eines festen Platzes aus dem Mittelalter mit Moschee und Minaret trägt. Dieser Chan ist eins der schönsten Beispiele der soliden Bauart und der Fürsorge, mit der man in jenem Zeitalter Osmanischer Kraft für den Verkehr der Hauptstrassen Sorge trug, und er ist noch nicht gänzlichem Ruin anheimgefallen. Aber auch von gewisser Regsamkeit der Gegenwart zeugte diese Stätte, doch zugleich von ihrer Vernachlässigung der wichtigsten Landes-Interessen. Man hatte nämlich vor zwei Jahren eine Holzbrücke über den Fluss zu bauen angefangen, sie dann aber unvollendet liegen lassen und hatte nun erst ganz vor Kurzem wieder Hand angelegt, um sie zum Abschluss zu bringen. Am westlichen Fusse der Kastellhöhe sah man die Ruine eines grossen viereckigen Gebäudes und auch weiter hinauf in der Schlucht eine andere von solidem Bauwerk.

Hinter Ssultān Murād Chanē verengte sich das Thal dergestalt, dass wir wieder hart über der Wasserrinne am Abhang uns hinhalten mussten; dann folgten schöne Waldpartien, aber noch schöner waren die Schluchten auf der gegenüberliegenden Seite beholzt, während auf unserer Seite das Weideland besser war. Doch wir sollten jetzt bald Abschied nehmen vom Lykos, um den Windungen seines Zwillingsgenossen, des Iris, abwärts zu folgen, indem Möda-ssü-koei unser letztes Nachtquartier an ersterem war. Vorher jedoch passirten wir ein ödes Bergwerksdorf, das von seinen Bewohnern verlassen worden, seitdem man das benachbarte Kupferbergwerk aufgegeben.

Möda-ssü-koei liegt in einer schönen offenen Seitenschlucht am Gehänge der Hügel mit reicher Pflanzung an deren Fusse; ihre grösste Zierde bildeten aber hier wieder die frisch belaubten Wallnussbäume. Das Dorf hat eine Bevölkerung von dreissig Türkischen Familien, die ein abgeschlossenes behagliches Leben führen; der Ortsvorsteher empfing uns mit grosser Freundlichkeit und quartierte uns in der hart am Abhange gelegenen Fremden-Oda ein. Diese, so wie fast alle Behausungen des Dorfes, ist ganz aus dicken Baumstämmen errichtet, im ältesten, den Lycischen Grabmälern zum Typus dienenden Style, und daneben in einiger Entfernung war, wie man das in den besseren Dörfern stets findet, eine kleine abgeschlossene Retirade errichtet. Diess ist ein entschiedenes Zeichen von Anstand und Reinlichkeit bei diesen Leuten. Wir hatten am Abend gute Kost, wobei auch der grosse Butterkuchen nicht fehlte, und es war erfreulich, dass unser Wirth mit uns ass, ein gesetzter, schweigsamer Osmanli mit langem,

schönem Bart. Es war mir ausserordentlich angenehm, dass ich im Stande war, seine Gastfreundschaft sogleich zu erwidern, da er etwas Zucker zu haben wünschte, und ich ihm denn einen halben Hut Zucker verabreichte. Es hat stets etwas Unangenehmes, diese Leute in Geld zu bezahlen, und unständige Leute nehmen es nicht an, so dass dann nichts Anderes übrig bleibt, als den Dienern eine entsprechende Summe zu geben. Über dieses Dorf bemerkt mein Begleiter: „Möda-ssü-koei liegt auf einer Anhöhe, vor welcher ein beträchtlicher, von Süden kommender Zufluss, der Möda-ssü, vorbeifliesst und in den Kalküt einmündet. Möda-ssü-koei enthält 30—40 Türkische Häuser und erzeugt Weizen, Gerste, Weintrauben, Äpfel, Birnen u. s. w., aber die Ernte war in diesem Jahre verunglückt, weil der lange Winter die Aussaat verspätete und nachher Dürre eintrat. Wie sehr die Gegend hier von allem Verkehr abgeschnitten ist, sieht man nicht bloss aus den besten Karten, welche hier nur weisse Stellen und grobe Fehler haben, sondern auch noch aus anderen Umständen. Ein Alter, der in unser Zimmer eintrat, begrüsste uns ganz unbefangen mit dem mohammedanischen Gruss „ssalām ālikum", den wir eben so unbefangen mit dem entsprechenden „ālikum ē ssalām" erwiderten. Ein Jüngerer, aber doch verheiratheter Bauer, den wir um einige Auskunft befragten, erklärte uns, er sei in seinem ganzen Leben nicht über die allernächsten Dörfer hinausgekommen. Auch die Sprache hat hier viel Eigenthümliches und manche Ausdrücke waren mir unverständlich; so hörte ich das Wort „birle", welches ich sonst noch nirgends gehört habe und welches so viel heisst als das sonst übliche „olmadi", nämlich „es ist Nichts daraus geworden" oder „es ging nicht" oder „es ist nicht zur Reife gekommen"." Unser Quartier war uns übrigens um so behaglicher, da es die ganze Nacht regnete. Dieser Umstand aber übte einen etwas nachtheiligen Einfluss auf unseren Marsch am folgenden Tage.

Denn nun hatten wir nun das Scheidegebirge zwischen Lykos und Iris zu überschreiten und das war von unzähligen Schluchten zerrissen, deren Gehänge zum Theil mit schlüpfrigem Lehmboden steil aufwärts und abwärts führten. So war hier besonders der erste Aufstieg nach der Kummhöhe recht schwierig, aber sonst war das Gebirge anmuthig, da die schön geformten Gehänge ganz mit Eichengebüsch bewachsen waren, dessen Laub jetzt mit gelben und braunen Tinten abwechselte. Mit steilem, gewundenem Abstieg erreichten wir dann die tief eingeschnittene Schlucht auf der anderen Seite und gelangten hier längs eines Nebenbachs ins Hauptthal des Iris hinab. Aber wenn wir schon grosse Strecken des Lykos-Thales gar öde und menschenleer gefunden hatten, so erschien uns das Thal des Iris erst recht verödet. Dazu trug besonders bei, dass hier seit sehr

3*

langer Zeit gar kein Regen gefallen war; selbst der heftige Regen von gestern Nacht hatte wenigstens auf dieser Stelle die Kammscheide der beiden Thäler nicht überschritten. In Folge dessen war alles Vieh verkommen oder in entferntere Gegenden getrieben, so dass weder Mensch noch Thier sich sehen liess. Hier im Anfang des Thales jedoch, wo wir es betraten, war es noch erträglich und Feldbau wurde emsig betrieben; das Knarren der zweirädrigen Landkarren liess sich in allen Richtungen hören. Weiterhin aber ward auch der Boden streckenweise sehr steinig. Eine angenehme Abwechselung gewährte der zur Linken des Thales aufsteigende hohe, schöne Pik Kapák- (eine in Anádoli höchst verbreitete Bergbenennung) dághi mit prächtigen Seitenpiks und es war interessant, hier drei ganz verschiedene Vegetationsstufen mit Einem Blick zu übersehen, zu unterst das Ackerland, das gerade neu gepflügt ward und hier meist braune Färbung hatte, dann das Laubholz und auf den höheren, steileren Gehängen das Nadelholz.

Wir hatten eben diesen Pik zur Seite gelassen, als ein Gewitterschauer über uns dahinzog und einen leichten Regenfall im Fluge fallen liess. Nie hatte Einer von uns beiden so klar den Regen aus den obern Regionen herabfallen sehen. Hier liessen wir ein Lager auf der Wanderung begriffener Yürüks zur Seite. Nur bei dem, aus etwa 25 Wohnungen bestehenden, Landgute Mölu Tschiftlik ward das Thal eine Weile wieder belebter und hier weideten ausser einer Anzahl Büffel auch ein Dutzend Pferde.

Wir passirten dann einen Engpass und stiegen durch eine zur Rechten einmündende Seitenschlucht zu dem auf den Vorhöhen gelegenen Weiler Ssamáil hinauf. Sein erstes Aussehen schon war nicht viel versprechend, aber die Aufnahme war so ungastlich wie möglich und man verweigerte uns Quartier, weil man gar nichts für unsere Bewirthung hätte, und die wiederholte Erklärung von unserer Seite, dass wir für Alles zahlen wollten, fruchtete lange Nichts. Als wir endlich nach langem Warten uns doch einquartiert hatten, bestätigte sich übrigens die grösste Armuth der Leute, und unsere Abendkost war daher sehr armselig. Wiewohl an ihrer ungastlichen Gesinnung auch der Umstand Antheil hatte, dass sie sogenannte Kyzylbasch[1]) waren, war doch Hauptgrund die ausserordentliche Dürre des verflossenen Sommers und der Viehstand war in Folge dessen fast ganz

[1]) Hierzu bemerkt Herr Dr. M.: „Hier und in der Umgegend bis Tokát und Amásia giebt es eine grosse Anzahl dieser Leute. Kyzylbaschen sind aber nicht, wie man in Europa allgemein glaubt, Mohammedaner der Schia-Sekte, sondern eine Art Freigeister; ihre eigentlichen Glaubenslehrsätze sind ganz unbekannt, wahrscheinlich haben sie auch gar keine. Aeusserlich bekennen sie sich zum Islam, d. h. in ihren Dörfern steht eine Moschee, welche kein Mensch betritt, und sie führen mohammedanische Namen; weiter geht wohl ihr Islam nicht, während sie mehrere wesentliche Satzungen des Koran gänzlich unbeachtet lassen, s. B. sie trinken Wein, ihre Weiber gehen unverschleiert."

ausgestorben. Seit April sollte kein Regen gefallen sein. Wir nun aber schienen den Leuten Segen gebracht zu haben, denn es regnete die ganze Nacht.

Die ganze Landschaft, die wir am folgenden Morgen durchzogen, während wir in Windungen das Thal abwärts verfolgten, bot ein Bild der äussersten Dürre und Trockenheit dar; das ganze Land schien verödet und kein lebendes Wesen liess sich sehen. Dürres Eichenlaub bekleidete die Gehäuge. Erst nach zweistündigem Marsch, nachdem die umgebenden Hügelreihen sich etwas verflacht hatten, verbesserte sich der ganze Charakter des Thales und es ward fruchtbarer, obgleich nur wenig Anbau sich zeigte. Aber überall sah man Grabhöfe aus früherer Zeit, als Zeichen früherer Bewohnung. Erst nach drei Stunden begegneten wir einem kleinen Trupp Reisender, schönen, rüstigen Männern, die sich offenbar in der Stadt verproviantirt hatten und heute in ihr heimathliches Dorf zurückkehrten. Wir fanden heute kein gastliches Dorf für unsere Frühstücksrast und machten Halt in einer einsamen, aus Baumstämmen errichteten, halb eingefallenen kleinen Wächterbude, die wohl früher die Stätte eines Derbend gewesen war.

Das Wetter war die ganze Zeit über drohend gewesen, und als wir unsern Marsch wieder fortsetzten, brach der Regen bald los und liess uns unseren Schritt beeilen auf einen in weiter Ferne ins Thal vorspringenden Bergsporn zu, hinter dem das grössere Dorf Almúsch liegt. Das Thal war hier entschieden äusserst fruchtbar und etwa $\frac{1}{3}$ Deutsche geographische Meile breit. Schon vor unserer Ankunft in Kara-Hissár hatte sich ein kleiner wohlberittener Handelsmann aus Tökát, der von Erserum zurückkehrte, an uns angeschlossen und hatte uns bisher durch seine leidliche Kenntniss der Gegend manchen Nutzen verschafft; auch belebte er durch seinen gesetzten Charakter zuweilen unseren kleinen Trupp. Wir dagegen waren ihm auch von grossem Nutzen, weil er in unserer Gesellschaft sicher und schnell vorwärts kam, und ich leistete ihm hier einen grossen Dienst und rettete vielleicht sein Leben. Da war nämlich eine ansehnliche Brücke über den Fluss, genannt Kádhi Köprissi, und unser Freund, der sie auf seinem Herwege von Tökát passirt hatte, wollte wieder ganz unbesorgt über sie reiten und hatte sie schon mit seinem Pferde betreten, als ich ihn noch eben zur rechten Zeit zurückhielt. Ich war nämlich etwas vor ihm angelangt und hatte bemerkt, dass das ganze, die mittlere weite Spannung der Brücke ausfüllende, Holzwerk eingestürzt war. Glücklicher Weise fing der Fluss erst jetzt in Folge des letzten Regens zu schwellen an und wir konnten ihn ohne die geringste Noth passiren. Wir durchzogen nun eine sehr schöne Landschaft und erreichten in fünf Viertelstunden das Dorf Almúsch in einem Seitenthal, an einem Zuflusse des Iris gelegen. Wir waren bei dem so lange und mit grosser Heftigkeit anhaltenden Regen gänzlich durchnässt und waren daher äusserst begierig, recht schnell Quartier zu erhalten, aber man narrte uns umher von einem Hause zum anderen und liess uns dann wieder stehen, bis wir wie unsere Leute von Fieberschauer ergriffen wurden. Der Grund davon war, dass gerade ein Goldtransport mit einem Geleite von 20 Sabtiers auf seinem Durchmarsche hier war, so dass die gewöhnlich für Fremde bestimmten Quartiere alle besetzt waren. Endlich wurden wir böse und verschafften uns Quartier mit Gewalt. Dabei nützte uns die Hülfe eines hier zur Zeit anwesenden angesehenen Herrn mit eigenthümlich scharfen Gesichtszügen und von stattlicher Haltung, den wir zuerst für einen Kâdhi hielten. Unser Freund wies sich aber aus als ein Freigeist und eine Art Roué, Namens Iffifs Effendi Tscherkés Oghlū, das wahre Gegenstück des moslemischen gottesfürchtigen Anstandes, indem er den sinnlichen Genuss als das höchste oder einzige Lebensprinzip des Osmanli hinstellte. Von den Europäern hatte er die charakteristische Ansicht, dass sie entweder Ausbunde von Verstand oder von Narrheit sein müssten. Er besuchte uns am Abend zweimal in Gesellschaft der Honoratioren des Ortes und des befehlenden Offiziers des Goldtrains und trank Thee bei uns.

In der Nacht war ein starker Schneefall und am Morgen fing es an in unserm Gemach durchzulecken, so dass es gerade Zeit war, dass wir aufbrachen, nachdem wir noch ein recht gutes Frühstück zu uns genommen hatten. Die ganze Hügel-Landschaft lag voll Schnee und der Schmutz im Dorfe war ausserordentlich. Dabei hatten wir nun den Thalboden verlassen, indem der Fluss eine ansehnliche nördliche Biegung machte, und wir mussten einen Höhenkamm übersteigen. Gehemmt, wie die Pfade waren, gebrauchten wir zwei Stunden zum oft unterbrochenen Austieg und zwei weitere Stunden brachten uns dann wieder ins Thal hinab; der Schnee hatte schon eher aufgehört. Das Thal bildete zur Rechten eine schöne Erweiterung, zeigte aber wenig Anbau. Nun erreichten wir die Ruinenstätte von Comana Pontica, am Nordufer des Iris, über den hier eine aus älterem Material erbaute Quaderbrücke führt, von der aber die obere Bekleidung fehlt, so dass die hier auf dem Wege nach Niksaar stets passirenden Karawanen die die Bogen selbst bildenden Steine schon tief eingetreten haben. Wir liessen unsere Leute am Südufer, wo nur ganz wenige, mehr dem äussersten Stadtsaum angehörige, Ruinen sich finden, Halt machen und gingen, die Ruinen zu besuchen. Die Lage von Comana war schön, in einer offenen fruchtbaren Thalebene, und schon diese Lage lässt die Stätte als einen unter dem Schutz der Religion sich hinreichend sicher fühlenden Ort erkennen. Offenbar vereinten sich hier schon im Alterthume die verschiedenen Strassen. Ein weiter Umfang ist mit Trümmern bedeckt, da aber der Ort bis ins Mittelalter hinein bewohnt war, haben alle Bauten ein kleinliches Aussehen und Nichts als Grundmauern und unansehnliche Gewölbe sind erhalten. So ist besonders die als Akropole dienende Plattform nach dem Flusse zu ganz unansehnlich und ohne Charakter. Weiter nach Westen, wo das Dorf Gümenek liegt, das noch den Namen der alten heidnischen Kultusstätte bewahrt hat, findet sich in einem vorspringenden Felsblock das sogenannte Grab des Chrysostomus.

Wir setzten am Nachmittag unseren Marsch fort und betraten nach einer halben Stunde die Gärten von Tōkāt, wo wir nun zwischen hohen, oben mit Dornbüschen belegten Stein- und Lehmmauern hinritten. Die zur Rechten an der Thallehne sich hinabziehenden Weingärten lagen den Blicken offen und hatten selbst in ihrem gegenwärtigen entlaubten Zustand einen interessanten Charakter; die zur Linken waren verdeckt. Man erkannte an allen Anzeichen, dass man einem mehr industriellen Mittelpunkt entgegenging, als man sonst in diesen Gegenden findet, besonders aber bezeugte diess das Holzflössen auf dem Iris. Denn nicht einmal zu so einfachen Zwecken sieht man sonst hier zu Lande die von der Natur gespendete Gabe der schönen Wasserwege benutzt. Jetzt machten wir eine Wendung um eine zur Linken vorspringende Felsnase und hatten die Stadt Tōkāt vor uns, ein weitläufiges Gewirr ziemlich schmutzig aussehender Wohnungen, halb aus Holzwerk errichtet, mit offener Veranda und durchgängig mit Ziegeln gedeckt. So breitet sich die Stadt in der Einbucht zwischen den Felswänden aus, mit grösster Längenentwicklung von Norden nach Süden, aber mit ansehnlicher Breite von Osten nach Westen in die Thaleinbucht im Süden der Kastellhöhe sich hineinziehend, gerade da, wo das belebteste Viertel mit dem Basar und den Kupferschmelzen liegt. Trotz des trüben Wetters und des ansehnlichen Verfalles, der sich in der Umgebung des Meiddn kund giebt, machte die Stadt in ihrer eigenthümlichen Lage, eingepfercht zwischen den hohen Felswänden, deren Gipfel bis zu gleicher Linie mit Schnee bedeckt war, mit ihrem Leben und ihrer Geschäftigkeit einen recht angenehmen Eindruck, noch um so mehr, je grösser die Öde gewesen war, die wir unlängst passirt hatten. Da wir nicht wünschten, ohne Empfehlung den Amerikanischen Missionären uns aufzudringen, quartierten wir uns in einem Café ein und nahmen hier ein sehr grosses, mit einer Menge von Frontfenstern versehenes Zimmer in Beschlag, das im Sommer wohl einen ganz angenehmen Aufenthalt gewähren muss, in jetziger Jahreszeit aber unerträglich kalt war. Da der Abend schon ziemlich vorgerückt und das Wetter unfreundlich war, blieben wir heute zu Hause und suchten es uns irgend behaglich zu machen, was aber nicht leicht war. Nirgends ist der Reisende schlechter daran, als in einem Clan oder Café dieser Gegenden, wenn er nicht eine Menge dienstbarer Geister und einen guten Vorrath selbst mitbringt. Die ganze folgende Nacht fiel sehr heftiger Regen und erfüllte uns mit freudiger Genugthuung, dass wir wenigstens eine Stadt erreicht hatten, wo wir besseres Wetter abwarten konnten, aber es war am nächsten Morgen so unfreundlich, dass unser Unternehmungsgeist für den Augenblick bedeutend gedämpft ward. Allerdings stand hier im Thalboden das Thermometer noch ein Paar Grad über dem Gefrierpunkt, aber doch war es bei der nassen Witterung empfindlich kalt, besonders durch den Einfluss des die Höhen bedeckenden Schnee's. So kamen wir denn nicht sehr früh hinaus und beschäftigten uns zu Hause. Auch draussen auf der Strasse ward es nicht eben sehr früh lebendig, aber allmälig sammelte sich eine grosse Menge Kameele auf dem Meidán oder freien Platze unserem Quartier gegenüber. Als wir dann endlich Muth fassten, gingen wir, das breite Querthal durchkreuzend, nach Süden, dem Armenischen Viertel zu, um den Amerikanischen Missionär Van Lennep aufzusuchen. Auch einige der Armenier haben ganz leidliche Häuser, aber recht stattlich machte sich in dieser Umgebung das Missionshaus (siehe den Plan von Tökát auf der Karte). Schon gleich der Eingang mit seiner grossen, in einen reinlichen Hof führenden Pforte machte einen angenehmen Eindruck, dann der reinliche Vorbau, und wie man nun die stattliche Treppe hinaufstieg und mit dem Gesammtbau der einzelnen Theile näher bekannt wurde, erwies sich das Ganze als ein höchst glänzendes Gebäude, wo ein Europäer wohl ohne grosse Aufopferung sein Leben fristen und sich ganz angenehm einrichten kann. Eine freie, beherrschende Lage, schöne, geräumige und zum Theil reich in orientalischer Weise geschmückte Gemächer und ein schöner, ausgedehnter Garten auf der Ostseite bilden ein für diese Gegenden vortreffliches Gesammtbild. Der Hauptsaal, obgleich jetzt um die Vorhalle verkürzt, ist mit seiner reichen Plafondverzierung ein wirklich prächtiges Gemach und muss zur Sommerszeit, wo das ganze Thal in warmer Beleuchtung prangt, einen höchst augenehmen Aufenthalt gewähren. Das Haus, früher Besitzthum eines grausamen Derebei's, ward wegen Verschuldung dem in Stambul angesessenen Seidenhändler Hrn. Metz verschrieben und von ihm kauften es dann die Amerikaner für etwa 70,000 Piaster, wozu sie ungefähr eine gleiche Summe zum Umbau noch verwandten. Im Garten kultivirte der Missionär allerlei einheimische und ausländische Obst- und Gemüsearten und das Ende desselben hatte er mit dem Denkmal des bekannten, hochverdienten jungen Missionärs Henry Martyn geschmückt, das er nach eigener Zeichnung hatte anfertigen und mit einer Inschrift in verschiedenen Sprachen beschreiben lassen.

Das ist — oder war vielmehr — das Haus der Mission; denn in wenigen Monaten sollte es ein Raub der Flammen werden. Nun zu seinen Bewohnern. Die ganze Einrichtung war die Arbeit und das Verdienst Van Lennep's, der mit seiner Familie hier wohnte; aber kaum hatte er sich gemüthlich eingerichtet, als er durch sein behagliches Leben den Neid und die Missgunst seiner Amtsgenossen oder Vorgesetzten erregte, und man machte sogleich Anstalten, ihn aus seinem warmen Platze zu vertreiben. Sein Wesen fiel uns sogleich auf, als entfernt von der gewöhnlichen Strenge und Beschränktheit der Missionäre und mehr das eines gebildeten weltlichen Mannes, der sich für Alles interessirt. Er war sehr freundlich und schien grosses Gefallen an unserem Besuche zu finden. So begleitete er uns denn auch sogleich auf das Kastell hinauf, welches wir von der Südseite, der steilsten, erklommen. Die schöne Form des Kastellberges imponirt sehr, als wäre er ausdrücklich zu solcher Bestimmung geschaffen, und unzweifelhaft war sein Gipfel schon im Alterthum mit einer Feste gekrönt. Aus jener Zeit datirt wohl der durch den Fels gearbeitete Eingang, so wie ganz entschieden der in den Fels gehauene, tief ins Innere gehende Brunnenschacht, dann auch die niedliche und ganz vereinzelte Grabkammer mit Steinbank, ein recht behagliches Plätzchen zum traulichen Stelldichein. Der ganze Überbau dagegen stammt allem Anschein nach erst aus dem 14. Jahrhundert und erregt wenig Interesse, denn er besteht aus sehr unregelmässigem Mauerwerk, zum Theil gestohlenes Gut von älterem Material, zum Theil auch Holzwerk. Im Unterbau, nach der Stadtseite zu, sieht man einige Armenisch-Türkische Inschriften eingemauert, aber von der Bor'schen Inschrift konnten wir weder hier noch später auf dem Grabhofe das Geringste entdecken.

Dann besuchten wir das ganz in der Nähe gelegene Meschhed oder Ehrengrab vom Jahre 638, dessen Minaret schöne Nicäische Lazurarbeit zeigt, jedoch sahen wir sein Inneres nicht. Dr. Mordtmann hatte einige Mühe, die Inschrift zu lesen [1]). Leider verstanden wir Van Lennep's

---

[1]) Er sagt darüber Folgendes: „Die Fensternischen sind mit Lazur ausgelegt und enthalten Koransprüche und darüber eine Inschrift des Inhaltes, dass Sultan 'Azeddin (Az-e'-dn) Kei Kobad, Sohn des Kei Chusrav, im Jahr der Hidschret 631 (1233) dieses Gebäude habe errichten lassen. Die bisher beglaubigte Geschichte meldet, dass Sultan Alaeddin Kei Kobad I., Sohn des Kei Chusrav I., von 610 — 635 regiert habe, ich kann aber kaum glauben, dass ich hier der Kopie der Inschrift, die ich zweimal untersuchte, عـز الدين und عـلـا الدين verwechselt haben sollte."

Das Amerikanische Missionshaus und das Kastell in Tōkāt.

Anfrage wegen eines anderen am Meidān gelegenen Gebäudes nicht und kamen so erst zu spät während unseres kurzen Aufenthaltes in Tōkāt zu jenem interessanten und prächtigen Gebäude aus der Seldschukenzeit. Dagegen verführte uns das unfreundliche Wetter, den ganzen Rest des Tages bei unseren neuen Freunden in der prächtigen Amerikanischen Mission zuzubringen. Da fanden wir uns denn in Van Lennep's Gesellschaft in seiner, besonders in Bezug auf Klein-Asien, recht hübsch ausgestatteten Bibliothek ganz gemüthlich. Auch seine Häuslichkeit war ganz angenehm. Er beabsichtigte gerade, nach Stambul zu gehen, und hoffte vielleicht einen Theil des Weges nach Amássia in unserer Gesellschaft zu machen. Der wirkliche Grund davon war eben, dass er die Intriguen seiner Gegner, die ihn hier aus seinem warmen Neste fortreissen und nach Mérssiwän schicken wollten, zu hintertreiben dachte. Wirklich waren schon zwei Mitarbeiter der Mission, die ihn eigentlich vertreten sollten, vor ein Paar Tagen angekommen und ihr Gepäck, auf eine Anzahl gewaltiger Kameele sauber in Kisten gepackt, traf so eben von Ssamssūn ein. Manche interessante Bemerkung theilte während dieses Aufenthaltes unser Wirth uns mit, so ein genaues Schema der erwachsenen männlichen Bevölkerung der Stadt:

Osmanli . . . 6500,
Armenier . . . 3532,
Griechen . . . 569,
Kath. Armenier 438,
Juden . . . 113,
Protestanten . . 22,

also die gesammte Bevölkerung wohl sicher 45,000 Köpfe.
Van Lennep gab die Höhe von Tōkāt nach seinen eigenen Beobachtungen zu 2156 Engl. F. an, eine Angabe, die um einige Hundert Fuss von den Beobachtungen Anderer abweicht. Auch besass Van Lennep ein vollständiges Verzeichniss aller zur Tasch-Owá gehörigen Dörfer, das Herr Dr. Mordtmann kopirte.

Die Nacht war wieder empfindlich kalt, aber am folgenden Tage war das Wetter doch beständiger und wir beschlossen, diesen unseren letzten Tag in Tōkāt so gut wie möglich zu benutzen. So erstiegen wir denn zuerst wieder das Kastell, diessmal jedoch von der Flussseite, wo ein leichter, gepflasterter Pfad hinaufführt. Zuerst besuchten wir den am Fusse der zackigen Burghöhe über diesen Pfad hinaus nach Westen gelegenen Grabhof, fanden aber nur eine halb erloschene Griechische Inschrift. Die Aussicht von der Kastellhöhe war heute klar, doch alle Höhen, die eine Linie von etwa 2500 Fuss überragten, waren mit Schnee bedeckt und die Schneelinie bildete eine sehr bestimmt begrenzte Borde der Thallandschaft. Sehr anmuthig war besonders der Blick auf die mit schönen Weinbergen und Landhäusern geschmückten nördlichen Thalgehänge des Iris, westlich von der über ihn führenden Brücke; im Sommer muss der Blick noch interessanter sein. Wir stiegen dann nach Süden in den belebtesten Stadttheil hinab, fanden zufällig in der Nähe des Lumpenmarktes unseren alten Tōkāter Freund, der mit uns von Kara-Hissár gekommen war und sich nun als ein Reifschläger oder wenigstens als Seilhändler erwies, und tranken auf seine dringende Einladung in seiner Bude eine Tasse Kaffee. So freundliche Anerkennung findet man stets am sichersten bei den Osmanli und unser Freund vergass nicht, dankend zu erwähnen, dass er in unserer Begleitung um einige Tage früher nach Hause gekommen sei, als es sonst wohl der Fall gewesen sein würde. Dann schauten wir uns die alten, soliden, aber dem Verfall entgegengehenden öffentlichen Gebäude dieses Stadtviertels an, die grosse Moschee und den alten, gemüthlichen, kleinen Chan, der mit seinen Kammern rund um das Innere eines jetzt offenen Kuppeldaches einer alten verfallenen Moschee erbaut ist, mit einem oben aus der Öffnung hervorstrebenden Baum, und kamen dann nach der Privat-Kupferschmelze. Hier war rüstige Thätigkeit und das verarbeitete Kupfer ging von hier von Hand zu Hand zu den Kesselschmieden, deren verschiedene Abstufungen die Arbeit weiter führten. Indem wir dann auf dem Wege nach der Amerikanischen Mission uns etwas zu westlich hielten, erstiegen wir die den Hauptstadttheil südlich überragende Höhe und gewannen von hier oben bei dem schönen Wetter den malerischsten Umblick über die Stadt. Leider hatte ich keinen Zeichenapparat bei mir; es kann keine Ansicht von Tōkāt schöner sein, als von diesem Punkte aus. Hier standen auch noch alle Fruchtbäume, vornämlich die Wallnussbäume, in schönster, frischester Laubpracht. Einzelne halbverfallene Wohnungen, von kleinen Maulbeerpflanzungen umgeben, ziehen sich am Kranze dieses Hügels hin, aber kein eigentlicher Pfad führt hier entlang und wir hatten einige Schwierigkeit, uns durch die zerstreut gelegenen Wohnungen durchzuarbeiten, um die Strasse am Fuss der Höhe zu erreichen, auf der die Mission liegt. Im Gespräch, das sich entspann, liessen wir uns leider von Van Lennep bewegen, die grosse officielle Kupferschmelze, den Miri-hâne, wie sie genannt wird, zu besuchen; denn die geringe geistige Ausbeute des Besuches verlohnte kaum die grosse Entfernung, besonders da wir nachher in ganz entgegengesetzter Richtung gelegene Gegenstände besichtigen wollten. Eine kleine Skizze des Stadtplanes von Tōkāt befindet sich auf dem Kartenblatt Nr. 2.

Der Weg zu dem Hâne geht am Bache im Nord-Südthale aufwärts, wo man ein stilleres, ruhigeres Quartier der sonst industriellen Stadt durchzieht; dann wendet man sich in eine Einbucht der östlichen, das Thal begrenzenden Felskette hinein. Hier liegt die Kupferschmelzstätte, ein solides Gebäude, dessen Existenz aber doch schon allem Anschein nach entschieden dem Verfall entgegengeht. Leider ward nicht einmal gearbeitet und einige der Schmelzöfen wurden ausgebessert, so dass Alles in dem Schmutze, worin es lag, noch unordentlicher aussah, als es sonst wohl der Fall gewesen wäre. Auch die Auskünfte, die wir vom Vorsteher erhielten, waren sehr undeutlich und widersprechend, aber selbst aus ihnen ergab sich das unzweifelhafte Resultat, dass das Institut im Verfall ist. 500,000 Okken reinen Kupfers sollten jährlich gewonnen werden; die Okke dieses Kupfers kostet in Stambul 20 Ghrusch, während das unreine Metall dem Minenarbeiter mit einem Piaster per Okka bezahlt wird. Der Transport liegt den Bewohnern gewisser Dörfer ob, die dafür von anderen Abgaben befreit sind. Früher unter Leitung eines Österreichischen Bergmannes war der Betrieb ganz anders, aber Missgunst und Neid haben alles damals Angeordnete zerstört. In etwas unbefriedigter Stimmung eilten wir dann den langen Weg nach Norden zurück, um noch der über den Iris gebauten Brücke zu gelangen. Dort nämlich sollte eine wunderbare, keinem Reisenden bisher lesbar gewesene Inschrift sich befinden.

Endlich hatten wir die Stadt hinter uns und hier an ihrem nördlichen Ende zog unsere Aufmerksamkeit zuerst das Portal einer jetzt wohl 20 Fuss unter dem Niveau der Strasse stehenden Moschee auf sich, recht schön, aber nicht so reich und grossartig, wie andere Bauten; Dr. Mordtmann entzifferte aus der Inschrift, dass der Bau von Ghayâth e' dîn herrühre, vom Jahre der Hidjra 698 (1298)[2]). Dann hatten wir links in einem Garten das oktogone Grabmal des Emîr Nûr e' dîn ben Timur[2]), nach der von Herrn Dr. Mordtmann gelesenen Inschrift vom Mitte Dhulkade des Jahres 713 (Anfang März 1313), das uns durch seinen eigenthümlichen Giebelbau nicht unbedeutendes Interesse einflösste; leider reichte die Zeit nicht mehr aus zu einer Skizze, da wir noch die Brücke besuchen wollten. Wir erreichten sie auf grossem Umweg

---

[1]) Herr Dr. M. sagt: „Wer dieser Ghayâth e' dîn war, kann ich zur Zeit nicht angeben; Ghayâth e' dîn Kei Chusrav III., der Letzte dieses Namens, der bis der bekannte Historiker nur anführen, soll im Jahre 682 (1283) gestorben sein; ich habe aber von diesem Ghayâth e' dîn noch andere Denkmäler ungefähr aus derselben Epoche gefunden."

[2]) Herr Dr. M. sagt darüber: „Diess wäre also ein Nachfolger der Seldschuken, von dem noch keine bekannte Geschichtsquelle Etwas berichtet hat. In Tokat glaubt man, es sei ein Sohn des bekannten Timurlank (Timurlan), was aber mit dem Datum nicht stimmt; auch hatte letzterer keinen Sohn dieses Namens."

und waren nicht wenig erstaunt, aus der Inschrift zu sehen, dass dieser solide Quaderbau aus Seldschukischer Zeit herrühre, indem 'As e' dûnia Kei Kobat ben Kei Chusrâf die Brücke im Jahre der Hidjra 648 erbaut hat. Herr Dr. Mordtmann bemerkt dazu: „Die Inschrift auf der grossen Brücke über den Iris ist sehr lang und verschlungen und überdiess war mir das Sonnenlicht ungünstig; ich brachte jedoch so viel heraus, dass sie im Jahre 648 (1250) von einem Ssêf e' dûnia ü..e' dîn Hâmîd Merue, Sohn des Kâssim, zur Zeit des Sultans 'As e' dîn erbaut sei." — Der Blick von der Brücke herab das Thal aufwärts und abwärts war in der schönen Abendbeleuchtung recht anmuthig, besonders auf die Gärten an der gegenüberliegenden Thalkehne, obgleich sie ihre Laubpracht schon zum Theil verloren hatten. Natürlich schien man hier nicht das kleinste Fahrzeug, und selbst die Balkenflössen schien mit Tôkât abzubrechen. Nach NO. von der Brücke liegt auf einem aufsteigenden Hügel das Grabmal eines Heiligen, wo die Strasse von hier nach Nikssar vorbeiführt. Es ist von Hamilton beschrieben.

Erst auf dem Rückwege von hier, bei schon eintretender Dämmerung, wurden wir, als wir wieder an der Nordwestecke des Meidân anlangten, auf das überaus prächtige Portal des Seldschukenpalastes aufmerksam, wohl desselben Gebäudes, das Hamilton Woïwode Chân nennt, ohne weitere Aufmerksamkeit darauf zu lenken. Dieses Gebäude, was immer seine ursprüngliche Bestimmung sein mochte, war jedenfalls eine Hauptzierde des vornehmen Seldschukenschen Quartieres[1]), das sich ganz vorzüglich auf dieser

---

[1]) Herr Dr. M. bemerkt hierzu Folgendes: „Tôkât ward im Jahr 1082 die Residenz eines Seldschukischen Fürsten Rûkn e' dîn Ssuleimân, Sohnes des Ssultân e' devlet Kylydsch Arslan II., und hat vielleicht seitdem andere Fürsten gehabt, als die zu Kônia residirenden Sultane; wir wissen aber nichts Weiteres darüber, dass aber diese Notiz ihre Richtigkeit hat und dass diese Seitenlinie vermuthlich sehr lange in Tôkat residirt hat, beweist der grosse Gebäude-Komplex am Meidân, der noch von keinem Reisenden beschrieben worden ist. Dieser Komplex enthält vier grosse Gebäude neben einander und durch Nebenthüren mit einander in Kommunikation gebracht. Die Façaden sind wahre Meisterwerke der Architektur und verdienten allein für sich eine Reise nach Tôkât; um sie zu zeichnen, müsste man wenigstens eine Woche darauf verwenden. Zuerst tritt man jedesmal in eine grosse Halle, an den Seiten mit Arkaden versehen; dem Eingange gegenüber ist ein gewölbter und etwas erhöhter Raum. So viel man aus dem jetzigen Zustande schliessen kann, war eins dieser Gebäude der Palast des Sultans mit Empfangssaal u. s. w., ein anderes war vielleicht Privatwohnung mit Harem, ein drittes die Hofmoschee und ein viertes das Regierungsgebäude. Hinter den beiden ersten, aber mit zu Haus gehörig, sind zwei Todtenkammern; die eine enthält fünf Särge, die andere gegen dreissig. Darf man hieraus schliessen, dass in Tôkât fünf Sultane residirt haben, deren Kinder u. s. w. in der zweiten Todtenkammer ruhen? Der heutige Zustand dieser Prachtgebäude ist unverantwortlich, eines dient als Stallung für Kameele, Büffel, Ochsen u. s. w., das andere als Herberge für Bettler, Vagabunden, Derwische und ähnliches Gesindel. Ich habe den Zustand dieser Gebäude in Konstantinopel geeigneten Orts zur Sprache gebracht, meine Berichte sind auch mit Theilnahme angehört worden und hoffentlich wird nächstens Etwas geschehen, um diese herrlichen Denkmäler besser zu schützen."

Seite ausgebreitet zu haben scheint, vom östlichen Fusse des Burgfelsens aus nach dem Flusse hin. Der Plan des Gebäudes, das jetzt, ohne Schutz von oben, im Schmutz und Unrath daliegt und zum Theil als Viehstall dient, ist ungefähr folgender.

Das Prächtigste an dem Gebäude ist zur Zeit, abgesehen von seinen grandiosen Verhältnissen im Allgemeinen, die Façade des Portals zum Vorgemache des grossen Audienzsaales; der mannigfaltige, in schönster Harmonie verarbeitete Schmuck ist so reich, dass diess Architekturstück sich wohl den reichsten Mustern Maurischer Baukunst anschliessen kann. Leider konnte in der beschränkten Zeit nicht einmal ein leiser Versuch gemacht werden, wenigstens eine Probe dieser reichen Verzierungen zu Papier zu bringen, denn wir wollten unsern einmal gefassten Beschluss, am folgenden Tage abzureisen, nicht abändern, obgleich wir sehr bedauerten, nicht früher auf dieses interessante Denkmal des Mittelalters aufmerksam geworden zu sein.

Wir hatten übrigens unseren Tag so gut benutzt und so tüchtige Märsche gemacht, dass wir recht gesunden Appetit zu Van Lennep's Mittagstisch mitbrachten. Am Abend nahmen wir von ihm Abschied. Wir hatten angenehme Stunden in seinem Hause zugebracht. Dieses schöne Gebäude ward im Anfang des Jahres 1859 von neidischen Nachbarn in Brand gesteckt und Van Lennep entkam nur mit genauer Noth.

Sonntag den 14. Novbr. In der Veranda unseres geschützten Kaffeehauses fand ich am Morgen einen halben Grad Celsius unter dem Gefrierpunkt. Während der Nacht war es draussen vor der Stadt entschieden viel kälter gewesen, denn Alles war gefroren, auch die Pfützen und grösseren Wasserbecken. Somit war es am Ende gar nicht so schlimm, dass wir nicht völlig so früh fortkamen, als wir beabsichtigt hatten. Wir hatten nämlich am Abend zuvor Postpferde bestellt, aber jetzt war weder der Postmeister noch irgend sonst Jemand auf dem Mensel-Chane zu finden, und es war ein günstiger Umstand, dass unsere Kátirdschi's von Kara-Hissár noch nicht fort waren, so dass wir einen neuen Kontrakt mit ihnen bis Amássia abschliessen konnten. Seitdem sie nämlich am Ausgangspunkte den Verweis erhalten hatten, war ihr Benehmen, wenn auch keineswegs zuvorkommend, doch stätig und gerade gewesen.

Auf Van Lennep's Rath hatten wir uns vorgenommen, uns auf der diesseitigen oder der südlichen Seite des Flusses zu halten, um einige Griechische Grabmäler in Augenschein zu nehmen, aber in der verfehlten Anordnung war es vergessen worden, den Führern unsern Willen kund zu thun, und so verloren wir einige Zeit, indem wir zuerst den zur Brücke führenden Weg einschlugen. Wie wir dann vom nördlichen Fusse des Kastells her die Gärten betraten, begegnete uns ein langer Zug stattlicher Kameele mit ihren gewaltigen Sätteln, die dem Reisenden aus Afrika etwas sehr Auffallendes sind. Menschen und Vieh zeigten Spuren von starkem Frost und es war allerdings so kalt, dass die freie Beobachtung einigermaassen gehemmt wurde. Der erste Anblick der Kas-Owá hatte uns innig erfreut, aber gar bald fing sie an, einförmig zu werden, obgleich mehrere Tschiftliks oder Landgüter, belebt durch Heerden von Büffeln und Eseln, unseren Blicken sich zeigten. Dazu kam, dass wir leider den Zweck, zu dem wir diesen Umweg durch den südlichen Theil der Ebene gewählt hatten, nicht erreichten, wenn anders hier wirklich alte Gräber existiren, was sehr möglich ist. Wir passirten nämlich etwa eine Stunde, nachdem wir das Thal betreten hatten, zur Linken zwei fast künstlich aussehende Terrassen, die neben kleinen Weilern offenbar Ruinen aus früherer Zeit trugen, und jenseits des ersten oder östlicheren Weilers, der den Namen Éwlia führt, erblickte man am Abhange der Höhen grössere Quadergebäude, die aber keineswegs ein antikes Aussehen hatten, sondern eher Moslemischen Türbeh's ähnlich sahen. Dennoch wollten wir dahin, weil wir hier die Griechischen Gräber vermutheten, von denen uns Van Lennep berichtet hatte, aber ein vor dem Dorfe lang sich hinziehender Sumpfstreifen vereitelte unser Bemühen. Als wir dann unseren Führern nachriefen, begegneten wir einem Englischen Arbeiter der Telegraphenlinie zwischen Ssamssún und Ssiwás mit drei Sabtiers, als einem Wahrzeichen der neuen, diesen Ländern von Europa aus mitzutheilenden Lebenskraft.

Hier wurden die Gehänge der südlichen Thalwand, der wir uns nun mehr genähert hatten, anmuthiger und reicher gegliedert und wir passirten ein in einer Bergschlucht recht hübsch gelegenes Dorf, aus dem uns Trommeln entgegentönte; dann liessen wir auf eben derselben Seite einen Tumulus, der ein ganz künstliches, regelmässiges Aussehen hatte, und veränderten nun, ehe wir das grössere Dorf Basárkoei erreichten, unsere Richtung, um den Fluss auf einer Brücke zu passiren. Da machten wir bei einem kleinen, armseligen Weiler Namens Achirkoei Frühstücksrast, indem wir uns mit tesek oder getrockneten Kuhfladen Thee kochten. Ausser einer Heerde sehr fetter Gänse, bezeichnend für die „Gänseebene", schienen die Bewohner wenig Besitz zu haben. Der Halt war hier für eine kartographische Niederlegung der Gegend überaus erspriesslich, indem ich eine Menge Winkel nehmen konnte.

Wir setzten dann unseren Marsch fort und betraten bald die grosse Strasse, die auf der nördlichen Thalseite sich hingezogen hatte. während wir links in der Ebene das Dorf Talaidjük liessen und daneben das Zelt eines Turkmanen, von knieenden Kameelen umgeben, und dabei eine Schafheerde. Dann rückten wir an die Höhen hinan, während sich das Thal frei nach Westen erstreckte, mit dem schönsten Ackerland, das sich nach dem Dorfe Yenikoei hinzog. Wir kamen nun in eine unregelmässige Seitenebene, die allmälig, wie wir uns raschen Schrittes dem Städtchen Turchal näherten, einen ganz sumpfigen Charakter annahm. Im Städtchen hatten wir einige Mühe, uns Quartier zu verschaffen, und nahmen zuletzt unser Obdach in einem kleinen Kaffeehause an der Hauptstrasse, hinter der der Iris ganz nahe entlang floss. Schon nahte der Abend heran und wir waren begierig, die von Hamilton in etwas übertriebenen Ausdrücken beschriebene Kastellhöhe zu besuchen; wir verloren also keine Zeit und machten uns sogleich auf den Weg dahin, das kleine Städtchen der Länge nach durchschneidend.

Turchal liegt ganz eingeklemmt zwischen der etwa 300 bis 400 Fuss — nicht höher — sich erhebenden Kastellhöhe und einer Biegung des Flusses und hat ungefähr 200 Häuser — nicht 800 — in leidlichem Zustande. Es herrscht hier eine gewisse, besonders in der Kleidung der Einwohner sich kundgebende Wohlhabenheit, die nicht allein von dem hier durchpassirenden Verkehr, sondern auch von der hier ziemlich blühenden Leinwandbereitung ihre Nahrung zu ziehen scheint, und wir bemerkten überall langen, starken Flachs zum Trocknen ausgelegt. Die Strasse aber — denn eigentlich kann man nur von Einer Strasse hier reden — war sehr kothig und tief. So erstiegen wir die Kastellhöhe von der Flussseite aus. Schon senkte sich die Sonne hinter die Höhen hinab und die Umsicht war nicht mehr ganz klar und bestimmt, während dagegen der unbehagliche sumpfige Charakter der umliegenden Ebene vielleicht um so mehr hervortrat. Das ganze Kastell, wie es zur Zeit in seinen Trümmern daliegt, besteht bis auf das Eingangsthor und einige umherliegende Bruchstücke, aus neuem Mauerwerk. Dass aber auch hier schon im entferntesten vorrömischen Alterthum eine einheimische Feste lag, beweist zur Genüge die völlig in den Fels eingelassene, in seinem Innern zum Flusse ostwärts hinabführende Treppenflucht, ein grossartiger Befestigungsbau, wie er jedenfalls nicht nach der Mithridatischen Zeit unternommen worden ist. Gewiss war es mit *μέγαν ἐλάσσων* und ganz möglich ist es, dass es eben dasjenige war, dessen Lage Hamilton hier vermuthete, nämlich Gasiura. Übrigens war es von sehr beschränktem Umfang und keineswegs das festeste und steilste dieser Inner-Kleinasiatischen Kastelle. Hamilton hat seine Höhe bedeutend überschätzt. Auch die Stadt selbst ist allem Anschein nach nie viel grösser gewesen und konnte nie von grosser Bedeutung sein. Der grosse Verkehr auf dieser Hauptverbindungsstrasse hat entschieden seine Vortheile für den Wohlstand der Bewohner, aber er hat auch seine Nachtheile, wie denn die Einwohner von Turchal viel von Einquartierungen zu leiden haben, ausserdem, dass der Ort 50.000 Piaster Abgaben zu zahlen hat. Jedoch würde das Städtchen jedenfalls unendlich gewinnen, wenn man die umliegende Ebene entsumpfte, was keineswegs so schwer sein kann, und es wird ja wohl auch geschehen, wenn die projectirte Eisenbahn von Ssamssun nach Amássia und weiter landeinwärts hergestellt sein wird. Von diesem Abendausflug kehrten wir dann in unsere bescheidene Klause, eine niedrige Stallkammer im kleinen Kaffeehause, zurück und verbrachten den langen Abend nach gewohnter Sitte mit Lesen und Schreiben.

Montag den 15. November. Wir verliessen Turchal so zeitig wie möglich, obgleich unsere Kátirdschi's sich scheuten, in der Dämmerung die hier nördlich am Iris entlang sich hinziehenden Pässe zu betreten, die für nicht ganz sicher gelten. Unsere Leute waren übrigens diesen Weg nie gekommen und das war ein grosser Nachtheil, weil ich sonst versucht haben würde, mich am Fluss entlang zu halten. Eine Art Landweg, im ersten Theil selbst von den Landkarren befahren, zog sich wirklich längs der Krümmungen des Flusses; da wir aber keinen wegkundigen Führer bei uns hatten, konnten wir diesen unzuverlässigen Weg nicht weiter verfolgen und begaben uns auf den grossen, wohlbetretenen Pfad, der bald den Fluss verlässt und sich in ein Seitenthal hineinwindet, längs des Felsabfalls des Aklü-Dagh. Hier geht die Strasse im Thal entlang nach der Tasch-Owa und von dorther kam ein uns begegnender Trupp eingeborner Reisender, wir aber betraten wieder ein kleines Nebenthälchen dieses Seitenthales, aus dem eine zahlreiche Karawane jener stämmigen, kräftigen Kameele herkam, die den Verkehr zwischen dem Hafen von Ssamssún und dem Inneren vermitteln. Das Thälchen verengte sich bald, bis es im sogenannten, schon von Ewlia erwähnten Tschengel oder Dschengel böghassi einen ganz schmalen Engpass bildete, hinter welchem dicht ein kleines Kaffeehaus liegt, eine uns keineswegs sehr unangenehme Erscheinung, da die nasskalte Luft einen wärmenden Trunk wohl wünschenswerth machte. Jenseits dieser Verengung stiegen wir noch drei Viertelstunden an, zum Theil in schöner, mit Eichenlaub bekleideter Waldpartie; dann ging es gemach abwärts, während zur Rechten vor uns eine schneebedeckte Kuppe über die waldigen Höhen herüberragte. Wir hatten eigentlich beabsichtigt, in Inébasár oder vielmehr Ésme-basár zu übernachten, wo Van Lennep mit uns zusammenzutreffen halb versprochen hatte, aber es schien uns doch gar zu früh am Nachmit-

Turchal und sein Kastell; die Felsengräber von Kalakoei.

tage zu sein und wir beschlossen daher, unseren Marsch weiter fortzusetzen, obgleich wir nicht mehr hoffen konnten, Amássia zu erreichen, und bis dahin liegt allerdings kein Dorf ganz nahe an der Strasse, sondern alle sind seitwärts an den Abhängen gelegen. Desshalb eben hat man hier in der alten guten Zeit des Türkischen Reiches einen stattlichen Chan errichtet, Reisenden zum Nachtquartier.

Bald hinter dem Dorfe Tatar nimmt im breiten Thalboden eine schöne Maulbeerpflanzung ihren Anfang mit grossen Häusern zur Seidenzucht, die augenblicklich ganz leer standen, indem die Einwohner des benachbarten Dorfes nur im Sommer hierher kommen, und allerdings sind die schönen Berghänge ungleich geeigneter zum beständigen Wohnsitz als die ungesunden Thalebenen. So liegt denn auch das Dorf Ulghur oben und gerade hier ist das Gehänge von besonderer Schönheit und in der augenblicklichen Beleuchtung eines schönen Sonnenblickes zeigte sich der Gegensatz der beiden Thalwände, der zur Rechten und der zu Linken, zu grossem Vortheil: hier schön belaubte, jetzt im Herbstkleide völlig gegilbte Abhänge, dort ganz kahle, weisse Kalkhöhen. Weiterhin verbreitete ein zur Rechten herantretender Bach grössere Frische und an ihm entlang uns haltend erreichten wir an der Ecke eines breiten Seitenthales zur Rechten einen mit seiner Krone weit sich ausbreitenden Wallnussbaum und verliessen hier unsere Richtung, um jenen Seitenarm hinauf nach Kalakoei zum Nachtquartier zu gehen. Obgleich wir keine bestimmte Kenntniss von den überaus interessanten Gegenständen hatten, fiel uns der Name doch sogleich aufgefallen und überdiess war Amássia heute zu entfernt zum Nachtquartier.

Nahe seiner Mündung zeigte das Thal nur wenig Anbau, weiterhin jedoch ward der Boden gerade zur Stunde sehr sorgfältig umgepflügt und schöne, noch in voller Laubpracht stehende Wallnussbäume, Apfelbäume und Maulbeerbäume und dazwischen Hanf zeugten von ausehnlicher Betriebsamkeit. Wie wir nun von der Anmuth des immer mehr sich verengenden Thales freudig berührt uns überall umschauten, erblickten wir plötzlich zu grosser Überraschung am steilen Felsabhang zur Linken unter den höchsten Klippen regelmässig ausgehauene und architektonisch verzierte Felsgräber.

So erreichten wir das am Fusse des steilen Westabhanges sehr anmuthig gelegene Dorf Kalakoei mit etwa 80 ausschliesslich von Osmanli bewohnten Häusern und erhielten gutes Quartier in dem Messäfer óda-ssi. Wie gewöhnlich lag es auch hier am Rande des Dorfes, den Abhang hinunter, und war recht behaglich eingerichtet, wie der beifolgende Grundriss zeigen wird.

1. Offene Sommerhalle mit freier Aussicht ins Thal und mit Vorhalle nach der Seite des Dorfes.
2. Eintritt ins Wintergemach mit zwei Stufen, wie gewöhnlich mit zwei Lagerstellen (3 und 4), je einer zur Seite des Kamins.
5. Erhöhter Raum zum Wegstellen des Gepäckes, der Wasserurne u. s. w.
6. Durch eine Holzbalustrade abgesonderter Raum.
7. Stallung.

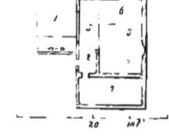

Im Sommer muss die Aussicht von der offenen Halle überaus malerisch sein. In einiger Entfernung am Abhang lag ein kleines Beihäuschen. Das Vorhandensein des letzteren Ortes bei den Fremdenzimmern in allen besseren Dörfern ist wohl der beste Beweis, dass diesen Leuten keineswegs der Sinn für Reinlichkeit und Ordnung fehlt, und so schmutzig gewöhnlich eben diese Örtlichkeiten in Chauen und in sonstigen öffentlichen städtischen Gebäuden sind, so gut und reinlich werden sie meist in diesen Dörfern gehalten.

Hoch erfreut über den unerwarteten Fund eilten wir, sobald wir unser Quartier in Besitz genommen hatten, hinaus, um die hoch an steiler Felswand prangenden Höhlengräber wo möglich zu erklettern. Einige Bewohner und Bewohnerinnen des Dorfes begegneten, erklärten uns, dass das unmöglich sei, und allerdings fanden wir nach dem ersten Abfall der Schutthöhen der Felswand das Ersteigen sehr schwierig und nur mit grosser Noth gelang es mir, dem Herrn Dr. Mordtmann voran, mit Hülfe kleiner Büsche und Grasknäuel einerseits und kleiner Felsvorsprünge andererseits mich die letzten 100 Fuss bis an den Fuss der ausgehauenen Grabeswand hinaufzuziehen — die Gräber sind nämlich im Ganzen etwa 300 Fuss über der Thalsohle —, aber in die Grabkammern selbst — es sind dem Anschein nach ihrer drei — konnten wir ohne Hülfe einer Leiter oder Stricke leider doch nicht hineinklettern, da die Unterwand auf etwa 10 Fuss ganz glatt und ohne genügende Vorkehrung zum Erklettern war. Etwa 50 Fuss tiefer machte ich die umstehende Skizze davon.

Die Abenddämmerung war hereingebrochen und von der Platform unterhalb des Felsengrabes fanden wir keinen Weg auf die Höhe der Felskuppe hinauf, so dass wir uns allerdings nicht mit eigenen Augen überzeugten, aber der Einwohner gaben uns die bestimmte Versicherung, dass ausser diesen Gräbern nichts Kastellartiges sich hier befinde und dass besonders auf dem Gipfel des Felsens kein altes Gebäude sei, und zu grosser Verwunderung sah ich daher an der Hand unserer Reise, dass Herr Boré hier oben und in durch seine eigenthümliche Konstruktion ausgezeichnetes Kastell gesehen haben will. Später erfuhren wir von Herrn Krug, dass auch Herr Tichatscheff diesen Ort besucht habe, aber er hat darüber, so viel mir bekannt, noch Nichts veröffentlicht. Die Dorfbewohner bezeichneten ausdrücklich die Felsengräber als die Kaleh.

Als wir von dieser Felshöhe wieder herabstiegen, waren wir nicht wenig überrascht, am Eingange des Dorfes von einer Matrone, Mutter von zwei Töchtern, angeredet zu werden, die mit wahrhaft mütterlichem Interesse unsere männliche Tüchtigkeit im schleunigen Ersteigen der Felshöhe bewundert hatte und uns ihr Lob spendete. Auch ward gleich nach unserem Eintritt in die Oda ein kleiner Knabe, Sohn des Kiaya, herbeigeführt, der uns eine Schüssel mit Früchten als Vorkost zur Mahlzeit überbrachte, und da kam denn auch bald zur rechten Zeit ein vortreffliches Abendessen,

sehr reinlich und gut zubereitet, in vier Gängen, das wohl 15 Piaster werth war, obgleich es uns als ein eben nicht gastfreundliches Verfahren überraschte, dass man sich hatte vorausbezahlen lassen.

Dienstag den 16. Novbr. Der Himmel war dick bewölkt und verkündete eben nichts Gutes für unseren Einzug in Amássia; in der Nacht waren selbst einige Tropfen Regen gefallen.

Wir hielten uns nun längs der rechten oder nördlichen Thalwand, nachdem wir den in der Ecke der Schlucht gelegenen, schön mit Bäumen gezierten Brunnen passirt hatten. Hier sieht man auch einen grossen Quaderblock aus dem Alterthum, mit einem Stierkopf geschmückt. Nachdem wir die Mündung des Thales hinter uns gelassen, fingen wir an, aufwärts zu steigen, und erreichten so in grossen Windungen den Gipfel der Höhe, aber das dunkle Wetter verhüllte uns die Aussicht. Dann stiegen wir an einer Schlucht abwärts, die uns nach etwas mehr als einer halben Stunde zu einer ausserordentlichen, kaum drei Fuss weiten Verengung führte, und diess ist entschieden der engste Pass in der ganzen Umgebung von Amássia und verdient am meisten den Namen eines Derbend. Eben vorher passirten wir einen hart am Wege liegenden, regelmässig zugehauenen, Basaltquader, auf dessen einer Fläche eine Kranzverzierung ein Kreuz umgab. Hinter der Verengung erweiterte sich die Schlucht wieder und hier folgten kleine Maulbeerpflanzungen, dann auch Weingärten, und die ganze Berglandschaft würde bei klarem Wetter unzweifelhaft höchst malerisch gewesen sein, aber nun lösten sich sogar die bis dahin nur drohenden Wolken und es fing zu regnen an. So konnten wir auch im Augenblick den malerischen Charakter des Gartenthales von Amássia nur halb würdigen. Es ist hier etwa sechshundert Schritt breit und der von Silch kommende Weg vereinigt sich mit ihm nur wenig weiterhin. Hier aber, gleich beim Eintritt in das Thal, bekamen wir eines jener soliden Werke des Alterthums zu Gesicht, die dieser Stadt bei den Orientalen einen so bedeutungsvollen und romantischen Namen verschafft haben. Diess ist die an der nackten, den Weg hart zur Rechten begrenzenden, Kalksteinwand ausgearbeitete Wasserleitung, die jetzt in weiten Strecken, bei schmutzigem Wetter wenigstens, von den Landleuten als Fussweg benutzt wird. Wo der Felsabhang verwittert war oder eine Einbiegung machte, hat man sie durch Aufbau von hartem Cementwerk ergänzt. Hier liegen in der Maulbeerpflanzung zerstreut ansehnlich grosse Wohnungen, augenblicklich aber unbewohnt und zur Seidenzucht bestimmt.

So betraten wir den eigenthümlich abgeschlossenen, vom Iris durchflossenen Thalkessel und erreichten den Anfang der Stadt Amássia, während der Regen mit verstärkter Gewalt niederschlug. Die Hauptstrasse, die der Hauptbasar bildet, entlang ziehend kamen wir zum soliden, Tasch-hané genannten, Chan, wo der Seidenhändler Herr Krug sein Komptoir hat. Der Chán oder Hán war in gutem Stande, aber überfüllt mit Menschen und Waaren. Nach einigem Warten kam Herr Krug aus seinem fern gelegenen Hause herbei und erfreute mich durch sein offenes Benehmen, mit seinem gemüthvollen Ausdruck und vom Scheitel herabfallenden Haar. Herr Krug war ursprünglich und ist eigentlich auch jetzt noch Agent des reich begüterten Seidenhändlers Metz in Freiburg. Er lud uns in sein Haus ein, wohin er unser Gepäck schon vorausgeschickt hatte, und nach längerem Gespräch folgten wir ihm dorthin durch die von Regen triefenden Strassen, über das schlechte Pflaster durch den Basar und dann rechts hinauf auf die von der breiten, von den Höhen herabsteigenden

Schlucht gebildete Terrasse, wo Herr Krug sein neues Haus gebaut hat. Es ist eben keine sehr grossartig aussehende Wohnung, aber doch ganz stattlich, geräumig und bequem, so ziemlich im Schweizer Styl aufgeführt, mit niedrigeren Nebengebäuden zur Seite. Dazu kommt die wunderschöne Lage, hoch oben auf einer mit Maulbeerbäumen reich bewachsenen Terrasse, wie ich sie in der hier folgenden Ansicht von Amássia angegeben habe, wo

Wasser nicht vertragen können; besonders mundete uns die Musske genannte Sorte; die beiden anderen Sorten heissen Ssinab und Kodíssidib. So gestärkt und unempfindlich gemacht gegen den Einfluss der feuchten, kalten Luft, die in dieser Gebirgskluft zur Zeit herrschte, machten wir uns dann in Gesellschaft der beiden jungen Herren Metz, Söhne des Seidenhändlers in Freiburg, trotz des andauernden Regens auf, schon heute mit der Besichtigung der Stadt einen

man über dem Hause die dem Plan korrespondirende Nummer 12 finden wird. Herrn Krug's Frau war vor einem Jahre gestorben und so hatte er seine Schwester bei sich, um seine Kinder zu erziehen. Er hatte deren sechs und stand eben im Begriff, den ältesten Sohn und zwei Töchter nach Freiburg in die Schule zu schicken. Allerdings hatte Herr Krug Ursache zu dem Ausspruch, dass der Europäer hier am Orte viel verdiene, aber auch viel ausgebe. Nichts ist aber in diesen Gegenden für angesiedelte Europäer schwieriger, als für die Erziehung der Kinder zu sorgen.

Nachdem wir uns einquartiert, nahmen wir ein vortreffliches Frühstück ein, bei dem wir auch gleich Bekanntschaft mit den prächtigen Amassier Äpfeln machten, die man selbst in Stambul nicht kennt, weil sie den Transport zu

Anfang zu machen. Dabei bewährte sich der ältere der beiden Brüder als ein viel versprechender Geschäftsmann und er bewog uns, den ganz richtigen Gesichtspunkt festzuhalten, den der für das Alterthum begeisterte Forscher nur zu leicht verliert, über die Menge der Alterthümer, welche dieser merkwürdige Ort birgt, nicht den neuen eigenthümlichen Aufschwung unberücksichtigt zu lassen, den er besonders durch Deutsche Kräfte zu nehmen angefangen hat.

So besuchten wir denn, als wir an den Grundmauern des sogenannten Palastes Báyasíd's, der auf einer offenbar künstlich applanirten Terrasse erbaut ist, hinabgestiegen waren und die Grabkapelle unten umgangen hatten, auch das Kokonlager des Herrn Krug. Es ist ein grosses, neues Gebäude, in ganz niedrigen Stockwerken erbaut, mit einem prächtigen Packlager im unteren, solid gebauten Raum, während die oberen Räume nur mit leichtem Bretterwerk ausgefüllt waren, mit vielen Fachabtheilungen, um die Kokons nach ihrer verschiedenen Beschaffenheit und Güte unmittelbar auszuscheiden und zu trocknen. So hatte Herr Krug dieses Jahr die halbe Seidenernte von Amássia aufgekauft und auch schon 400 Ballen versandt, während weitere 100 Ballen noch zu verschicken waren. Die Ballen werden stark gepresst, um Regen und Schmutz wo möglich auszuschliessen, da sie oft lange auf der Strasse umherliegen. Jeder von ihnen enthält 60 Okken ungereinigte Kokons, die etwa ein Fünftel reine Seide geben.

Wir wandten uns dann nach der Ssamssun-Brücke und gelangten so auf der anderen Flussseite zu dem nächsten Felsengrab. Es liegt etwas am Abhange des rauhen, blockweise vorspringenden Felsens hinauf, der uns, so wie vorzüglich die vom Meissel bearbeiteten Seiten der Felsengrotte selbst, vom Regen überaus schlüpfrig geworden war, so dass wir nicht geringe Mühe beim Hineinklettern hatten. Es ist keineswegs das stattlichste der Amássia-Gräber und hat nur mässig grosse Verhältnisse, aber doch ist es wohl geeignet, eine Vorstellung eben von dieser Art Gräber zu geben, besonders seiner halb abgerundeten Gestalt und seiner ausgetieften, offenen Vorhalle wegen. Auch sah ich hier zuerst die eigenthümliche Weise, die ich bisher, so viel ich mich erinnerte, in den Stätten alter Wohnorte nicht wahrgenommen hatte, von Grabnischen, die in die Hinterwand der Felskammer der Länge nach seitwärts, anstatt horizontal, eingesenkt sind. Diess ist aber hier in Amássia das Gewöhnliche. Auch die kreisförmige Austiefung im Boden nahe bei der Öffnung ist nicht ungewöhnlich, obgleich ihre Bestimmung keineswegs ganz deutlich ist; sie gleicht ganz den Ausschnitten im Fussboden der aus Lehm erbauten Negerhütten, deren Bestimmung ist, die Speiseschüsseln darin festzustellen. Vielleicht waren diese hier bestimmt, kleine Idole aufzunehmen, wiewohl dazu viereckige Vertiefungen im Ganzen geeigneter scheinen.

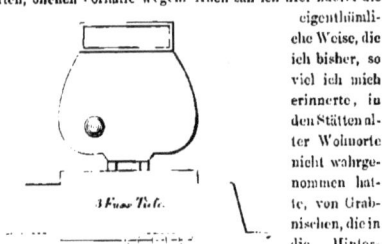

1 Fuss Tiefe.

Wir wandten uns dann zu der aus alten Trümmern erbauten vierbogigen Römischen Steinbrücke und nahmen sie vorläufig in Augenschein, da augenblicklich das Wetter zu näherer Untersuchung zu ungünstig war. Es ist eine vollständige Kompilation, aber mit gewisser Sorgfalt gemacht, obgleich die Bogen nicht einmal ganz regelmässig sind; aber die Bruchstücke zeigen zur Genüge, welch' kolossale Gebäude sich im alten Amássia finden mussten. Ich habe leider auf die Lage der Brücken bei meinem Besuche der Stadt nicht viel Aufmerksamkeit verwandt und kann daher das Verhältniss der jetzt vorhandenen fünf Brücken zu den früheren vier nicht genau angeben [1]. Auf der Südseite dieser Brücke zeigte die stattliche Moschee Báyasid Baschá's, im Jahre 822 der Hedschra, zur Zeit Méhemed's I., erbaut, und drüben auf der entgegengesetzten Seite zeigte uns Herr Krug später an der Felswand, die hinter nur schmaler Maulbeerpflanzung ziemlich nahe an den Fluss herantritt, eine mehrzeilige Türkische Inschrift. Herr Dr. Mordtmann konnte sie in der kurzen Zeit nicht völlig lesen, glaubte jedoch, dass sie von einem kiagit-chané, einer Papierfabrik, spräche. Diese Wand muss wohl jedenfalls abgesprengt werden, wenn der Bau der schon so lange projektirten Eisenbahn von Ssamssún nach Ssiwás begonnen wird. Dadurch würden dann allerdings auch die ganzen Unterbauten des die untere Citadelle mit dem Fluss verbindenden Festungswerkes der Zerstörung Preis gegeben werden.

Das abscheuliche Wetter bewog uns, für diesen Tag alles entfernter Liegende aufzugeben und unsere Aufmerksamkeit vorläufig den Seldschukischen Bauwerken des Mittelalters ganz und gar zuzuwenden. Schon bei unserem Einzuge, am Eingange der Stadt, hatten sie durch ihren reichen architektonischen Schmuck unsere Blicke auf sich gezogen.

Die reichste dieser Seldschukischen Architekturen im schönsten Quaderwerk ist das Portal eines Krankenhauses, jetzt einer Werkstätte, erbaut im Jahre 786 der Hedschra vom Sultan Ghayath e' din Méhemed, aus der Dynastie Oldschaitu der Kara-kóyunlú oder des Schwarzen Hammels. „Wer dieser Herr war", sagt Herr Dr. M., „ist mir bisher noch nicht gelungen, aufzufinden; das Gebäude zeugt aber von einem sehr guten Geschmack." Diess Portal ist das Reichste, was man in diesem Style sehen kann; Manchem mag es zu reich und etwas überladen scheinen. Störend wirkte es auf mich ein, dass manche Linien der reichen Schnörkelverzierungen unterbrochen sind und nicht in wirklicher Verkettung fortlaufen. Bei der kurzen Zeit, die ich in Amássin zubrachte, im Vergleich zu den zahlreichen Sehenswürdigkeiten, welche diese Stadt birgt, machte ich gar keinen Versuch, auch nur einen kleinen Theil dieses schönen Baurestes zu zeichnen. Auch ward man hier, da das Gebäude noch ziemlich weit in den gut bewohnten Stadttheil

---

[1] Allerdings giebt schon Dupré in seinem 1819 herausgegebenen „Voyage en Perse" fünf Brücken an. t. I, p. 31.

Der Seidenhandel, die Felsengräber und die Seldschukischen Bauwerke in Amássia. 31

hinein liegt, von Neugierigen sehr gestört. Das Innere scheint nur aus einem geräumigen Saal bestanden zu haben, um den sich kleine Kammern herumlagern, eine für ein Krankenhaus nach unseren heutigen Begriffen allerdings sehr einfache Anlage. Der Saal ist mit acht Säulen geschmückt, alle verschiedenen Styles und die Kapitäler recht eigenthümlich.

Nachdem wir dieses reiche Bauwerk gehörig bewundert hatten, gingen wir weiter in derselben Richtung und erreichten die „Blaue Hochschule" — Gök Médressēh —, ein in einfach grossartigem Style ohne minutiösen Schmuck errichtetes Gebäude, das seinen heutigen Namen davon erhalten hat, dass sich daran ein mit Farbenplatten geschmückter Thurm lehnt, der allem Anschein nach eine Art Observatorium war. Damals blühten in Amássia die Wissenschaften, jetzt aber braucht man ausser einigen Räumen, um einen gewissen Schein geistigen Fortstrebens einer Menge von Müssiggängern aufrecht zu halten, keine Hochschulen mehr und die ius Portal hinaufführende Doppeltreppe triefte augenblicklich von dem Blute von Schafen, da man sie als Schlachtbank benutzt hatte. Mein gelehrter Begleiter konnte hier kein Datum der Erbauung finden, aber der Styl zeigt, dass dies Gebäude wohl nicht später als um die Mitte des siebenten Jahrh. d. H. erbaut und wenigstens nicht jünger ist, als das auf der anderen Seite der Strasse gegenüberliegende Grabmal Ghayath e' din Ebû 'l Fetih Ke Chusrûf's, eines Sohnes des Kylidsch Arsslan, vom J. 667 d. H. nach Mordtmann. Dieses letztere Gebäude hat auch schon viel reicheren Schmuck als die Médressēh und zumal sind die vier breiten Eckpfeiler, wenn man sie so nennen will, in ihrem Obertheile mit überaus reichen Verzierungen bedeckt. Davon kann die hier beistehende Skizze eine nur schwache Vorstellung geben. Das etwas oblonge und wohl 30 Fuss hohe Gebäude hat keinen Eingang in der Façade, ist aber zugänglich von einer der beiden Seiten mittelst einer jetzt einige Fuss vom Boden abstehenden Treppe. Das Innere bildet nur Ein grosses Gemach und in demselben befinden sich acht Särge, sechs von Erwachsenen und zwei von Kindern. Der eine der ersteren ist mit Glasurziegeln reich verziert und war offenbar der Hauptsarg. Die Inschriften jedoch, die auf

den Ziegeln in Relief hervortreten, haben keine individuelle Bedeutung, sondern beschränken sich auf Kuransprüche. In früheren Zeiten muss in Amássia noch eine andere Grabkapelle, die Ahmed's, des fünften Sohnes Murad's, gewesen sein.

Nahe hinter jenem stattlichen Grabmale nun, hart am Fluss, ist noch ein anderes bedeutendes Gebäude aus jener Zeit Seldschukischer Nationalkraft, nämlich ein 'I'maret oder eine Armenküche, erbaut vom Ssultân el ádhâm we Chakân el moâddham Ghayâth e' din Ebû 'l Fetih, Ssultân Myrâd Chân, Sohn Sultan Méhemed's, des Sohnes 'Othmân's, vom J. 834 d. H. An diesem Gebäude, nämlich links vom Eingang, an der dem Flusse zugekehrten Seite, ist eine grosse Griechische Inschrift, die von den Mysterien handelt. Diese kopirte mein Begleiter. Er besuchte auch bei späterer Gelegenheit eine näher am Fusse der Felsen, wo zwei andere kleinere Felsengräber sind, gelegene Tyrbe, erbaut auf Befehl des Sultan Méhemed, eines Sohnes vom Sultan Báyasid.

Wir hatten bei eintretender Dunkelheit einen recht weiten Weg von hier durch die ganz im Halbkreis sich herumziehende Stadt mit ihrem schlechten Pflaster, um die Wohnung Krug's wieder zu erreichen, und Herr Metz schlug desshalb in vollem Ernst vor, lieber den Weg auf dem anderen Ufer, über den Sattelpfad hinter der Kastellhöhe, zu nehmen. Das wird einen kleinen Begriff von der eigenthümlichen Lage dieser kolossalen Kesselstadt geben. Obgleich aber dieser Weg keinesfalls näher sein konnte, bedauerte ich doch später sehr, ihn nicht einmal genommen zu haben. Jedenfalls hat Herr Baron von Vincke in seinem Stadtplan von Amássia diesen Sattel zu tief eingeschnitten.

So hatten wir trotz des ungünstigen Wetters unseren ersten Tag in dieser in historischer wie in natürlicher Beziehung überaus interessanten Kulturstätte höchst nützlich verbracht und unser Eifer wurde auf das Glänzendste belohnt, indem bis zum nächsten Morgen das Wetter sich auf das Schönste aufklärte. Nachdem wir unseren Kaffee mit Ricotta und Quitten zu uns genommen, versäumten wir auch keinen Augenblick, sondern machten uns zu einem grösseren Forschungsgang bereit, um die hauptsächlichsten der Königsgräber zu besuchen und das Felskastell zu ersteigen, und wir erfreuten uns bei diesem Ausfluge der Gesellschaft eines Herrn Klein, der von Herrn Krug als Hauslehrer mit Frau und Kind aus Schwaben nach Amássia gerufen war und in seiner Nähe, etwas weiter am Abhange der Schlucht aufwärts, ein kleines Haus bewohnte. Er war ein überaus lieber, aufgeweckter und rüstiger Mann, dessen Mittheilungen in ihrer einfachen schlichten Weise den erfreulichsten Eindruck machten und dabei eine Masse von Belehrung enthielten. Auch machte er sich in materieller Beziehung höchst nützlich, indem er einen kleinen Proviant von Äpfeln, Nüssen und Trauben in einer Botanisirbüchse bei sich trug. Daneben war die Gesellschaft von Krug's jüngstem Sohn, einem geborenen Amassier, sehr belustigend, indem er wie ein übermüthiges Windspiel stets weit voran die steilsten Felsenklippen hinaukletterte.

So ward es eine höchst interessante Partie. Zuerst wandten wir uns nun nach der Hauptgruppe der Königsgräber. Diese schon beim Eintritt in die Stadtschlucht sichtbaren merkwürdigen Felsgrotten, die dieser Stätte das grösste historisch-archäologische Interesse verleihen, sind schon wiederholt von Reisenden beschrieben worden, aber nie, so viel mir bekannt, mit voller Klarheit und Bestimmtheit; desshalb will ich hier versuchen, sie auch durch Darstellungen so anschaulich wie möglich zu machen. Sie sind in drei Gruppen an den Seiten der beiden steil an der Felswand, die den Fluss in mächtigen Klippen überragt, herabsteigenden Schluchten ausgearbeitet. Alle Reisenden, so weit mir bekannt, sprechen nur von zwei Gruppen und fünf Gräbern und sie haben offenbar das östlichste, allein stehende Grab nicht beachtet. Allerdings ist es einfacher als die übrigen, noch nicht frei abgelöst vom Felsen und nur von mittelmässiger Grösse, nämlich etwa 12½ Fuss ins Quadrat, mit einem zwei Fuss hohen und drei Fuss breiten, an allen vier Seiten herumlaufenden Sitz. Daneben hat es, wie das oben beschriebene kleine Grab, gleichfalls eine runde Einsenkung im Boden und ist wohl kaum ein Königsgrab. Leider hatte ich bei dem heutigen Ausflug kein genaues Messband bei mir und behalf mich mit einem etwa drei Fuss langen Holze. Hiernach sind die Maasse in den beifolgenden Grundplänen berechnet.

Von dem eben beschriebenen, nach SSW. schauenden, Felsengrabe stiegen wir nun in der breiteren Schlucht ein wenig an, gingen in gebückter Stellung durch einen unterirdischen Gang, stiegen dann etwa 60 Stufen abwärts, krochen wieder, zum Theil auf allen Vieren, durch einen niedrigen Gang hindurch und erreichten so die stattliche Gruppe der drei in einer Höhe von etwa 200 Fuss nach W. oder genauer W.30S. gelegenen Königsgräber, die offenbar der höchsten Blüthezeit und der grössten Kraftperiode von Amássia angehören. Alles ist hier natürlich, die Arbeit gediegen, die Verhältnisse, was man nennen kann, gesetzt, abgerundet und nicht zu sehr in die Höhe strebend. Aber doch ist es schwer, genau die Zeit zu bestimmen, der sie angehören mögen. Ich hege aber keinen Zweifel, dass sie nicht jünger sind, als das fünfte vorchristliche Jahrhundert. Besonders ihre Façaden haben stark gelitten, sind sie doch, wie der Urheber der Felsen-Inschrift sagt, zerschmettert worden, so dass er sie in gewissem Sinne ausbesserte. Ich gebe hier die Grundpläne der beiden hauptsächlichsten, die unter  sich ein Ganzes bilden und wohl Mann und Frau angehört haben. Ich gebe dann eine Ansicht des einen dieser beiden Gräber, Nr. I, so wie eine Ansicht des dritten vereinzelten Grabes dieser Gruppe. Auf dem Grundplan sieht man bei Nr. 1. des östlichern der beiden Gräber (II) die entscheidenden Spuren von Thurangeln, bei Nr. 2. die Löcher, die ein Gitter hielten; 3 bezeichnet den Punkt, von dem aus ich die Ansicht des Grabes Nr. 1. zeichnete, 4 den Felseingang zur oberen Felstreppe, 5 den jetzt sehr abgestossenen

Die Königsgräber von Amássia.

 Steintritt, um in den Eingang zum Inneren zu kommen. Beistehende Figur stellt die äussere Einfassung des Eingangs zum Grab Nr. II. vor, woraus man deutlich erkennt, dass dieser Eingang reicher verziert war und ursprünglich wohl eine Steinplatte zum Vorschieben, eine Art Porte-coulis, hatte. Vor dieser prächtigen Gruppe breitet sich eine zum Theil im hohen Alterthum künstlich terrassirte, schöne Erweiterung der Schlucht aus, die nach der Stadtseite zu durch grosse Mauerwerke befestigt war. Die noch stehenden unteren Steinlagen weisen den Bau der besten Zeit zu, während im Allgemeinen hier auch viel Nachbau aus dem Mittelalter sich findet. Offenbar war diese Terrasse zu grossen Festfeiern bestimmt, wie noch heut zu Tage die Bewohnerinnen der Stadt hier zum Spiel heranzukommen pflegen. Da sieht man auch die Ruinen eines Bades. Wir durchzogen diese Terrasse und passirten an ihrer südwestlichen Seite den Tunneleingang durch den hier steil an den Abhang herantretenden Felssturz, wandten uns dann die breite, stattliche, am Felsabhang sich hinaufziehende Treppe hinauf und erreichten so die beiden nach SO. schauenden westlichsten, prächtigsten, aber auch wohl entschieden jüngsten Gräber. Besonders zeigt das zweite Grab in seiner grösseren Höhe von den übrigen Gräbern ganz verschiedene Verhältnisse. Hier ist auch der für diese Felsbauten so charakteristische Rundgang um das Felsengrab, der es auf den Seiten wenigstens vom Mutterfelsen gänzlich loslöst, viel vollkommener und regelmässiger ausgebildet. Auch erkennt man ganz deutlich an den regelmässigen kleinen Reihen der viereckigen Löcher, dass die Frontseite des Grabes mit Metallplatten ausgeschmückt war, und wahrscheinlich waren es Goldplatten. Die Bauzeit dieses Grabes mag in das zweite Jahrhundert vor Christus herabsteigen und schliesst sich. wahrscheinlich sehr nahe an diejenige des mit ängstlicher Sorgfalt ausgeführten, später zu beschreibenden „Spiegelgrabes" an.

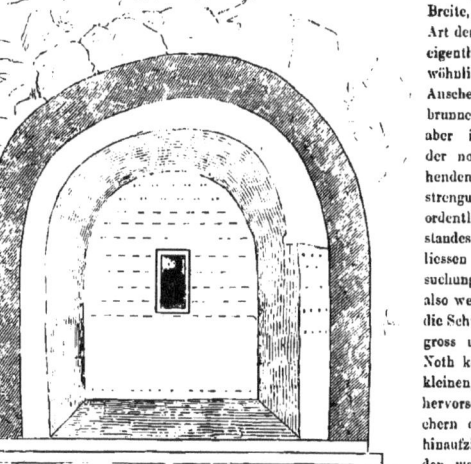

Bis hierher führen die grossartigen, künstlichen Arbeiten, nun aber muss der Wanderer umkehren, und auch wir stiegen, die Stadt im Felskessel zu unseren Füssen, die gut ausgehauene Treppe wieder hinab und fingen an, nachdem wir das Felsthor passirt hatten, am Abhang auf der östlichen Seite dieses grossen Felsspornes, auf dessen südwestlicher Seite die letztbeschriebenen zwei Gräber ausgehauen sind, aufwärts zu klettern, bis wir die eng und steil sich hinaufziehende Schlucht erreichten, wo es für mich selbst und, ich kann wohl sagen, für uns Alle eine höchst angreifende, überaus mühsame Arbeit wurde. Wir hätten aber allerdings einen sehr weiten Umweg gehabt, um auf dem geraden Wege das Schloss zu erreichen.

Nach einem tüchtigen Anstieg von vielleicht 300 Fuss — also vom Flusse aus 500 Fuss — liessen wir an einer weiter nach SW. vorspringenden Klippe des Felsspornes eine eben nicht regelmässig zugehauene Höhle zur Linken, die nur von unserem übermüthigen jugendlichen Begleiter besucht ward. Sie hatte wohl nur strategische Zwecke. Dann erreichten wir die Mündung einer im steilsten Winkel in das Felsenherz nach W. steigenden Brunnentreppe von grösserer Breite, als sonst bei dieser Art dem Norden Kl.-Asiens eigenthümlicher Bauten gewöhnlich ist. Es war allem Anschein nach der Hauptbrunnen dieser Felsenfeste, aber in Berücksichtigung der noch weiter bevorstehenden bedeutenden Anstrengung und des ausserordentlich verwitterten Zustandes der Stufen unterliessen wir seine Untersuchung. Wir kletterten also weiter, aber nun wurde die Schwierigkeit erst recht gross und nur mit vieler Noth konnten wir uns an kleinen, aus den Felsspalten hervorschiessenden Sträuchern die steilen Klippen hinaufziehen, und als wir den weicheren Boden betraten, fehlte uns auch dieser Halt, so dass wir in grosser Erschöpfung endlich den Kamm dieser Felskuppe erreichten. Sie trägt noch jetzt die unteren Steinlagen des west-

Barth, Reise von Trapezunt nach Skutari.

lichen Thurmes der höchsten Burg in vortrefflichem Befestigungswerk mit abwechselnd der Länge und Breite nach gelegten Quadersteinen. An vielen Stellen ist sie noch bis zu der ansehnlichen Höhe von dreissig Fuss erhalten; wir erstiegen den höchsten Punkt. ruhten hier von unserer Arbeit einen Augenblick aus und stärkten uns aus Herrn Klein's Proviantkammer. Mittlerweile visirte ich von diesem Hochpunkt aus, der eine vollkommene Rundschau über das merkwürdige Stadtgebiet mit seiner nächsten Umgebung gewährt, mehrere Hauptpunkte zur Feststellung der Topographie, und hätte ich später noch Zeit gehabt, die noch etwa um 100 Fuss höher und über den jenseitigen Felsrand sich emporhebende Bergkuppe von Lokmän zu ersteigen, um von dort aus wieder Quermessungen zu machen, so würde der Plan noch vollendeter geworden sein. (Siehe den Plan von Amássia auf dem östlichen Kartenblatt.)

Lokmän also maass ich von hier O. 33 S., die jenseits des Sattels vereinzelt aufsteigende Kuppe Kerklar N. 25 W., das Haus Krug's auf der terrassenförmig sich erweiternden, vom jenseitigen Bergrücken herabsteigenden Schlucht O. 22 S., die Moschee daneben O. 30 S., das aus 200 Häusern bestehende Dorf Síyarét im gewundenen Thal entlang O. 38 N. (dahinter war das Thal, worin Soma liegt, an den oberen Felsgehängen wohl zu erkennen, aber sonst nicht genau zu visiren), das Dorf Meidân, wonach die benachbarten Maulbeerpflanzungen benannt sind, W. 20 N. und das nahe daran liegende Djirdjir W. 22 N.

Nachdem wir uns auf diesem Burghort gestärkt und erfrischt hatten, stiegen wir hinab, um den höchstgelegenen Brunnenschacht des alten, von Natur und Kunst wunderbar befestigten, Amássia zu begehen. Dieser Schacht ist nahe am Fusse dieser höchsten Befestigung angebracht und stand durch einen mit Ziegelwerk überwölbten Gang in direkter Verbindung mit ihr. Diesen stiegen wir zuerst hinab und zündeten dann unsere Wachskerzen an, die wir zu diesem Zweck ausdrücklich mitgenommen hatten. Der obere Theil der Stufen im eigentlichen Felsschacht ist ganz mit Schutt bedeckt, so dass man auf schräger Linie ohne Absatz absteigt; dann folgen die Stufen, aber auch von ihnen sind die Kanten stark abgeschliffen und einige derselben gaben keinen Halt mehr. So erreichten wir denn in vorsichtigem Abstieg vor muthmasslich 300 Fuss mit N. 10 W.licher Richtung den Boden dieses Schachtes, wo wir, obgleich das eigentliche Wasserbassin mit Geröll und grossen Blöcken fast verschüttet ist, doch noch eine zwei bis drei Fuss tiefe Ansammlung des köstlichsten Wassers fanden, das uns sehr willkommen war, da wir keines mitgenommen hatten. Wahrscheinlich ward auch dieser Brunnen zur Zeit, als die Römer unter Pompejus ihre Autorität in diesen Gegenden zu befestigen suchten, absichtlich verschüttet, um den Raubhorden keinen Rückhalt zu lassen.

Nachdem wir dann aus diesem von alter Befestigungskunst zeugenden Bau wieder ans Tageslicht hervorgegangen waren, gingen wir auf schmalem Rücken zu der unteren und östlicheren Burg hinab. Strabo spricht von zwei Burghöhen, als wären es ganz gesonderte Felserhebungen, da dieser östlichere Sporn fingerartig viel weiter vorgreift. Auf der ziemlich abgesonderten östlichen Ecke dieser Burg liegt noch heut zu Tage eine Kanone, die bei festlichen Gelegenheiten abgefeuert wird. Sonst ist auch diese Burg, die übrigens viel länger in die Neuzeit hinein bewacht und selbst bewohnt war, als der höhere Burgtheil, jetzt ganz verlassen und verödet. Nur ein einziges Haus wird noch einigermaassen in bewohnbarem Stand erhalten und ist auch gelegentlich bewohnt. Alte Inschriften aus der späteren Zeit findet man hier in ziemlicher Menge, aber Hellenisches oder einheimisch Pontisches Befestigungswerk sieht man nur sehr wenig. Von hier stiegen wir auf dem leicht zugänglichen, von der Ssamssun-Strasse heraufführenden Pfade wieder hinab. Da, wo dieser Pfad die obere Grenze der Stadt erreicht, zeigen die Felsen mehrere Griechische Inschriften, es sind meist Privat-Grabinschriften ohne allgemeines Interesse, aber die grössere, in zwei Distichen abgefasste, schon im Corpus inscript. Graec. n. 4174 stehende, ist doch für den Besucher dieser interessanten Amássischen Alterthümer keineswegs ohne Bedeutung, da wir daraus sehen, dass diese denkwürdigen Grabstätten schon in früher Zeit stark gelitten hatten, und wenn es auch kaum möglich ist, dass Lukios, der Urheber dieser Inschrift, jene Felsengräber wieder herstellte, so ist doch wahrscheinlich, dass er wirklich Etwas zu ihrem Schutze that, vielleicht, indem er das Gitter den Löcher man noch im Felsboden sieht — darauf passt sehr wohl das Wort ἐφύλαξεν —, also wollen auch wir, wie er es von den hier Vorübergehenden wünscht, seinen Namen εὐφήμως respektiren. Bei dieser Inschrift fing ich noch eine Skizze der so überaus romantisch gelegenen Stadt zu zeichnen an, aber sie wurde nicht vollendet. Gastlich und malerisch leuchtete uns vom gegenüberliegenden Abhange das Schweizer-Häuschen herüber und wohl zufrieden mit unserer Morgenarbeit folgten wir dem Ruf.

Am Nachmittag machten wir dann mit Herrn Krug einen Besuch beim Bascha in seinem Konák. Kiamil Bascha war früher Statthalter von Jerusalem gewesen und hatte sich als solcher Ordensauszeichnungen von verschiedenen Europäischen Mächten erworben; er gab uns einen für Christen recht demüthigenden Bericht der jüngsten Streitigkeiten zwischen den christlichen Sekten in

Die Burg von Amássia; Kiamíl Baschá; das Spiegelgrab.

Jerusalem, wobei die Türkischen Wachtposten mit genauer Noth Schlägereien während des Gottesdienstes zwischen den Christen verhindert hatten. Er war, was bei Türkischen Beamten selten der Fall ist, nie verheirathet gewesen; und sah daher etwas schmutzig und unordentlich aus, wie auch seine Residenz keineswegs gut gehalten war; dabei besass er aber gesunden Verstand. Unter Anderem klagte er, dass die Schwierigkeiten einer Statthalterstelle im Türkischen Reiche sich mehrten, je mehr man sich der Hauptstadt nähere, wahrscheinlich weil der Statthalter sich hier nicht gehen lassen kann, wie er will, sondern viele Rücksichten nehmen muss, da den Einwohnern bei dem fortwährenden Durchzug der Tataren beständige Gelegenheit zum Verklagen und Verleumden geboten ist.

Herr Krug machte uns dann noch auf verschiedene Gegenstände in der Stadt aufmerksam, die wir entweder ganz übersehen oder nur flüchtig beachtet hatten.

Am folgenden Tage übernahm es unser Wirth, für uns einen Vertrag mit einem Pferdebesitzer abzuschliessen zu unserer beabsichtigten Reise durch die Landschaft Busúk. Herr Dr. Mordtmann und ich trennten uns heute auf verschiedenen Wegen, um das was einem Jeden von uns bei den kurzen Aufenthalt am wichtigsten schien, noch einmal zu untersuchen. Ich selbst beschloss, den Königsgräbern einen zweiten Besuch abzustatten, theils um einige Einzelheiten nochmals zu prüfen, theils um eine Ansicht der Stadt von dem Punkte auszuführen, von dem aus sie mir am malerischsten erschienen war. Beim Hingang hielt ich mich hart am Fuss der nördlichen Felswand und bemerkte hier nahe am mittelalterlichen Bogendurchgang, der, an die obere Befestigung sich anschliessend, allein einen Verkehr längs des Nordufers des Iris gestattet, die in den Felsen gearbeiteten Grund- und Seitenflächen vieler Wohnungen, die hier offenbar angelehnt gewesen waren. Auch hier zeigte der Fels eine Inschrift, sie war aber leider sehr verlöscht.

So erreichte ich, nachdem ich die Gräber noch ein Mal besichtigt, meinen gewählten Standpunkt am Felsentunnel, hatte aber, da ich kein festhaltendes Zeichenbrett besass, grosse Noth, bei dem inzwischen mit Wind und Regen eingetretenen sehr ungünstigen Wetter meine Skizze zu machen. Glücklicher Weise war ich so ziemlich damit fertig, als ein Bote mit der Anzeige kam, dass der Bascha im Begriff stände, uns im Hause Krug's einen Gegenbesuch abzustatten, und dass ich daher kommen möge. Ich nahm also für diess Mal Abschied von diesen stattlichen Felsengräbern und kehrte über den Fluss in unser gastliches Quartier zurück. Da erschien denn der Bascha mit Herrn Dr. Mordtmann, der zufällig unterwegs mit ihm zusammengetroffen war. Kiamíl blieb ziemlich lange und sprach über vielerlei Gegenstände, besonders auch über unseren nächsten Marsch durch Busúk, und erzählte besonders viel von Hamed Bey, dem Häuptling der Milli-Kurden.

Mittlerweile hatte sich das Wetter ein wenig gebessert und Herr Dr. M. und ich beschlossen daher, am Nachmittag in Gesellschaft des lebensfrischen Herrn Klein das in grösserer Entfernung abwärts im Iris-Thale gelegene „Spiegelgrab" zu besuchen, und waren in der Folge sehr froh über diesen Entschluss.

Wir passirten den Fluss auf der östlichsten Holzbrücke, über welche jetzt die gewöhnliche Strasse nach Ssamssún führt, und umkreisten dann den am weitesten vorspringenden Fuss der Burghöhe, bis wir den Téssakán-ssú, der einen ansehnlichen Zufluss des Iris bildet, auf solider Brücke passirten. Hier erweitert sich das Thal und bildet einen etwa eine Meile breiten, dem Anschein nach rings herum von steilen Felshöhen ganz abgeschlossenen und mit Maulbeerpflanzungen ausgefüllten Kessel, wo in den ertragreichen Gärten ganz ansehnlich grosse Wohnungen liegen, die den Seidenbau treibenden Einwohnern während des Sommers zum Aufenthalt dienen, so jedoch, dass diese sich meist für ihre persönlichen Bedürfnisse auf die ganz offenen Bretterhallen im Oberstock beschränken und die geschlossenen Räume den Seidenwürmern überlassen.

So erreichten wir auf gewundenem Pfade das in gerader Richtung N. 42 O. vom Kastell gelegene herrliche Grab und waren nicht wenig erstaunt über dessen alle übrigen Felsengräber Amássia's sehr weit hinter sich lassenden Glanz. Mehr noch aber waren wir erstaunt über Boré's Unsinn, der uns hier, wo wir ihn überführen konnten, eine ganz Vorstellung gab von den Abgeschmacktheiten und Ungenauigkeiten, die er an anderen Orten vorgebracht haben mag, wo wir ihn nicht kontroliren konnten, besonders in Bezug auf die Umgegend von Énderess. Denn da standen mit ungeheuer grossen Buchstaben und so leserlich, als wären sie erst gestern geschrieben, über der Graböffnung die Worte: ΓΗΣ ΑΡΧΙΕΡΕΥΣ, allerdings in etwas ungewöhnlicher Konstruktion, aber doch unzweideutig das Grab als das eines Oberpriesters der Mutter Erde erweisend; nur die unter der Graböffnung befindliche Inschrift ist absichtlich ausgemeisselt, jedoch so, dass auch hier alle Buchstaben bis auf zwei oder drei deutlich zu erkennen waren. Man sagte uns nun allerdings, dass diess erst vor vierzig Jahren geschehen sei, da das Pferd eines Bascha vor dem Felsengrab scheu geworden sei, das will ich aber nicht verbürgen, im Gegentheil scheint die sorgfältige Weise der Ausmeisselung vor Worte auf das Alterthum selbst hinzudeuten. So viel ist aber gewiss, dass es völlig unbegreiflich ist, wie Boré den Namen des Herrn Κύριος hat lesen können. Die grosse Sorgfalt, mit der das Grabmal ausgeführt ist, hat fast etwas Penibles und den Nachtheil, dass ihm dadurch die natürliche Wärme des Felsgesteines genommen ist. So ist denn besonders die Hinterwand an dem das ganze Grab vom Felsen heraussondernden Umgang nach der Vorderwand hin wirklich vollkommen spiegelglatt, als wäre sie durch Küssen oder Betasten geglättet worden, ganz wie der Fuss des heiligen Petrus in Rom. Von dieser Politur hat es den Namen „Spiegelgrab" erhalten. Auch dieses Grab ist nicht in so gedrücktem oder gedrungenem Style erbaut wie die älteren Königsgräber, aber auf der anderen Seite doch auch nicht so übertrieben schlank und hoch wie das westlichste Felsengrab in Amássia selbst.

Das ganze Grab ist so interessant und bedeutend, dass ich eine Skizze davon machte und auch Breite und Tiefe desselben sorgfältig vermaass. Leider hatten wir keine Leiter bei uns, um ins Innere der Grabkammer hinein zu steigen. Aber wir fühlten uns unendlich belohnt für die kleine Mühe des Herkommens, der wir uns unterzogen hatten, um so mehr, als die ganze Umgegend so höchst malerisch war; nur eine schmale Strasse trennte das reich geschmückte, stattliche Felsengrab von dem mit üppigen Maulbeerpflanzungen erfüllten und vom Iris durchströmten Thalbecken.

Wir standen noch voll Bewunderung vor diesem Denkmal und bemühten uns, die Inschrift zu entziffern, als ein höchst gemüthlich aussehender Reiter von kleiner, stämmiger Gestalt auf mässig grossem Rosse herangezuckelt kam und uns fragte, ob wir denn die Herren wären, die nach Busúk wollten; als wir diess bejahten, erklärte er, er sei uns vom Bascha zum Begleiter bestimmt und wolle jetzt nur noch seinem lieben Heimathsdorf Síyarét einen kurzen Besuch abstatten, um dann am folgenden Morgen zu guter Stunde sich einzustellen. Freudig berührt von sei-

nem gemüthlichen Wesen wünschten wir uns Glück zu solchem Begleiter, aber leider ward er uns in der Folge durch Intriguen entzogen.

Das Dorf Síyarét liegt etwa eine Viertelstunde von hier entfernt; da aber die Dämmerung schon nahe und das Pflaster längs der Strasse ganz abscheulich war, so gaben wir den Besuch des Dorfes auf. Weiter im engen Thale abwärts liegt das Dorf Ssâna, dessen breitere Felshöhe man schon von der Felsburg aus sieht. Das Thal muss hier im unteren engen Laufe, wo keine grosse Strasse entlang führt, recht interessant sein. Auf unserem Rückweg erzählte unser traulicher Begleiter, Herr Klein, viel von einem Ungar Namens Weli Bey, der, wie er ihm berichtet hätte, von Tscherschembe aus den vom Iris durchbrochenen Engpass durchzogen habe; er sei seiner Beschreibung nach überaus eng und steil. Wieder in diesem Falle, wie in so vielen anderen, wusste Klein manche interessante Notiz, aber er hatte selbst nur wenig gesehen und vermochte seine Angaben nur in wenigen Fällen bestimmt zu lokalisiren.

In die Stadt zurückgekehrt besuchten wir noch das von Krug neu erbaute grosse Seidenhaus, wo die Kokons gereinigt werden. Diess ist eine wirklich grossartige Anlage, die noch stets in Erweiterung begriffen ist; auch war zur Seite derselben eine Getraidemühle eben fertig geworden. Alles war im rüstigen Fortgang und es war sehr erfreulich zu sehen, wie der unermüdliche Unternehmer mehrere tüchtige Deutsche für seine Arbeiten herbeigerufen hatte. Aber bei der Eindämmung des Flusses hatte unser Wirth grosse Schwierigkeiten und starke Opposition von Seiten der Eingeborenen gehabt. Da der Fluss nämlich gar keine Aussicht zur Schiffbarmachung bot, so war man beflissen, ihn in seinen ungebändigten Ufern zu belassen, und Herr

Krug drohte mit seiner Neuerung und seinem Fortschritt den von gewaltigen Rädern, die die ganze Flussscenerie hier charakterisiren, getriebenen Mühlen der Eingeborenen den Untergang.

Nun noch zum Schluss ein Paar Worte über Amássia im Allgemeinen. Wie diese Stadt, die so recht lebhaft das nördliche Klein-Asiatische Küstengebirgsland mit seiner mannigfaltigen Scenerie repräsentirt, für den Archäologen stets einer der anziehendsten Punkte in Klein-Asien sein wird, so wird sie gewiss auch stets einige materielle Bedeutung bewahren, da ihre Seide an Vortrefflichkeit den ersten Rang behauptet. Wird dann die Eisenbahn ins Innere vollendet, so wird die Stadt ein leicht zugänglicher und mit der Küste in unmittelbarster Verbindung stehender Niederlassungsort für Europäer werden. Ihre akademische Wichtigkeit hat sie allerdings verloren und wird sie auch wohl so leicht nicht wieder gewinnen, sicher nicht eher, als bis vielleicht eine Europäische Kolonie hier eine Hochschule gründet; denn das Leben der jetzigen hiesigen sogenannten Studenten ist Nichts als ein faules, schmutziges Schlaraffenleben und verursacht nur Störungen und Fäulniss im bürgerlichen Treiben, anstatt Anregung und ein höheres geistiges Leben hervorzurufen. Hierüber macht Herr Dr. Mordtmann folgende Bemerkungen: „Amássia hat nicht weniger als 38 Médressehs; anderswo repräsentiren die Alumnen solcher Lehranstalten den äussersten Fortschritt und werden erst mit zunehmenden Jahren gemässigter und konservativer; in der Türkei verhält es sich umgekehrt, die Softa's auf den Médressehs repräsentiren den ultra-fanatischen und retrograden Theil der Bevölkerung, und erst wenn sie längere Zeit im Amte als Imáme, Kádhi's oder dergleichen zugebracht haben, werden sie umgänglicher." Die Gesammtzahl der Bevölkerung beläuft sich auf etwa 25,000 Seelen.

Freitag den 19. November. Wir hatten unsere Leute, Pferdebesitzer, Eskortereiter und Diener, alle zu früher Stunde bestellt, um gleich einen tüchtigen Marsch ins Busúk hinein zu machen und an der Länge des Marsches für den Aufenthalt an den interessanten Plätzen Zeit zu gewinnen. Da stellte sich denn zuerst von Allen, obgleich immer noch nach der festgesetzten Zeit, unser kleiner jovialer Sabtier von Síyarét ein, dann kam ein zweiter Sabtier, aber keineswegs so lustseligen Aussehens und schon auf Intriguen sinnend, wie er sich seines Kameraden entledigen könne, um wo möglich den Gewinn allein zu haben. Jetzt erschien dann auch nach langem Warten unser Kátirdschī, von dem ich fünf Pferde für 125 Piaster „temĩss parä", also gerade für sieben Thaler Preuss. per Tag gemiethet hatte. Er war ein Armenier Namens Indje, aber sehr verschieden an Haltung und Charakter von der grossen Menge seiner Landsleute, eine grosse, kräftige, muskulöse Gestalt mit wohl ausgeprägten, charakterfesten und keineswegs unangenehmen Gesichtszügen, und sein ganzes Wesen verrieth grosse Energie. Dabei war er in recht malerischer Weise sehr reich und mannigfaltig bewaffnet, mit Flinte, Karabiner, ein Paar Pistolen, einer ungeheueren beliederten Lanze und einer gewaltigen, von dem Sattelknopf herabhangenden Keule. Auch war er stattlich und vortrefflich beritten, indem er dieses Pferd bei guter Bezahlung noch übrigen fünf über die bedungene Zahl lieferte. Dieser Mann, obgleich er niemals in Busúk gereist war und daher weder Ort noch Weg kannte, so dass wir für solche Zuhülfe auf nebenher zu bezahlende Führer angewiesen waren, hätte uns auf der immer nicht ganz sicheren Reise viel nützen können und unleugbar hat er uns auch genützt, aber sein energischer Charakter verleitete ihn nur zu oft zu ungerechtem Durchgreifen für seinen eigenen Vortheil, selbst in ganz persönlicher Weise gegen uns. Die für uns bestimmten Thiere, obgleich keineswegs sehr stattlicher Art, waren jedoch an Strapazen gewöhnt und ausdauernd, leider aber trugen sie auf dem Rücken ungeheuer dicke Polstersättel, worauf die unserigen geschnürt wurden. Eine Unterlage werden die Eingeborenen stets für Europäische Sättel verlangen, aber diese Art Polster haben den Zweck der letzteren ganz auf und machen den Sitz höchst unbequem.

Während Alles zur Abreise in Bereitschaft gesetzt wurde, genoss ich noch ein Mal die herrliche Aussicht über dies schöne Thal. Von dieser Terrasse aus erscheint es wie ein vollständiger Kessel, auf allen Seiten von steilen, hoch emporstrebenden Felsklippen abgeschlossen, die höchste nördliche Spitze mit den alten Festungsbauten besetzt, am Abhange die wunderbaren Gräber, und endlich im engen Thalgrund vom Iris durchflossen mit seinen grossen, knarrenden Holzrädern, die Stadt mit ihren halb gegiebelten Ziegeldächern und ihren zahlreichen Moscheeen. Da nahm ich Abschied von diesem inhaltreichen, lebensvollen Bilde und sagte Herrn Krug und den Seinigen, die uns den Aufenthalt hier so angenehm gemacht hatten, ein herzliches Lebewohl.

Das Wetter hatte sich nach heftigen Regengüssen wieder zum schönsten gestaltet und versprach unsere Reise auf das Vortheilhafteste zu begünstigen. Wir hatten aber, che wir ins Freie traten, noch erst die ganze, im lang gedehnten Halbkreise sich hinstreckende Stadt mit ihrem schlechten Pflaster zu durchziehen, und auch einigen Aufenthalt in einem kleinen Chan, wo unser Kauás abgestiegen war. Dann ging es noch eine längere Strecke auf derselben Strasse entlang, auf der wir von Tökát hereingekommen waren; erst bei der Einmündung der von dem Höhenkamm ins Thal Amássia sich hereinziehenden Seitenschlucht schlugen wir eine andere Richtung ein und passirten bald den Fluss auf einer steinernen Brücke, indem wir uns am Westrande der Pflanzung entlang hielten. Da zog sich das Hauptthal nach SSW. hin und dorthin, am Iris entlang, geht die Strasse nach Yüsghâd. Ihr hätten auch wir, um, wie verabredet, die direkte Strasse nach A'ladja zu nehmen, folgen sollen, aber der weniger liebenswürdige der beiden Subtiers hatte unseren jovialen Freund von Siyarét zurückgeschickt, angeblich, um die versäumte Förmlichkeit des Abschiedes vom Bascha nachzuholen, und zwischen jenem und unserem eigenmächtigen Armenier war ganz stillschweigend die Uebereinkunft getroffen worden, uns heute im benachbarten Sâra liegen zu lassen, obgleich dieser Ort gar nicht einmal auf unserem Wege lag. Wir verliessen also das Hauptthal in fast genau westlicher Richtung und betraten einen Seitenpass, allmälig anwärts steigend, bis wir nach drei Viertelstunden das Niveau der fast baumlosen, nur leicht gewellten, nach links sich etwas abneigenden Hochebene erreichten, aber doch sind die Wellungen hoch genug, um in ihren Einrissen kleine Weiler schützend zu bergen und Feuchtigkeit zu koncentriren, an deren Rinnen sich in die Ebene hinausziehende kleine, spärliche Baumpflanzungen lehnen. Beim Austieg hatten wir noch Weinberge passirt, aber hier oben war mit Ausnahme jener kleinen Baumoasen nur Acker- und Weideland zu sehen; doch zeigten sich beim Dorfe Bákledjä recht schöne Wallnussbäume. Der Verkehr war nicht eben stark, aber es fiel uns als etwas ganz Neues auf, dass alle Frauen, die uns auf der Reise begriffen begegneten, schwarze Masken trugen.

Wir hatten so eben einen kleinen Bach zur Linken zum Begleiter erhalten, als wir auch schon unsere bisherige Richtung und selbst die Strasse nach Tschörum verliessen, nur um nach Sâra zu kommen, wo unsere Begleiter, wie gesagt, in ganz eigenmächtiger Weise unserem Marsche für heute ein Ziel zu setzen gedachten. Der Ort liegt an einer kleinen abgeebneten Felserhebung, von reichem, sehr schönem Ackerboden umgeben, zumal auf der Ostseite, und besteht aus 50 bis 60 Häusern. Offenbar lag hier auch im Alterthum ein kleiner Ort, wie einzelne alte Baublöcke und der hin und wieder bearbeitete Fels bezeugen; auch sieht man auf der Südostseite des Hügels ein kleines Felsenthor aus dem Alterthum. Diese geschichtlichen Reste und ein leidliches Frühstück waren der einzige Nutzen, den wir von unserm bedeutenden Abstecher hatten; denn natürlich wollten wir uns nicht von unseren Leuten hier den ganzen Tag zurückhalten lassen und bestanden auf Fortsetzung des Marsches. Wäre unsere Zeit nicht beschränkt gewesen und unser Ziel so weit, so hätte es wohl der Mühe verlohnt, die am Fusse einer hohen Kuppe gelegenen heissen Quellen von Békiär-hámmami zu besuchen, auf die ich künftige Reisende aufmerksam mache.

Gleich nach unserm Aufbruche, während wir wieder in unsere Hauptrichtung einbogen, belebte sich der Pfad ein wenig, indem uns der Mudir von Katschál begegnete. Wir wurden erst hier recht des grossen Umweges gewahr, den unsere Begleiter uns geführt, und hatten in Folge dessen eine heftige Auseinandersetzung mit unserem Armenier. Der Pfad wand sich dann zur Seite des Baches hart am Rande eigenthümlich schichtweise abgelagerter Hügelreihen zur Rechten, die allen Anzeichen zufolge einst einen See umschlossen haben. Zum Nachtquartier wandten wir uns dann in die Hügel zur Linken hinein und erhielten in einem kleinen Dorfe von 25 Häusern leidliches Quartier. Das Dorf heisst wahrscheinlich Kúladjyk, obwohl unsere Begleiter diesen Namen auf meine Frage erst eine Stunde zuvor zwischen den Felshöhen zur Seite liessen; aber jene Pflanzung, die ohne Dorf zu sein scheint, hat wohl keinen besonderen Namen und unserem Orte gebührt er von Rechtswegen, weil derselbe eine Art alter Befestigung auf einem ziemlich hohen Felsaufsprung besitzt. Wir machten uns gleich nach unserer Ankunft dorthin auf, fanden aber die Oberfläche des Felsaufsprungs äusserst beschränkt; jedoch war er offenbar im Alterthum behauen worden, um ein Gebäude zu tragen, und solche Spuren sind in dieser ganzen Umgegend äusserst gewöhnlich. Auch im Dorfe selbst zeigten sich einige kleine Reste des Alterthums, wie z. B. ein alter Architrav. Es ist keineswegs unwahrscheinlich, dass die von hier aus sichtbare ansehnliche Kuppenerhebung der hinter dem Dorf aufsteigenden Höhengruppe, die schon durch ihren Namen „Daghsserai" — Bergpalast — die Aufmerksamkeit auf sich zieht, noch alte Reste enthält. Jedenfalls ist sie wohl für einen Reisenden, der mehr Zeit zu verwenden hat, eines Besuches werth, wir dagegen gaben einen solchen auf. Ich nahm übrigens von Kúladjyk aus die Winkel der umliegenden Höhen und Dörfer.

Während unseres kurzen nächtlichen Aufenthaltes erwiesen sich die Bewohner dieses Dorfes als Kysilbásch und eine Art Ketzer, die bis spät in die Nacht hinein bei Weingenuss lärmenden Commerce hielten.

Wir suchten jedenfalls gleich hier auf unsere direkte Strasse nach A'ladja einzubiegen, aber es schien, als wären die Höhen von dieser Seite schwer zu passiren, und wir erhielten die bestimmte Zusicherung, dass wir bis Hadjikeoi die Tschörum-Strasse einhalten müssten. Wir traten also bei unserem Aufbruch von Kúladjyk am folgenden Morgen wieder zur Schlucht ins Hauptthal hinaus und hielten uns hart am Südrande der ersteren entlang. Schöner Baumwuchs schmückte hier den Saum der Hügel und der Thalboden prangte mit grüner Saat. Nach einer halben

Stunde liessen wir zur Linken am Fusse der Hügel die „Yan Schehr" genannte Ruinenstätte einer früheren Stadt; auch hier war der Fels zur Basis von Grundmauern zugehauen. Weiterhin lagen in den Schluchten der Seitenwände des Thales mehrere kleine Dörfer und ein uns entgegenkommender Bach befruchtete mit seinem in verschiedene Kanäle abgeleiteten Wasser eine grosse Menge von Fruchtbäumen. Die Richtung wurde nun bei vielfachen, meist durch die Ackerfelder und einzelne vortretende Kuppen bedingten Krümmungen im Ganzen südwestlicher und gerade dicht vor der Gruppe mehrerer kleiner Dörfer, wie Baiudyr, Hósswerän oder Kósswerän, Hassár Galéh, die in einer unregelmässigen Ausbiegung der Höhen zur Linken ganz nahe beisammen liegen, gewannen wir den ersten Blick auf die schön geformte schneebedeckte Kuppe von Kisslar Dāghi. Der Name des Dorfes Hassár Galēh scheint eine alte Stätte anzudeuten.

In weniger als 3½ Stunden von Káladjyk hatten wir Hadjikoei erreicht, ein aus 220 Häusern bestehendes wohlhabendes, am Südrande des Thales gelegenes Dorf, und quartierten uns zum Frühstück im Fremdenzimmer ein. Denn hier sollten wir endlich die Tschōrum-Strasse verlassen und eine neue, früher noch nicht betretene Strasse über die Höhen im SW. einschlagen und dazu wollten wir uns des unnützen Sabtiers entledigen, der uns diesen Umweg geführt hatte, und dafür einen landeskundigen Reiter annehmen. Schöne Fruchtbäume beleben und schmücken das recht stattlich aussehende Dorf und höchst sorgfältig bestellte Äcker lagern sich im Thalboden umher, besonders auf der Nord- und Ostseite. Schon Herr Kind hatte uns Hadjikoei als ein Muster sorgfältigen Ackerbaues, der dem Europäischen wenig nachgäbe, geschildert und mit Ausnahme von 30 Armenischen Familien ist doch die ganze Bevölkerung Türkisch. Der Ort hat eine leidliche Moschee. Auch durchsuchte ich die ihn überragende Anhöhe, wo sich ein ansehnlicher Gräberhof ausdehnt, nach Inschriften, fand aber keine.

Wir gingen nun am Nachmittag, von einem gut berittenen Führer geleitet, in südwestlicher Richtung, indem wir zur Linken einen anderen, nach Bolátschir führenden Weg liessen und uns an einem kleinen, von einer Mahlmühle belebten Bach entlang hielten, in einer bisher den Europäern vollkommen unbekannte Landschaft hinein. Weiterhin betraten wir eine grössere Strasse, indem wir den Kisslar Dāghi südlich umgingen und dann bergan stiegen. Hier oben auf der Höhe, wo ein nicht heftiger, kalter Wind blies, fanden wir einen umgestürzten alten Sarkophag mit einer höchst ungrammatischen romaisirenden Griechischen Inschrift des gottesfürchtigen Vorlesers Theodōros Pandos, deren Entzifferung uns einigen Aufenthalt verursachte.

Die Anwohner nennen ihn einer in ihm angebrachten Öffnung halber den „beohrten Stein" — Kuláky-täsch. — Wir tränkten dann an einem schäumenden Mühlbach unsere Pferde und stiegen, einen kleinen Weiler Namens Tschiklar (nach Herrn Dr. M. „Tchykla", d. h. die Lava) zur Linken lassend, auf eine schöne, meist mit niedrigen Eichen bewachsene Waldhöhe hinauf. Da öffnete sich bald zur Linken ein breiter, tiefer Thaleinschnitt und jenseits erschien ein hoher Gebirgsrücken Namens Kara Dāgh. Wir zogen nun hart oben am Rande der Thalsenkung entlang, deren Schluchten wir mitunter zu umgeben hatten und von denen einige von der interessant geformten Kuppe des Kisslar Dāghi herabstiegen. Eigenthümlich lag hier das kleine Dorf Ssertschalle oder Ssy'rdschalē mit seinen flachen, aber ganz geräumigen Steinwohnungen, im Alt-Armenischen Styl in Terrassen über einander gebaut, mit gassen offenen, augenblicklich etwas kühl aussehenden Holzveranden, in deren Gallerien man Tannenzweige zum Feueranschüren trocknete. Die Bevölkerung hatte überall einen kurzen, stämmigen Körperbau und besass grosse Rüstigkeit; eine Gruppe verschleierter Frauen sass plaudernd beisammen. Unten im Thale lagen mehrere Ortschaften.

Gerade beim Anfang des rauhen Abstiegs, wo ich eine Zeit lang zu Fuss gegangen war, hatte ich bei dem Wiederbesteigen meines Pferdes das Unglück, dass mir mein Azimuth-Kompass aus dem Gürtel fiel und in Unordnung gerieth. Ich hatte den Augenblick keinen anderen zur Hand, am Abend aber lieh mir Herr Dr. Mordtmann zwei gewöhnliche Kompasse, von denen der eine ganz gute Dienste that, aber zum genauen Peilen öfteres Absteigen erforderte. Wir hatten unser heutiges Ziel ganz nahe vor uns. Diess war das wohlhabende Dorf Tschíkoryk, das hart am Fuss dieses ziemlich steilen Abstieges, aber keineswegs schon in der Thalfläche selber liegt. Seine Pflanzungen hatten wir schon einige Zeit lang zu unseren Füssen zur Seite gehabt. Am Abhang entlang inmitten schöner Obstgärten gelegen und von einem niedlichen Minaret überragt machte das Dorf mit seinen 120 Wohnungen einen recht freundlichen Eindruck und dazu kam, dass gerade eine Hochzeit gefeiert ward. So hatten denn alle männlichen Dorfbewohner ihren besten Kleiderschmuck angethan und in diesen Bergdörfern ist selten im Allgemeinen der gewöhnliche Anzug der Männer hübsch und malerisch. Hier nun durchzogen sie unter Pfeifenblasen und Paukenschlag die Strassen, während die züchtig verschleierten Frauen von den offenen Luken der am Abhange hinaufgebauten Wohnungen aus zuschauten. Wir erhielten ein reinliches Fremdenzimmer, ganz hart an der kleinen Moschee, der gegenüber über einem kleinen Stromsel zwei reinliche Beihäuschen sich erhoben, wie denn in diesen Dörfern für die Reinlichkeit und Bequemlichkeit der Fremden grosse Sorge getragen wird. Der Ort ist reich an schönen Trauben und bei unserem Mahle fehlten auch Reben nebst Rebensaft nicht.

Wir verliessen Tschikorýk am folgenden Morgen und schlugen dann beim nahen Dorfe Utschkoei den unteren Weg ein, um in den eigentlichen Thalboden hinabzusteigen. Denn, wie gesagt, Tschikorýk liegt auf einer höheren Stufe des Thalabhanges und der letztere zieht sich noch weiter hinab. So hatten wir noch drei Viertelstunden hinabzusteigen, ehe wir den das Thal durchströmenden Medjdýssdo-tschai erreichten, ein ganz ansehnliches Strömchen von etwa 30 Schritt Breite. Wir zogen dann an seinem Nordufer entlang zwischen steilen, abgesondert von beiden Seiten ins Thal vorspringenden Felsmassen, das sie auf diese Weise von einer früheren Breite von etwa sechshundert Schritt bis auf weniger als hundert zusammenschliessen, wo der Strom zwischen Gebüschmassen dahinfliesst. So erreichten wir denn nach 20 Minuten den Fuss einer Höhlenversehanzung, die sich ganz bis auf den Gipfel des nördlichen steilen Felswand hinaufzieht. Ich kletterte nicht ganz ohne Mühe hinauf und überzeugte mich, dass diese Räuberwohnung, nach der die einzelnen sonst sehr regelmässigen Höhlenvertiefungen verbindenden Felsentreppen zu schliessen, schon aus dem Alterthum datirt. Sie diente aber noch bis ziemlich in die neueste Zeit den Kurdischen Räuberbanden zum Hinterhalt. Die Höhlen öffnen sich nach SO. und oben auf der Felshöhe steht eine kleine Gruppe befestigter Wohnungen.

Als wir unseren Marsch fortsetzten, hatten wir den zwischen den steilen, sich stark nähernden Felsabhängen dahin schlängelnden Strom fünf Mal hinter einander zu passiren. Es war eine ganz malerische, wilde Passage, indem der Charakter des Romantischen dadurch nicht wenig erhöht wurde, dass die Felswände gerade an den engsten Stellen schön mit Epheu berankt waren. Nachdem dann das Thal von einer vereinzelten Felsmasse unterbrochen worden, erweiterte es sich zu einer unregelmässig begrenzten Öffnung mit Ahorn und wir passirten den Strom auf einer Brücke. Wir hatten schon im unteren Theile des Thales einen Wohnort des bekannten Drusenhäuptlings Chalîl Bey passirt, hier nun baute er sich auf dem nördlichen Abhange der Zeit einen neuen Sitz, wozu gerade grosse Balken aus der Umgegend zusammengefahren wurden. Noch immer genoss dieser Häuptling fast vollständige Unabhängigkeit von der Türkischen Regierung und er hatte vor Kurzem Amássia nur gegen Sicherstellung des Herrn Krug besucht, und zwar nur auf einen oder zwei Tage[1]).

Wir wandten uns dann am Südwestrande der Ebene hinum, durch die in grosser Biegung von Norden her der Strom seinen Lauf nimmt, und stiegen nun bei einer Trümmergruppe in die Höhen hinein. Auch hier zeigten sich an den vereinzelten Felsvorsprüngen zur Linken Höhlen. Die ganze Landschaft nahm den Charakter grosser Öde an; die Hügellandschaft steigt nach der Linken zu

---

[1]) Über den für diese Gegenden nicht uninteressanten Häuptling bemerkt Herr Dr. M. Folgendes: „Halîl Bey wurde im Jahre 1849 wegen verschiedener Verbrechen in Ketten nach Konstantinopel gebracht, wo seiner, wenn nicht der Tod, doch wenigstens lebenslängliches Gefängniss wartete. In Konstantinopel wusste er einige Freunde für sich zu interessiren, welche bei der Valide Sultan sich für ihn verwendeten; in seinem Distrikte seien Goldgruben, er sei sehr geschickt im Dscherídwerfen u. s. w. Weil damals die Nachrichten aus Kalifornien in der ganzen Welt das Goldfieber erzeugten, so wurde man aufmerksam auf ihn. Man liess ihn ein Pferd satteln und er bestand seine Probe im Dscheridwerfen in Gegenwart des Sultans sehr gut. Er wurde also entlassen mit dem Auftrage, die Goldminen in seinem Distrikte aufzusuchen. Nach längerer Zeit schickte er wirklich eine Probe Golderz ein, erklärte aber, es fehle ihm an Geld und an geschickten Arbeitern, um die Minen auszubeuten; damals aber war die Pforte in Verwickelungen, welche ihr nicht erlaubten, an Halîl Bey und seine Goldminen zu denken. Nach längerer Zeit erhielt er ein Berât, worin ihm die Würde eines Kapudji Daschi (Kammerherrn) und eines Chefs der Milli-Kurden verliehen wurde, unter der Bedingung jedoch, dass er die öffentliche Sicherheit in seinem Distrikt handhabe, indem er die räuberischen Gelüste seiner Landsleute im Zaume halte. — Der Statthalter von Amássia, Kiamil Bascha, wünschte sich mit ihm gemeinschaftlich zu bereden, um die Absichten der Regierung auszuführen, und lud ihn zu dem Ende nach Amássia ein; Halîl Bey traute nicht recht und die Antecedentien Alt-Türkischer Zeit rechtfertigten das Misstrauen, wiewohl Kiamil Bascha nicht im entferntesten an eine Hinterlist dachte; Halîl Bey verlangte eine Bürgschaft und zwar in der Person des Herrn Krug, an den er sich zu diesem Ende wandte. Nach getroffener Rücksprache mit dem Bascha übernahm Herr Krug die Bürgschaft und Halîl Bey erschien, machte dem Bascha seine Aufwartung und verliess nach einigen Tagen Amássia eben so unangefochten, wie er gekommen, ein Ereigniss, welches allen Theilen grosse Ehre machte. Bald darauf aber, im Sommer 1858, wurde eine Karawane in dem Distrikt der Milli-Kurden ausgeraubt und der Statthalter von Yoghúd (wohin die Karawane bestimmt war) liess Halîl Bey vor sich fordern, machte ihm schwere Vorwürfe über den Vorfall, erinnerte ihn an die Kapitulation, seiner Amnestie und erklärte ihm, dass eine so schmähliche Verletzung dieser Bedingung erfordere, dass er Alles aufbiete, um die Sache wieder gut zu machen. Halîl Bey erklärte, er kenne die Räuber, werde sie einfangen und nach Yoghúd liefern. In der That ging er vor Ende empfahl ihnen, bei ihrem demnächstigen Verhör in Yoghúd die reine Wahrheit zu sagen; namentlich schärfte er ihnen ein, genau und wahrheitsgemäss anzugeben, wo sie das geraubte Gut verborgen hätten; jede Unwahrheit in diesem Punkte werde er mit dem Tode bestrafen. Halîl Bey lieferte sie also in Yoghúd ab. Der Bascha (es war Cheir e' din Bascha, ehemaliger Polizeiminister in Konstantinopel) hatte das Medschelis (Conseil), um der Untersuchung vorzunehmen; Halîl Bey war gleichfalls gegenwärtig und hat den Bascha, ehe die Räuber vorgeführt waren, alle Anwesenden, welche nicht Mitglieder des Medschelis wären, entfernen zu lassen. Nach Erledigung dieser Sache wurde einer der Kurden vorgeführt; die gewöhnlichen Fragen: Was er geraubt? Wie viel? Unter welchen Umständen? u. s. w. beantwortete er offenherzig und ohne Rückhalt, aber bei der Frage, wo er das geraubte Gut versteckt hätte, stockte er und wollte nicht mit der Antwort herausrücken. Halîl Bey erinnerte ihn an seinen Befehl und bezeichnete endlich der Bascha als Inhaber des geraubten Gutes — eines der anwesenden Mitglieder des Medschelis. Der Bascha schickte unverzüglich Leute in dessen Haus, um es zu durchsuchen, und richtig wurden die Waaren gefunden. — Der zweite Kurde wurde vorgeführt und dieselbe Scene wiederholte sich, nur dass er als Inhaber des Gutes, aber wieder ein Mitglied des Medschelis, anzeigte, und seine Aussage bestätigte sich eben so; so ging es mit den Übrigen. Die wahren Eigenthümer der Güter erhielten ihren Besitz zurück, der Prozess aber wurde unterdrückt."

Der Drusen-Häuptling Chalil Bey; Ak Pungár; A'ladja.

von niederen zu höheren Erhebungen an und die ganze Bebauung besteht aus Wachholder. Auch hier waren alle Büsche voll von Beeren. Es war ein erfreulicher Anblick, als die Landschaft sich weiterhin mit grossen Schaf- und Ziegenheerden belebte; dann zeigte sich auch einmal ein kleines Dorf, Namens Küssusslár, und doch war alles Land umher sorgsamen Anbaues fähig. Wie wir dann weiter anwärts stiegen, begann Eichengebüsch die Stelle des Wachholder zu vertreten. Nachdem wir so eine mit Höhlen besetzte Schlucht passirt hatten, stiegen wir eine andere reich bewaldete Schlucht hinauf und erreichten nun eine schöne, in Ackerland ausgelegte Hochebene mit kleiner Sommerwohnstätte oder Yaïla.

Der Morgen war sehr schön gewesen, aber hier auf der ungeschützten höheren Fläche wehte ein empfindlich kalter Wind. So erreichten wir nach fünfviertelstündigem Marsch, dessen letzter Theil wieder abwärts führte, das Dorf Ak Pungár, „die Weisse Quelle", dessen Bewohner, von der Kälte gemahnt, gerade beschäftigt waren, ihren Winterbedarf an Holz herbeizuschaffen. Hier machten wir in der Fremden-Odá Halt zur Frühstücksrast. Es fiel uns auf, dass wir hier fast nur bejahrte Männer sahen, und zwar einige recht hoch bei Jahren, dagegen von Männern im frischen Mannesalter fast keinen einzigen. Allerdings ist das eine Erscheinung, die dem Reisenden bei den jetzigen Militärverhältnissen der Türkei im Allgemeinen in den Dörfern wohl aufstösst, wir hatten aber doch in Tschikoryk auch Männer im rüstigsten Alter gesehen, obwohl deren Anzahl allerdings nicht der Grösse des Dorfes entsprach. In Ak Pungár hat nur 10 Häuser. Es war wohl nur zufällig, dass keiner der Dorfbewohner, mit dem wir uns unterhielten, die genaue Lage gewisser von Hamilton besuchter, recht interessanter Felsgräber kannte. Sie können kaum mehr als eine halbe Stunde von hier entfernt sein und ihres entschieden hohen Alters wegen hätte ich sie gern besucht; denn ich habe keinen Zweifel, dass sie die Gräber der Satrapen waren, die in der Hauptfeste des westlichen Kappadokiens, deren Ruinen wir in der Stätte von Boghás-koei entschieden zu erkennen haben, residirten. Denn den Galatern, die später allein noch in diesen Gegenden irgend ansehnliche Macht besassen, gehören sie auf das Entschiedenste nicht an. Wenn aber diese Felsgräber in ein so hohes Alterthum wie das siebente Jahrhundert vor unserer Zeitrechnung hinaufreichen, so haben wir einen gesonderten Anhalt, um die älteren Felsgräber in Amássia annähernd zu bestimmen.

Wie diese gesammte Landschaft im Interesse der Alterthumskunde eine durchgehende Untersuchung und Aufnahme wünschenswerth macht, so ist auch eine recht genaue neue Untersuchung jener Felsgräber von hoher Be-

deutung für die richtige Erkenntniss der Spuren Assyrisch-Medischer Herrschaft in Klein-Asien. Da A'ladja gar Nichts von Interesse enthält, so thut ein späterer Reisender viel besser, von Ak Pungár oder einem anderen benachbarten Dorf aus jene Gräber aufzusuchen und dann direkt nach Çyük zu marschiren. Da Ak Pungár vorher auf der Karte nicht niedergelegt war, konnten wir unseren Marsch nicht so einrichten, und von A'ladja aus war der Umweg zu den Gräbern zu gross; auch hatten wir leider keinen Begleiter, der ihre Stätte genau kannte.

Gleich nach unserem Frühstück, das ausser Traubenhonig besonders in einem aus Gerste bereiteten Gericht, A'rpa-ssê, bestand, setzten wir unseren Marsch fort, um noch vor Eintritt der Dunkelheit Quartier in A'ladja zu beziehen. Es ging nun in westsüdwestlicher Richtung etwas abwärts in eine niedriger gelegene baumlose und einförmige Ebene, die jetzt nur an wenigen Stellen zum Ackerbau benutzt war, obgleich sie zu Körnertrag keineswegs ungünstig scheint. Nur leidlich grosse Heerden von Pferden und Büffeln lenkten hie und da das Interesse auf sich. Nach etwas mehr als zweistündigem angestrengten Marsch passirten wir einen nach NW. abfliessenden Bach, der wohl in grossem Biegungskreise dem Medjdysde-tschai zufliesst, mit daran liegender kleiner Mahlmühle. Hier ward die Ebene immer sumpfiger und die Zahl der weidenden Büffel grösser und wir hatten unsere Noth, ein ganzes Netz sumpfiger Gräben zu passiren, ehe wir das in dieser ungesunden, unheimlichen Ebene gelegene A'ladja erreichten. Wirklich war der Eindruck von Ort und Land umher auf unser an die frische Bergthäler der nördlichen Zone gewöhntes geistiges Auge ganz überwältigend und bedrückend, so dass es uns ungemein leid that, diesen Jammerort zu einer Station machen zu müssen.

Um nun wenigstens am nächsten Morgen in aller Frühe wieder aufbrechen zu können, benutzten wir mit Eifer das Bischen Tageslicht, das noch übrig war, das wenige Sehenswürdige noch heute in Augenschein zu nehmen. A'ladja hat jetzt nur 250 Häuser, aber die ansehnlich grosse, mit hohem Minaret versehene, jedoch höchst geschmacklos erbaute Moschee und der Grabhof legen unzweideutiges Zeugniss davon ab, dass der Ort einst grösser war, ungeachtet seiner ungesunden und unbehaglichen Lage. Man muss sich jedoch vergegenwärtigen, dass nur höchst wenig Bewohner während der heissen Jahreszeit in diesem baumlosen Sumpfloch zurückbleiben und dass der grössere Theil in höher gelegene Gegenden fortzieht. Im Grabhof fanden wir unter den Leichensteinen zwei verstümmelte unbedeutende Inschriften.

Noch vor Tagesanbruch des nächsten Morgens verliessen wir bei ansehnlicher Kälte unser übrigens recht gutes

Quartier in A'ladja, um über Kara-Hissár die Ruinen von Üyük zu besuchen. Auch auf dieser, der nordwestlichen Seite hatten wir wieder gleich hinter dem Orte zwei Sumpfbäche zu passiren, etwas über eine Deutsche Meile aber brachte uns aus der unerfreulichen Ebene hinaus und bei dem Dorfe Ibrahim-koei, wo die direkte Strasse von Yüsghad zu dieser kleineren Strasse von A'ladja stösst, traten wir in einen von den herantretenden Höhen gebildeten Engpass, worauf es bald in gewundenen Einsenkungen, bald über leichtes Hügelland hinging. Aber der Weg zog sich für uns Reisende bald gar zu lang hin und es schien, als wenn unsere Begleiter uns absichtlich umführten, und sicherlich beabsichtigten sie, uns nach dem Dorf Kara-Hissár zum Frühstück zu bringen; aber sobald wir des westlich gelassenen, bisher von den hart zu unserer Linken sich hinziehenden Hügeln verdeckten Schlosskegels von Kara-Hissár ansichtig wurden, wandten wir uns dorthin. Würde ich jetzt noch einmal diese Landschaft durchziehen, so würde ich bei wohl den Kegel erklettern, weil ich sicherlich von dessen Spitze viele bedeutende Winkel zur Kontrolirung der mir nun schon aus eigener Anschauung einigermaassen bekannten Landschaft nehmen könnte; indess ist er sehr steil. Die übrige verlassene und öde, rund um den Kegel herum gelagerte Ruinenstätte mit Bad, Moschee und Festungswerken hatte für mich nur das interessante Moment, mir klar zu beweisen, wie die der Seldschukischen Fürsten die vom Halys herkommende, früher, bis ins letzte Jahrhundert hinein, hauptsächlich betretene grosse Strasse, ihrem überall zu Tage tretenden Prinzip nach, durch ein festes isolirtes Bergschloss zu sichern suchten, während die Assyrer oder Meder eine grosse städtische Befestigung bei dem jetzigen Boghās-koei errichteten, ganz im Style ihrer Königsfeste Egbatana. Diese ältere Strasse ward erst in Folge der durch die unbändigen Kurden herbeigeführten allgemeinen Unsicherheit der Landschaft und des an den Hafenplätzen des Schwarzen Meeres eröffneten Verkehrs aufgegeben. Herr Dr. M. bemerkt zu diesem Kara-Hissár: „Zum Unterschiede von den übrigen Orten dieses Namens führt es den Beinamen Demirdschi [eigentlich Timerdji], d. h. Schmied, und das Kastell den Namen Katū-sseräi, d. h. Regenpfeifer-Schloss. Ich vermuthe, dass hier das Karissa des Ptolemäus (V, 4, 9) zu suchen sei, weil Kara Hissar dem Laute nach ziemlich gleich kommt, u. s. w. Wenn also der Ort Karissa bis zur Ankunft der Türken existirt hat, so bin ich überzeugt, dass sie ihn gar nicht anders als Karahissar genannt haben."

Wir eilten dann, nach Üyük zu kommen, das etwa ¾ Deutsche Meilen von hier entfernt liegt. Das Dorf besteht aus 25 Häusern, deren Turkmanische Bewohner ansehnlichen Ackerbau treiben und in gemüthlich ländlicher Zurückgezogenheit leben. Wir nahmen hier vorläufiges Quartier in der Oda, um die Ruinen zu besuchen und am Nachmittag unseren Marsch fortzusetzen.

Gleich beim ersten Betreten des Dorfes, selbst von dieser, der nordnordöstlichen Seite, machte sich seine regelmässig viereckige Gestalt und seine künstlich terrassenförmige Erhebung bemerkbar [1]), und so wie wir uns zwischen den zerstreut und unregelmässig gruppirten Wohnungen hindurch zu den Ruinen hinwandten, überzeugte ich mich auf der Stelle, dass die Stätte des jetzigen Dorfes das Innere des Tempelgebäudes sei, zu dem die mit Skulpturen bedeckte Wand mit dem Sphinx-Eingange die Façade bildete. Allerdings sieht man nicht, wohin all' das übrige Material verschleppt sein mag, aber das würde sich erst bei umfassender Aufgrabung ergeben. Ich will hier nur das Allgemeine in Betracht ziehen und diesen höchst merkwürdigen Bau beschreiben, so weit er für die geschichtliche Geographie von Interesse ist, da ich das Einzelne in Gerhard's Archäologischer Zeitung besprochen habe.

Der ganze Bau besteht aus kolossalen Blöcken, die wohl schon vom Ursprung an nicht mit kleinlicher Genauigkeit gearbeitet waren, und der Umstand, dass man nur die unterste oder in einigen Fällen die beiden untersten Schichten dieser Blöcke an Ort und Stelle vorfindet und keine Möglichkeit sieht, wohin all' das Material verschleppt sein könnte, führt zu der Wahl zwischen den beiden Annahmen, dass entweder das Gebäude nie vollendet, oder dass der obere Theil in leichterem Material, wie gebranntem oder ungebranntem Thon, ausgeführt ward. Die erstere Annahme ist höchst unwahrscheinlich wegen der an der Façade ausgeführten Skulpturen und so müssen wir wohl die zweite als statthaft hinstellen.

Einen genauen Plan des Ganzen zu machen, würden erst umfassende Ausgrabungen ermöglichen; solche werden durch die Lage des Dorfes sehr erschwert oder wenigstens vertheuert. Was jetzt zu erkennen ist, besteht in einer nach Süden gewendeten Façade von etwa 60 Fuss Länge, in deren Mitte sich ein etwa 14 Fuss breites Portal öffnet, das mit einer Tiefe von etwa 42 Fuss in das Innere des Gebäudes führte, wovon aber jetzt durch das erhöhte Erdreich gar Nichts mehr zu erkennen ist. Vor der Façade, entweder abgelöst von ihr oder im Zusammenhang damit, waren zwei Paar Löwen von verschiedener Arbeit, das eine Paar frei herausgearbeitet, aber von

---

[1]) Folgende von Herrn Dr. M. angegebene Züge sind mir nicht gegenwärtig: „So weit man aus der jetzigen Beschaffenheit schliessen kann, war der Hügel viereckig, und die wellenförmige Umfangslinie beweist augenscheinlich, dass er ehemals ein Gebäude mit runden Eck- und Mittelthürmen enthielt."

roherer Ausführung und kleineren Verhältnissen, das andere in Hochrelief an einer grossen Steinplatte von acht Fuss Länge im Archäisch strengen Style ausgeführt, und es ist natürlich, dass diese irgendwie mit dem Gebäude selbst im Zusammenhang standen, indem sie an einen Theil desselben angelehnt waren. Die ganze Façade nun oder wenigstens die untere Steinlage derselben und das Innere des Portals bis zu zwei vortretenden mächtigen Steinpfosten, an deren Aussenseite die Sphingen angebracht sind, war mit Skulpturen geschmückt, und obgleich dieselben bedeutend verwittert und zum Theil noch verschüttet sind, da ich nur Weniges ausgraben liess, ist doch so viel von dem hier Dargestellten im Allgemeinen klar und deutlich, dass es eine priesterliche Prozession ist mit Festmusik und Opferstieren. Das grösste Interesse verdienen aber nun die vorerwähnten, in dem tiefen Portaleingang vorspringenden kolossalen Steinpfosten, die allen Spuren nach einst das mit einer wirklichen Thüre verschlossene, eigentliche Eingangsthor bildeten. Hier sehen wir nämlich zuerst auf der nach Süden gewandten, der Façade parallelen Seite der beiden mächtigen Thorpfosten ein wundersam phantastisches Gebilde in halb abgelöst hervortretendem Hautrelief. Aber phantastisch, wie das Bilderwerk ist, gestattet es doch eine ganz zuverlässige Identifikation mit der Sphinx, die an den Portalen der Assyrischen Palastgebäude so häufig wiederkehrt. Ein einziger Umstand erschwert die augenblickliche leichte Erkennung des Gegenstandes und erklärt es, wie Hamilton, der für Klein-Asiens Kenntniss so ausserordentliches Verdienst hat, diese Gebilde für Sirenen halten konnte, nämlich dass ihre Darstellung nicht an den Seiten fortgeführt ist. Hier nämlich, im Innern des Portals, wollten die Künstler einen anderen Gegenstand darstellen, der nun wieder ein ganz ausserordentliches Interesse in Anspruch nimmt, weil hier zuerst die Darstellung des Doppeladlers erscheint, in ganz ähnlicher Weise, wie er in späteren Jahrhunderten, wahrscheinlich in Folge der Kreuzzüge, vom Deutschen Reich angenommen wurde. Es war das Aussergewöhnliche in diesem Umstand, was Hamilton, der diese Ruinen, wie er selbst erzählt, nur äusserst flüchtig ansah, zu der Meinung verleitete, dieses Symbol möge von späterer Hand hinzugefügt sein[1]). Nicht allein aber ist es mit grösster Sorgfalt ganz in demselben Style ausgeführt wie die übrigen Skulpturen, sondern der Doppeladler selbst bildet nur einen integrirenden Theil einer grösseren Darstellung, indem er, wie ich diess am angeführten Orte weiter ausgeführt habe, mit jeder seiner Klauen auf einer Maus — nicht Hasen — steht und wieder auf seinem Doppelkopf eine menschliche oder göttliche Figur trägt,

von der leider nur das Untertheil erhalten ist. Man muss bei diesen Felsskulpturen — denn auch diess können wir der Sache nach Felsskulpturen nennen — berücksichtigen, dass man sie, ehe man sie erfasst hat, erst in verschiedener Beleuchtung wiederholt anschauen muss; hat man dann einmal den Gegenstand klar erkannt, so begreift man nicht, wie er Einem zuerst überhaupt auch nur entgehen konnte. So zweifle ich nicht daran, dass ein späterer Reisender einmal, auf den richtigen Weg geleitet, von der Figur auf der inneren Seite des westlichen Portalpfostens mehr erkennen wird, als mir während der kurzen Zeit und bei schwacher Herbstbeleuchtung möglich war[1]).

Wie gesagt, man kann bei der jetzigen Verschiebung vieler zu Tage liegender Blöcke keinen genauen Grundplan selbst auch nur des nicht ganz Verschütteten machen und erst weitere Ausgrabungen können dazu führen; aber diese werden wohl die Vermuthung bestätigen, dass diess nicht ein Tempel, sondern der Winterpalast des in Boghäs-koei, der Hauptfeste von Pteria, residirenden Assyrischen, dann Medischen Statthalters von Nord-Kappadokien oder vielmehr von ganz Kappadokien war.

Da ohne umfassende Ausgrabungen Nichts weiter zu machen war, so setzten wir am Nachmittag unsern Marsch fort, um noch heute die interessante Stätte von Boghäs-koei zu erreichen. Das nach S. und SW. um das kleine Turkomanen-Dorf sich umherlagernde reiche Ackerland, das wir bei unserem Aufbruche durchschnitten, ward gerade bestellt und überall liessen sich die schwarzen Büffelgespanne vor dem Pfluge sehen. So erreichten wir nach einer Deutschen Meile mit geringem Anstieg das Dorf Imâd, ganz hübsch und nett aus grossen Balken- oder Blockhäusern bestehend, deren Erscheinung in dieser fast holzlosen Gegend einen eigenen Eindruck machte. Wirklich sah die ganze Dorf so freundlich und einladend aus, dass ich diess Mal auf unseren Armenier nicht grollen konnte, der anstatt, wie wir ihm geboten hatten, geraden Weges vor uns vorauszugehen, hier in der wohl begründeten Erwartung eines guten Abendessens Halt gemacht hatte. Aber unsere Zeit war zu genau abgemessen und wir setzten unseren Marsch unaufhaltsam fort, indem wir nun ein Hügelland mehr anwärts stiegen, den grösseren, in der Einsenkung hinführenden Weg, weil er zu weit umführte, zur Rechten lassend. Auch hier sah man im Anfang noch viel Ackerbau und der Boden war vortrefflich. Wir erreichten nach etwas mehr als anderthalb Stunden die Kammhöhe, von der herab ich sehr froh war Kara-Hissár noch Einmal peilen zu können, und wir fingen nun an, bergab zu

---

[1]) Originalausgabe, Th. I, S. 383.

[1]) Für's Erste s. meine kurze Abhandlung in Gerhard's Archäologischer Zeitung, Jahrg. 1859, Nr. 30.

steigen, indem wir zur Linken in einer Schlucht der den breiten Pass mässig überragenden Höhen das Dorf 'Alī Ghaleb liessen. Hier in der Umgegend waren zahlreiche Schafheerden zu sehen und das Weideland wog durchaus vor, während um das Dorf Keimás, das sich unten in der Thalebene zeigte, viel Ackerbau sichtbar war. Eine Viertelstunde jenseits betraten wir die ebene Fläche und ritten auf breiter Strasse dahin mit einer Obstbaumpflanzung zur Linken, vor uns sehen den „Engpass" im quer vorliegenden Höhenzug und aus ihm hervorragend das Minaret von Boghās-koei erblickend, sowie im Halbkreise dahinter die zackigen Felshöhen, welche die Stärke dieser Felsfeste bedingten.

So erreichten wir das grosse offene Dorf Yükbās, das man gleichsam als einen abgesonderten Vorort von Boghāskoei ansehen kann und das mit seinen Obstbaumpflanzungen und den hohen offenen Vorhallen der Häuser einen recht freundlichen Eindruck macht. Ihrer sind 150 und sie sind weit aus einander gelegen, aber es fehlt als Mittelpunkt eine Moschee mit Minaret, und das ist, abgesehen von seinen Alterthümern, der Vorzug von Boghās-koei, das noch jetzt als Sitz eines fast unabhängigen Dere-Bey den Rang einer kleinen Metropole einnimmt. Bei der Seltenheit, mit der man in Türkischen Orten waschen und bleichen sieht, machte eine Menge aufgehängter reiner Wäsche einen angenehmen Eindruck, aber allerdings hatte das seinen ganz speziellen Grund, weil es der Vorabend einer Hochzeit war, und ich fürchte, dass man in den meisten Fällen einer ähnlichen Erscheinung in diesen Ländern auch eine ähnliche besondere Veranlassung wird annehmen können.

Der Weg zwischen den beiden Dörfern zog sich übrigens doch noch eine gute halbe Stunde hin und die Dämmerung war nahe, als wir aus der Thalebene das erste gemächliche Gehänge des Engpasses hinanstiegen und in den geräumigen Konák des Kleinherrschefs einzogen. Da wir aber unsern Sabtiè vorausgeschickt hatten, wurden wir freundlich vom jüngeren Bruder des abwesenden Mudīr aufgenommen und in seinem grossen, mit Diwanen wohl ausgestatteten Audienzzimmer einquartiert. Noch Emin Bey, der Vater des jetzigen Machthabers, war ein ansehnlich mächtiger Dere-Bey gewesen und auch sein ältester Sohn, Arsslan Bey, der regierende Herr, behauptete eine ziemlich unabhängige Stellung und war recht wohlhabend. Die Herrschaft führt nach Herrn Dr. M. den Namen „Budak Ösi". Wie der Abend vorrückte, fand sich die ganze Notabilität des Städtchens ein und wir assen mit ihnen zusammen; es war ein gut zubereitetes, nicht übertrieben reiches Mahl. Alle benahmen sich sehr anständig und waren recht geschmackvoll gekleidet. Nach längerer Unterhaltung zerstreute sich dann die Gesellschaft und sehr schöne, stattliche Betten wurden für uns herbeigeschafft und, was viel sagen will, wir schliefen vortrefflich, ohne im Geringsten von Ungeziefer zu leiden.

Dienstag den 23. November. Diess war ein überaus genussreicher Tag, verbracht in den so höchst interessanten Ruinen von Pteria. So früh wie möglich machten wir uns mit einem Führer auf, denn, so lange noch kein guter Plan vorhanden ist, kann man ohne einen solchen in dem ausgedehnten und von mächtigen rauhen Felsmassen überall unterbrochenen, gar nicht zu übersehenden Terrain Tage lang umherirren, ehe man das Gesuchte findet. Ein solches Umherstreifen wäre allerdings ganz angebracht, wenn man mehrere Tage hier bleiben wollte, weil man gewiss noch vieles Einzelne von grossem Interesse finden würde.

Das Dorf Boghās-koei mit seinen 150 sehr zerstreuten Wohnungen liegt am nordwestlichen Fusse und an den ersten Gehängen der sehr unregelmässigen Kalksteinhöhen, die theils in einzelnen, meist schroff abfallenden Kuppen, theils in zusammenhängenden Plateaux aufsteigend in ganz engen Schluchten von zwei wilden Bergwassern durchrissen werden, die sich unterhalb des Dorfes in Einen Strom vereinigen. Fast überall zeigen diese Felsen künstliche Bearbeitung aus dem Alterthum, entweder zur Basis oder Lehne von Wohnungen oder zur Ausarbeitung von Grotten und Gräbern oder wiederum zu Befestigungen und Verschanzungen. Von den Felskammern in dem untern Theile des Gehänges werden einige von den jetzigen Bewohnern als Kellermagazine benutzt. Wir stiegen durch das Dorf anwärts und warfen vorläufig einen flüchtigen Blick auf die grosse, von Texier einem Tempel zugeschriebene Ruine, wandten uns dann über einen anderen unterirdischen Felsgang, dessen Beziehung zum Ganzen aber ich nicht erkennen konnte, und über den Vorsprung einer Felshöhe hinweg auf grossem Umweg zu den Felsskulpturen der Yásíli-Kaya, die uns entschieden das grösste Interesse in Anspruch zu nehmen schienen. Ehe ich jedoch diese beschreibe, will ich einige Worte über die allgemeine geographische Bedeutung dieser Stätte im Alterthume sagen, und ich kann mich dann in der Erklärung der Skulpturen kürzer fassen, da ich darüber an anderer Stelle um so ausführlicher gewesen sein hin.

Keinem, der diese ganze Ruinenstätte in ihrem eigenthümlichen Charakter, als eine gewaltige Feste und Residenz aus entschieden hohem Alterthum und als plötzlich zerstört wird verlassen, betrachtet, kann ein Zweifel übrig bleiben, dass sie unmöglich das bis noch in späten Zeiten als heilige Tempelstätte der Galater und als Hauptknotenpunkt der die Landschaft östlich vom Halys durchschneidenden Strasse bekannte Tavia oder Tavium sein kann. Im Gegentheil, wenn man erwägt, dass die grosse Strasse wenigstens aus dem Medischen Reiche — denn zur Zeit der Assyrer mündete die Strasse wahrscheinlich in Sinope — gerade eben durch diese Landschaft zum Halys führte [1]), dass ferner Kroisos auf seinem Angriffszuge gegen Cyrus augenscheinlich eben diese Strasse zog, nachdem er den Halys bei Yachschi-Chané passirt hatte, wo er dann die Hauptstadt von Pteria, so wie die kleineren umhergelegenen Landstädte zerstörte: so wird man keinen Anstand nehmen, eben in dieser grossartigen Ruinenstätte von Boghäs-koei jene stark befestigte Hauptstadt von Pteria wieder zu erkennen. Hat doch der Name „Boghäs-koei" gerade die charakteristische Bedeutung dieser Grenzfeste verewigt, dass sie an einem überaus wichtigen „Passe" lag, durch den die grosse Strasse gerade auf Zela losrückte, wo die Meder nach ihrem Sieg über die Skythischen Völkerschaften das Siegesdenkmal errichteten. Nun muss man aber den eben schon berührten Umstand besonders festhalten, dass zur Assyrischen Zeit die grosse Strasse wahrscheinlich über Amásia nach dem grossen Pontischen Sinope ging, dem Hauptstapelplatz Assyriens[2]), und dass erst Cyaxares, der überhaupt erst die Herrschaft über Kappadokien, wenigstens dessen nördlichen Theil, begründete, der königlichen Heerstrasse diese westliche Richtung gab; es war also höchst wahrscheinlich auch eben Cyaxares, der diese in sehr analoger Weise wie Egbatana gebaute Felsenfeste gründete, und das ist wohl der wahre Sinn der Angabe des Stephanus von Byzanz: „Pterion, eine Stadt der Meder", nicht „in Medien"[3]). War das aber der Fall, so ist meine Erklärung der Felssculpturen an dieser Stätte völlig über allen Zweifel gestellt. Der Name Pteria war höchst wahrscheinlich nicht der einheimische, sondern eine Griechische Übersetzung desselben, begründet auf den Umstand, dass der Doppeladler das Symbol dieser Landschaft war, der Doppeladler, der sowohl auf dem Portal von Üyük als in jenem Relief erscheint, und eben das war der Grund, dass die Seldschuken diesen Doppeladler als ihr Wappen auf verschiedenen Bergfesten, wie Kara-Hissár, adoptirten. Es ist somit wohl nicht begründet, was Texier sagt[4]), wir besässen gar kein Dokument, um die Residenz des Persischen Satrapen von Kappadokien zu kennen; das bezieht sich jedoch keineswegs auf die Medische Zeit. Tavium ist wohl entschieden bei dem nur wenig entfernten Nefes-koei anzusetzen, dessen Ruinen eine bis in späte Zeiten bewohnte Stadt anzeigen.

Diesen wenigen allgemeinen Bemerkungen will ich nur noch hinzufügen, dass Herrn Texier's Plan der Lokalität in den vom Tempel, den er zum Mittelpunkt seiner Winkelmessungen machte, weiter entlegenen Theilen ganz unrichtig ist. Er hätte den Tempel nothwendig erst mit der Ortsmoschee in Verbindung setzen müssen, dann diese mit Yükbas und letzteres mit der Yásili-Kaya. Leider blieb ich selbst nicht lange genug da, um einen detaillirten Plan ausführen zu können.

Ich kehre jetzt zu meinem ersten Besuch der Yásili-Kaya zurück. Von den Ruinen des Tempels oder Palastes aus hielten wir uns, wie gesagt, quer über die wilden Felsmassen hinüber und gewannen gleich zuerst einen recht lebhaften Eindruck von der rauhen Felsennatur der hier im Alterthum gelegenen Stadt. Leider war der Himmel überzogen und es war so kalt, dass es eher nach Schnee als nach Regen aussah. So konnten wir es uns wohl erklären, wie der hier residirende Statthalter oder Fürst sich eine andere wärmere Residenz für die winterliche Jahreszeit in der wohl 1000 Fuss tiefer gelegenen Ebene bei Üyük gesucht habe. Dieser Umstand verhinderte mich übrigens, viel zu zeichnen, denn es war so kalt, dass ich Anfangs die Hände nicht rühren konnte, und dabei war gerade die Felsennische, an deren Wänden die Skulpturen angebracht sind, am meisten dem kalten Winde ausgesetzt. Ohne hier in alle Einzelheiten der merkwürdigen Darstellung einzugehen, über die ich anderswo [1]) ausführlich gesprochen habe, will ich nur angeben, dass nach meiner vollen Überzeugung hier jener denkwürdige Friedens- und Heirathsvertrag dargestellt ist, mit dem die fünf volle Jahre und bis ins sechste hinein mit abwechselndem Glücke zwischen Cyaxares und Alyattes geführte Grenzkrieg beigelegt wurde. Alle von Herodot im 74. Kapitel seines ersten Buches mit so schön und mit so wenig Worten angegebenen Umstände jenes bedeutenden politischen Aktes sehen wir hier anschaulich mit nationaler Eigenthümlichkeit vor uns sich entwickeln, Fürsten, Priester, Schutzengel des Vertrages, Hofgesinde, Soldaten in feierlicher Procession, deren Gipfelung auf der Centralwand der Nische in der Hauptgruppe der fürstlichen Personen erscheint; ja wir sehen hier nicht allein alles von Herodot in jener kurzen Beschreibung angedeutete Personal, sondern wir haben hier selbst eine Personifikation der Sonnenfinsterniss vor uns, die eben der

---

[1]) Kiepert, die Persische Königsstrasse: Historisch-Philosophische Klasse der Königlichen Akademie der Wissenschaften zu Berlin, 1857, Seite 131.

[2]) Siehe Kiepert, ebendas.

[3]) Stephanus hat übrigens aus der einfachen, klaren Lokalangabe des Herodot, dass Pteria im Meridian von Sinope, „κατὰ Σινώπην", läge, aus Missverstand auch eine Sinopische Stadt dieses Namens gemacht.

[4]) Tome II, p. 9 seiner Description.

---

[1]) Monatsbericht der Berliner Akademie der Wissenschaften, Februar 1859.

Anlass jenes friedlichen Abschlusses des langen Krieges und des Friedensvertrages war, ein Paar dämonisch aussehender Kobolde, auf einem von der ganzen Darstellung herausgelösten und abgesonderten Wagbalken stehend und mit beiden Händen zwei Scheiben über einander in die Luft haltend. Jene denkwürdige Naturerscheinung fiel nach den neuesten astronomischen Forschungen, besonders des Herrn Dr. Zech, auf den 28. Mai 584 a. C., und wenn auch das Feld der letzten Schlacht, die eben in Folge dieser Sonnenfinsterniss beigelegt wurde, nicht gerade in der nächsten Nähe dieser Grenzfeste zu suchen ist, weil diese schon ausserhalb der Grenzen der von der totalen Sonnenfinsterniss beschriebenen Kurve gelegen haben würde, so ist doch das Schlachtfeld entschieden in der Nähe des Halys zu suchen und es musste die Feier des Vertrages und der Hochzeit ganz natürlich bei dieser Grenzfeste gehalten und hier auch diese denkwürdige Begebenheit verewigt werden. Durch das südliche Kilikien führte zu jener Zeit noch gar keine Hauptstrasse aus Hoch-Asien nach Vorder-Asien, und wäre Alyattes wirklich so weit jenseits des Halys vorgedrungen, so würde er sich nicht den Halys als Grenze seines Reiches in diesem Vertrage ausbedungen haben. Alles zusammengenommen können wir das Gebiet jenes langen Kampfes und somit auch das Feld der letzten Schlacht nur in der Nähe des Halys suchen. Um ihn eben handelte es sich, als die natürliche Grenze zwischen Kappadokien und Phrygien, und hier war der Kampf, so wie auch der Friedensschluss und seine denkwürdige Feier. Es ist ein sehr zu beachtender Umstand, dass es nur ganz zufällig ist, dass wir hier kein Schrift-Dokument zu näherer Aufklärung vor uns haben und es beweist schon allein die Figur der entschieden schreibenden Person in der Prozession, dass wir bei diesem merkwürdigen Relief nicht mit Texier[1]) an eine Zeit zu denken haben, wo man noch gar keine Schrift kannte, und wie man noch jetzt auf der östlichen Wand der Nische die Spur eines verlöschten Ringes — ich gebrauche absichtlich nicht den Ausdruck Cartouche — mit Inschrift sieht, so hoffe ich auch, dass fernere Nachforschungen vollständigere Inschriften zu Tage fördern werden, obgleich diese Wind und Wetter ausgesetzte Stelle sehr wenig zur Erhaltung von Inschriften geeignet ist. Doch könnte man hier genug entdecken, um wenigstens in paläographischer Beziehung ein völlig abschliessendes Mittelglied zwischen Orient und Occident zu finden.

Über die Hauptgruppe der grossen Felsennische hoffe ich so ein neues Licht verbreitet zu haben, die Darstellungen des hinteren engen Felsenspaltes dagegen habe ich erst so gut wie bekannt gemacht. Denn Texier hatte sie theils mehr als halb verschüttet gelassen, theils überaus flüchtig gezeichnet. Es wird sich erst im Laufe der Zeit völlig aufklären, ob diese Darstellungen des engen Felsenspaltes in genauem Zusammenhange mit der Hauptgruppe stehen, oder ob sie einer anderen Zeit angehören. Fast sollte man meinen, dass die besonders bei der Verbindung der Beine mit dem Körper wunderlich gehaltene, aber im Profil mit ungeheuerer Schärfe ausgeprägte Figur an der Ostwand neben der Figur, welche die weibliche unter ihrem Arm schliesst, aus älterer Zeit herrühre, da die Behandlung der anderen Figuren so ungleich natürlicher ist; es kann aber auch ein hieratisch-religiöser Zweck dabei verfolgt sein. Besonderes Interesse nimmt hier die Schlachtordnung der 12 Streiter in Anspruch, da sie, weil erst ganz kürzlich ausgegraben, ausserordentliche Frische bewahrt hat und zur wahren Erkenntniss des nationalen Charakters wenigstens eines Theiles der Darstellungen von grosser Bedeutung ist, und ich hege keinen Zweifel, dass wir hier wirklich die Kappadokische Nationalität vor uns haben.

Wir, Herr Dr. Mordtmann und ich, waren gerade, von der allmälig durch die Wolken brechenden Sonne etwas aufgethaut, in voller Betrachtung der eigenthümlichen Skulpturen verloren, als unser Kauas mit einem höchst anständig gekleideten Landeseingeborenen geritten kam. Es war der Bräutigam aus Yükbäs, der gekommen war, um uns zu seiner Hochzeit einzuladen. Da nämlich unser Wirth dort mit als eine Hauptperson figuriren sollte, hielt er es für unschicklich, hinzugehen, ohne seine Gäste mitzunehmen, und er hatte daher den Bräutigam selbst gehen heissen, uns auch einzuladen. Ich selbst aber hatte hier zu viel zu thun, um einer solchen Feier wegen, die allerdings zur Kenntniss der heutigen Volkszustände keineswegs uninteressant war, es aufzugeben, und wir beschlossen also, uns zu trennen, indem ich meine Forschungen unter diesen Felsenkuppen fortsetzte, Herr Dr. Mordtmann aber zur Hochzeit ging. Er hätte sonst wohl gar nicht dazu gekommen, mit seiner Braut — erkannt hatte, folgte ich meinem Führer, damit er mich nach den anderen bedeutendsten Örtlichkeiten geleite. Denn, wie gesagt, der Ort ist so ausserordentlich zerklüftet und in so viele von einander abgesonderte Burghöhen gespalten, dass es ohne

---
[1]) Seite 223.

grossen Zeitverlust einem Fremden nicht leicht möglich ist, die Sachen aufzufinden. Leider aber war mein Freund entweder etwas blasirt oder er hatte selbst lange diese Ruinen nicht begangen, denn er führte mich kreuz und quer, felsauf und ab und liess mich mehrere steile Felskuppen erklettern, wo auch nicht der geringste Rest aus dem Alterthum zu sehen war. Einmal hatte er mich ganz steil klettern lassen, und während ich oben Nichts fand und ihn verwundert fragte, warum er mich hierher geführt habe, setzte er sich schweigend hinter einen Felsenvorsprung und zündete seine Pfeife an. Er führte mich dann auf mehrere befestigte Höhen, welche die äussere Befestigung dieser Grenzfestung bildeten und wirklich ein System darstellen, das der modernen Kriegskunst nicht ganz unähnlich ist, wo man, anstatt grosse Städte mit einer zusammenhängenden Mauer zu umschliessen, einzelne detaschirte Forts rings umher anlegt. Das ist ein Punkt, den man zum Verständniss der höchst merkwürdigen Befestigungen dieser Pterischen Hauptstadt wohl im Auge behalten muss. Die eigentliche Stadt nämlich lag in unregelmässig geformten Amphitheater am Fusse dieser einzelnen, rings umher sich ziehenden kleinen Felsburgen und jenseits der letzteren auf der Plateauhöhe lag die grosse, umfangreiche Citadelle oder, um gleich mit Einem Male meine Meinung völlig auszusprechen, das befestigte Lager. Das ist ein Punkt, den Texier gar nicht berücksichtigt und desshalb völlig räthselhaft gelassen hat, wie es komme, dass in jener grossartigen und umfangreichen Befestigung sich jetzt so zu sagen keine einzige Ruine von Gebäuden findet. Auch hierzu haben wir völlig erläuternde Beispiele in den Assyrischen Skulpturen, wo wir grosse, stark mit Mauer und Thurm befestigte Stätten sehen ohne ein einziges Haus darin, sondern nur in vielem Détail klar zu erkennende Zelte, während in anderen neben den Zelten sich einige wenige Bauten finden, wahrscheinlich für die höheren Beamten. Ganz dasselbe Verhältniss fand auch augenscheinlich Statt in dieser Ruinenstätte bei Boghäs-koei und ich glaube also, dass nur geringe Hoffnung vorhanden ist, durch Ausgrabungen im mit Wald bedeckten Innern jener grossen Feste noch viel zu entdecken. Das Interessanteste sind eben die Ummauerungen selbst und ganz vorzüglich das Löwenthor mit dem merkwürdigen, noch so trefflich erhaltenen Glacis, dann aber auch jener unterirdische Gang, den zukünftige Reisende mit besonderer Aufmerksamkeit untersuchen mögen, um sich zu überzeugen, ob er wirklich mit dem zur Seite des Tempel-Palastes anfangenden Gange in Verbindung stehe.

Alle diese Befestigungen sind im sogenannten Cyklopischen Style ausgeführt. Diess ist ein Motiv, das wohl manchen Beschauer auf den ersten Blick irre machen könnte, besonders wenn er an der durch Raoul-Rochette und andere abendländische Archäologen vertretenen Ansicht festhält, dass diese Ruinen das östlichste Beispiel des Cyklopischen Befestigungsbaues seien. Diese Ansicht ist aber grundfalsch. Selbst in Ninive und Eghatana ist diess der Hauptstyl für Grundmauern und Befestigungsbauten gewesen, wie ganz besonders Botta's Arbeiten in Khorss-ábád gezeigt haben, und diese Feste kann daher mit mehr Recht das westlichste Beispiel der dort üblichen Architektur genannt werden. Alle diese Bauten sind in ein und demselben Styl aufgeführt und scheinen mir nach allen Anzeichen der Zeit des Cyaxares anzugehören.

Im Allgemeinen enthalten die kleinen Forts keinen Grundplan von Gebäuden, mit Ausnahme des einen, das offenbar eine geräumige, in demselben Styl aufgeführte Wohnung enthielt. Eine andere Felshöhe, deren Kuppe in eben diesem Styl befestigt ist, enthält auf der dem tieferen Stadtplane zugewandten Steilseite mehrere Kammern, die, wie man an Thürverschlüssen erkennt, vielleicht noch jetzt bewohnt sind, jedenfalls aber noch ganz vor Kurzem bewohnt waren. Allem Anschein nach waren sie von Aussen ganz unzugänglich und haben vielleicht einen Zugang von oben. Sie haben wahrscheinlich schon im Alterthum existirt, sind aber vielleicht in neuerer Zeit erweitert worden. An einer benachbarten Felshöhe sah ich ein Paar Griechische Buchstaben, die aber von gelegentlichen Besuchern herrühren können, obgleich ich gar keinen Zweifel hege, wie das ganz natürlich ist, dass eine kleine Gemeinde sich stets hier hielt, auch lange nach dem verheerenden Feldzug des Kroisos. Diess wird noch deutlicher durch die Befestigung einer ausgedehnten Höhe, die in ganz verschiedenem Styl von den anderen angelegt war, nämlich, wie es scheint, ganz allein mit kleinen runden Steinen, die jetzt einen gewaltigen, aber ununsehnlichen Trümmerhaufen bilden. Diess sind aber auch fast die einzigen Spuren einer späteren Bewohnung dieser Stätte und sie können sicherlich nicht für die Identificirung dieses Platzes mit Tavium sprechen. Bei Beschreibung dieser interessanten Wanderung, wo ich nur schmerzlich bedauerte, nicht einen geweckteren Begleiter zu haben, obgleich mein Führer ein sonst ganz jovialer Mensch war, will ich eines Umstandes zu erwähnen nicht vergessen, der den Charakter der heutigen Bewohner bezeichnet. Da wir nämlich oben bei der Felssculpturen, wohin uns unser Wirth ein vortreffliches Frühstück geschickt hatte, kein Wasser hatten, stieg ich zum Strombach hinab und fand einen Trunk gethan, als ein gerade vorbeigehender Landmann mich begrüsste. Ich hatte ihm eben den Rücken gewandt, als er mir nachgelaufen kam und mir ein Brod in die Hand drückte, indem er sagte, er dürfe nicht dulden, dass ich zum Trinken nicht auch Etwas ässe, und meine Einsprache, dass ich schon gegessen hätte, half Nichts.

Ich will hier nun gleich das Hauptgebäude der eigentlichen Stadt besprechen, den im unteren Theile gelegenen Tempel oder Palast, obgleich ich ihn erst am folgenden Morgen genauer vermass. Zuerst will ich bemerken, dass es wohl unzweifelhaft ein Palast ist oder vielmehr ein Palast-Tempel, wie wir solche Gebäude in Theben mehrfach finden. Aber im Ganzen hat diess Gebäude die grösste Ähnlichkeit im Grundplan mit dem Nordwest-Palast in Nimrod, während es auch nicht die geringste Ähnlichkeit mit einem Tempel hat. Was Texier für den Altar hielt, ist, wie wir bei der näheren Beschreibung des Gebäudes sehen, weiter Nichts als ein den Treppenaufgang durchbrechendes grosses Postament. Nun will ich noch eine vorläufige Bemerkung in Bezug auf die Lage machen. Es scheint auf den ersten Blick auffallend, dass ein solches Gebäude im unte-

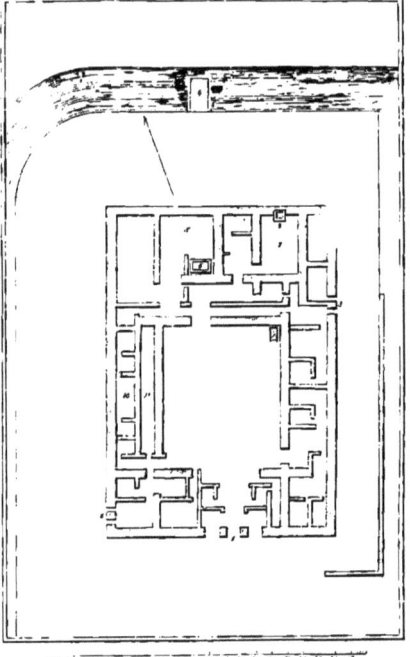

ren, nur unzulänglich geschützten Theile der Stadt anstatt innerhalb der eigentlichen Befestigung liegen solle. Aber abgesehen davon, dass die grosse Befestigung oben auf der Höhe entschieden nur das befestigte Lager der fremdherrschaftlichen Garnison umfasste und dass in deren herrlich befestigten Ringmauern nur das Heer in Zelten gelagert war, wie wir das auf den Assyrischen Skulpturen wiederholt dargestellt finden, diese Citadelle also gar keine zu Privat- oder öffentlichen Zwecken bestimmten Gebäude enthielt, haben wir für eine ganz analoge Lage das Beispiel des Palastes in Khorss-âbâd, und dieselben Worte, die Herr Layard von letzterm gebrauchte [1]), könnten wir auch mit voller Wahrheit auf unser Denkmal beziehen. Er sagt: „Es würde mit den Grundsätzen der Sicherheit übereinstimmender erschei-

[1]) Nineveh and Babylon, p. 657.

nen, wenn die königliche Residenz, die Tempel der Götter und die Kanzleien und Schatzkammern des Königreiches im Mittelpunkte der Befestigungen sich befänden, auf allen Seiten gleichmässig beschützt — aber das war nicht der Fall mit Khorss-âbâd. Hier überschaute der Königspalast die ebene Landschaft und war von da aus zugänglich." Übrigens war für die Sicherheit des hier residirenden Herrschers und seiner Beamten genugsam gesorgt durch den unterirdischen Gang, der, wie es allerdings den Anschein hat, von hier zur Bergfeste hinaufführte, der aber zur Zeit fast ganz verschüttet ist. Allerdings führt dieser Gang oben auf der Burg, so weit man ihn jetzt verfolgen kann, in entgegengesetzter Richtung, aber doch ist es wahrscheinlich, dass er sich nachher umwendet und mit dem Gange bei dem Palaste in Verbindung steht. Auch der Name, mit dem noch heutigen Tages die Eingeborenen diese Ruinen bezeichnen, nämlich „Basarlik", weist eher auf ein bestimmtes Regierungsgebäude, als auf einen Tempel hin. Nach diesen wenigen Vorbemerkungen gehe ich zu einer kurzen allgemeinen Beschreibung dieser Ruinen über.

Jedoch will ich hier nicht alle einzelnen Maasse des Gebäudes noch besonders in Zahlen angeben; der beigefügte Grundplan wird eine völlig klare Anschauung desselben geben, nur muss man sich vergegenwärtigen, dass eben nur noch die erste Lage der Grundsteine erhalten ist. Diess war der Grund, weshalb ich mich beim ersten Anblick des Gebäudes sehr unbefriedigt fühlte; erst, als ich mich näher in den Grundplan einlebte, flösste mir seine Eigenthümlichkeit grösseres Interesse ein.

Diess ist eben, wie ich glaube, das Mangelhafte an dem Plane von Texier, dass bei genauer Messung vieler Theile desselben doch die das Hauptinteresse bedingenden Charakterzüge verhüllt sind. So ist zum Beispiel der höchst charakteristische lange Korridor zur Linken der grossen offenen Halle, der so ganz an die Assyrischen Paläste erinnert, von ihm völlig irrthümlich dargestellt ist¹). Dann erkennt man bei ihm gar nicht den nordwestlichen Theil des Gebäudes, der so bedeutend ist: man sieht in seinem Plane nicht einmal, dass der Eingang vom grossen freien Hofraum in den hinteren Theil des Palastes, während er dem Hauptportal des Ganzen keineswegs entspricht, gerade auf das erhöhte Becken zuführt. Das Ganze bildete einst offenbar einen Bau von gewaltiger Ausdehnung, wenn es überhaupt je vollendet worden ist; aber von den umliegenden Mauern sieht man nur noch sehr wenig, abgesehen davon, dass sie aus kleinen Steinen errichtet sind und nicht, wie der Hauptbau, aus cyklopischen Blöcken; ich habe diese äusseren, nicht in engem Zusammenhange mit dem Ganzen stehenden Mauern daher in meinem Grundplane weggelassen, obgleich sie allerdings zur ganzen Charakteristik des Gebäudes keineswegs ganz unwesentlich sind. Ich will nur bemerken, dass die allleräussersten dieser Umfangsmauern schon etwa 350 Fuss vor dem Hauptgebäude anfangen. Übrigens hat es, wie schon angedeutet, den Anschein, als wenn das Gebäude nie vollendet worden wäre, denn sonst hätte, welcher die Stadt zerstörte, hätte denn absichtlich keinen Stein auf dem anderen gelassen. Allerdings können wir uns solchen Fall wohl erklären, eben wenn diess die Hauptstadt von Pteria war, die Krösos aus wildem Rachegefühl auf seinem Feldzug gegen Cyrus von Grund aus verwüstete. Die Zerstörung war um so leichter möglich, weil, während die unterste Steinlage aus Wurfsteinen bestand, die Zwischenmauern aus Kalksteine waren.

Das eigentliche Gebäude ward, wie gesagt, aus sogenannten cyklopischen Blöcken erbaut. Diese Bauart aber war, wie wir aus zahlreichen Beispielen sehen, echt Assyrisch und wurde dann auch von den Medern angenommen. Die Blöcke haben 15 bis 20 Fuss Länge und gegen 6 F. Dicke. So ist 6 Fuss die durchschnittliche Dicke der Hauptmauern, während die Zwischenmauern zwischen untergeordneten Räumen weniger stark sind. Dabei ist es nun von grossem Interesse, dass diese gewaltigen Blöcke gleichsam in einander eingekerbt sind, ein Motiv, das wir nicht allein in der früheren Persepolitanischen, sondern auch in der späteren Seldschukischen Zeit wiederfinden, in der letzteren besonders bei Portalbauten, wo die Rücksicht auf Solidität um so bedeutungsvoller war.

Das eigentliche Gebäude ist nach SSW. gerichtet, ungefähr 200 F. breit und 140 F. tief. Es besteht aus einem grossen Hofraum, der wohl sicher stets unbedeckt war, umgeben von nahe an 30 kleineren und grösseren Gemächern, die es entschieden als die Residenz eines Regenten darstellen. Das Hauptportal war allem Anschein nach mit drei Eingängen auf der Südsüdwestseite (Nr. 1), aber von einem kleineren Nebeneingang mit zwei Thüröffnungen finden sich ganz deutliche Spuren am Südende der Westseite (Nr. 2), eben so ein anderer in der nördlichen Hälfte der Ostseite (Nr. 3), und es ist sehr wahrscheinlich, dass auch auf der Nordseite ein ansehnlicher Eingang war, obgleich ich hier keine Spur von einem solchen entdecken konnte. Jedenfalls bot der Palast auf dieser Seite den grossartigsten Anblick dar, denn während er auf der südlichen Seite von einer Felshügelung in nicht grosser Ferne eingeschränkt wurde, senkte er sich auf dieser, der nördlichen Seite nach dem Bergstrom hinab und gab somit Gelegenheit zu einer sehr schönen freien Terrasse von etwa 60 Fuss Breite, zu der man vom Strom auf einer die ganze Breite des Gebäudes einnehmenden und in Bogenlinien sich auf die Westseite herumziehenden Treppenflucht hinaufstieg. In dieser breiten Treppenflucht, die man noch sehr deutlich erkennen kann, obgleich ich ohne Ausgrabungen die Zahl der Stufen nicht genau ermitteln konnte, ist ein grossartiger Treppenspiegel (Nr. 4), der in ähnlicher Weise, wie wir diess in der Beschreibung von Ninive finden, die so breite Treppenflucht unterbrach. Dieser Treppenspiegel ist es, der wohl allerdings ein zierendes Bild trug, den Texier als einen Altar, „autel", darstellen wollte, und diess ist auch wohl fast der einzige Grund, weshalb er ihn „temple de Jupiter" nannte, denn wenn man seine Beschreibung liest, überzeugt man sich vollkommen, dass er selbst zu vernünftig war, um nicht einzusehen, dass die ganze Einrichtung des Gebäudes mit einem Tempel Nichts gemein hat. In Einer Linie mit diesem Treppenspiegel findet man, wenn man etwa 260 Schritte zum Strome hinabsteigt, gerade über dessen Bette eine im Felsen ausgearbeitete grosse Nische, eine anmuthige Steinlaube für die Bewohner des Palastes, wenn sie nicht vielleicht einen religiösen Zweck hatte; ich habe sie nicht mehr auf den Plan eingetragen, weil sie so sehr weit abliegt. Diese Nische schaut nach NW., ist unten 10 Fuss 3 Zoll breit, 5 Fuss tief und 9 Fuss 4 Zoll hoch.

Nun ist es höchst bemerkenswerth, dass sich der erwähnte Treppenspiegel, offenbar der charakteristische Zug in der ganzen nördlichen Façade des Gebäudes, nicht in der Mitte befindet, sondern weiter nach Westen, und zwar so, dass er ziemlich genau einer eigenthümlichen Einrichtung im grossen Hintergemache (Nr. 5) entsprach. Dieses Gemach

---

¹) Dieser Irrthum erklärt sich aus seinen im Text S. 211 angezogenen Worten: „On entre ensuite dans une enceinte — à droite de laquelle se prolonge un conduit ou corridor qui n'a point d'issue." — Dann weiterhin: „A droite et à gauche de l'entrée sont deux portes qui mènent — celle de gauche dans un corridor qui longe la partie latérale du temple et qui a une issue à son extrémité Nord." Da ist aber überhaupt nur Ein Korridor.

Barth, Reise von Trapezunt nach Skutari.

zusammen mit Nr. 7 bildete allem Anscheine nach die Haupträume des ganzen Gebäudes. In Nr. 5 nun finden wir in einem von starker Mauer umgebenen Winkel Nr. 6 ein 10 F. langes, aufspringendes, Becken im Stein roh ausgearbeitet und seiner schmuckreichen Bekleidung beraubt, so dass seine Bestimmung, ob zu häuslichen oder priesterlichen Zwecken, nicht mehr ganz deutlich ist; jedoch ist mir das Letztere wahrscheinlicher; Nr. 7 dagegen halte ich mit Entschiedenheit für das Thronzimmer, obgleich es nicht so gross war wie Nr. 6. Auch auf Herrn Texier machte Nr. 7 denselben Eindruck und er nennt sie ganz richtig „la chambre principale". Auch hier findet sich im Boden, aber an der hinteren, nach Norden gekehrten Wand ein oblonges Becken (Nr. 8), 4 Fuss breit und 8 Fuss lang, und meiner Ansicht nach stand hierauf der überaus interessante Löwenthron, in grossartigem archaistischen Stile ausgearbeitet, den Texier auf der Platform vor der Ostseite des Gebäudes fand und der allein schon hinzureichen scheint, um zu zeigen, dass diess Gebäude wirklich einst mit all' seinem Schmucke vollendet war. Was Texier hier von zwei Fenstern sagt [1]), verstehe ich nicht. Auch in der grossen offenen Halle finden wir bei Nr. 8 noch eine grosse beckenartige Vorkehrung, die aber wohl nur bestimmt war, dem Wasser Abzug zu verschaffen. Am unbestimmtesten in meinem ganzen Grundplan sind die Kammern auf der westlichen Seite (Nr. 10); hier konnte ich die Zugänge nicht deutlich erkennen und es ist keineswegs unmöglich, dass sie ihren Hauptzutritt vom langen Korridor (Nr. 11) her hatten. Mit diesen wenigen Bemerkungen beschliesse ich die Beschreibung dieses interessanten Denkmals und der ganzen merkwürdigen Stätte.

Es wäre hier noch gar Vieles zu thun, aber nur mit umfassenden Mitteln. Dann müsste man das ganze Terrain systematisch durchsuchen, um zumal schriftliche Dokumente zu finden, die auch den Zweiflern, welche, wenn sie nicht unwiderlegbare direkte Beweise vor sich sehen, den aus anderen sicheren Umständen gezogenen Schluss leugnen, den wahren Ursprung dieser denkwürdigen Reste des Alterthums darzuthun im Stande wären; vor Allem aber müsste man das von den gewaltigen Mauern eingeschlossene und jetzt meist mit Wald bedeckte Gebiet der Citadelle durchforschen, wo man bis jetzt noch gar Nichts gefunden hat; diesen Theil habe ich selbst leider sehr vernachlässigt, da ich nur einen flüchtigen Blick auf die Mauern warf. Nach dem oben Gesagten aber darf man keineswegs erwarten, hier grosse Staatsgebäude zu finden, aber einzelne interessante Ausbeute liesse sich da doch wohl aus triftigen Gründen voraussetzen. Um einen längeren Aufenthalt hier zu nehmen, müsste man dem Mudīr ein hübsches Geschenk machen, um sich seine Freundlichkeit zu sichern. Es ist unzweifelhaft ein höchst interessantes Gebiet, das noch manchen wichtigen Fund zur Aufklärung der älteren Geschichte und vergleichenden Geographie Klein-Asiens verspricht.

Unser Abschied vom Mudīr war recht herzlich. Er hatte uns mit grosser Gastfreundschaft behandelt und wir waren ihm aufrichtig dankbar dafür und belohnten seine Leute, so gut wir konnten. So zogen wir um $9\frac{1}{2}$ Uhr zum Dorfe hinaus und am rauschenden Strom nach SO. entlang den malerischen Pass hinauf. Aber der Himmel sah so unfreundlich und drohend aus, dass wir alsbald einen Augenblick Halt machten und unsere Regengarderobe hervorsuchten. Wir traten dann aus dem Pass in einen offenen Thalkessel hinaus und liessen links am Wege in einer Schlucht das Dorf Devretiláir (Mordtmann schreibt Devret). Dann schloss sich das Thal wieder, bis wir nach anderthalb Stunden in eine schöne, von reich bewaldeten Höhen eingeschlossene Thalebene hinaustraten. Die Bewaldung bestand meist aus Zwergeichen und Hagebutten. Zur Linken liessen wir an einem kleinen Bache das Dorf Sṣáriláir, dessen Bewohner gerade ihre Felder bebauten; alle diese Thalerweiterungen haben höchst fruchtbaren Boden und könnten trotz ihrer beschränkten Ausdehnung eine leidliche Bevölkerung nähren. Das Unwetter zog sich immer dunkler und drohender zusammen und wir trieben unsere Pferde zur grösstmöglichen Eile an. Bald nach $12\frac{1}{2}$ Uhr fingen wir dann an, aufwärts zu steigen, um den ansehnlichen Gebirgskamm zu überschreiten, und erreichten so in etwas weniger als einer Stunde mit nicht unbedeutenden Windungen die Höhe des Kapák Tepé, die bis über 5000 Fuss absoluter Höhe aufsteigt und bei klarem Wetter einen weit umfassenden Blick über die umliegende Landschaft selbst bis zum Argaeus hin gewährt. Augenblicklich aber konnte man nicht einmal die Thalbecken zu seinen Füssen erkennen und gerade an dieser ungelegensten Stelle brach das lang drohende Sturmwetter los und Hagel und Regen peitschten uns auf schonungslose Weise ins Gesicht. Es war unangenehm genug auf dieser Höhe, aber in meinem mich gut umhüllenden Regenmantel setzte ich dem Wetter frischen Muth entgegen und sprengte unserem Trapp, der schon anfing, in seiner Rüstigkeit nachzulassen, voraus. So ging es denn mit gegenseitigem Zuruf durch das kalte Sturmwetter über die von allen Seiten ausgesetzte Kammhöhe dahin. Aber bei heftigem Schneegestöber muss es auf dieser Höhe insbesondere für Fussgänger schlimm genug sein und so sollen denn auch im Laufe des verflossenen Winters (1857) 15 Personen auf dieser Bergpassage erfroren sein.

Glücklicher Weise ist der Pass nur von kurzer Dauer

---

[1]) „Elle (la chambre) est éclairée par deux fenêtres, entre lesquelles se trouve taillée dans le roc au niveau du sol une espèce d'auge".

und bald war er überwunden. Schon nach einer Stunde hatten wir den Anfang der Stadt Yüsghäd erreicht, von der wir in Folge des Unwetters gar keine Übersicht von oben gehabt hatten. Ganz plötzlich, ohne dass man es sich versah, zeigte sich die Stadt unten in der Tiefe der Thaleinsenkung, aber bei dem noch andauernden Regen sah Alles öde genug aus und der Schmutz in den Strassen war gross. Jedoch war es erfreulich zu sehen, wie hier auf dieser Seite nach dem Abhang von Kapák Tepé hin ein ganz neues Quartier mit kleinem Bazar entstanden war.

Wir hatten einen unserer Sabtié's vorausgesandt und wurden gleich bei unserer Ankunft mit grosser Freundlichkeit vom Baschä Chair e' din, dem früheren Polizei-Minister bei der Pforte, empfangen und mussten uns, ehe wir unser besonderes Quartier angewiesen erhielten, lange mit ihm unterhalten. Hier füge ich ein, was mein Begleiter über diese Unterhaltung sagt: „Er klagte über die Indolenz der Eingeborenen, die von ihren uralten Gewohnheiten nicht abzubringen wären; er hatte sich einen eigenen Bäcker mitgebracht, um den Leuten einen Begriff von geniessbarem Brod beizubringen, aber umsonst, und der alte Mann beschwerte sich, dass seine Zähne für das elende Brod hier zu Lande zu schwach wären, was ich ihm gern glaube. Eben so wenig, sagte er, sind diese Leute dahin zu bringen, dass sie ihrer Kultur einige Mannigfaltigkeit geben, Weizen, Gerste und etwas Weintrauben und weiter Nichts. Bei der centralen Lage des Landes dürfen sie selbst unter den günstigsten Umständen nicht hoffen, dass diese Produkte noch mit Gewinn an der Meeresküste zu verwerthen seien. Aber wie ist dem abzuhelfen? Über die Indolenz der Eingeborenen klagen alle Behörden und alle richten ihre Blicke nach dem menschenreichen Europa, wo die Regierungen Tag und Nacht darauf sinnen, wie sie den Kampf mit dem Proletariat, Pauperismus und Arbeitsmangel bestehen sollen. Hier liegen Tausende von Quadrat-Meilen fruchtbaren Landes brach und harren seit Jahrhunderten auf die Pflege der Menschenhand, während die Regierung durch liberale Versprechungen die Einwanderer einladet. Auch Cheir e' din Paschá sprach diesen Gedanken gegen uns aus, als ich im Laufe des Gespräches äusserte, er befinde sich doch wohl hier ruhiger als in seinem frühern Amte als Polizei-Minister in Konstantinopel. Der Pascha gab mir Unrecht und sagte, in Konstantinopel als Polizei-Minister habe er zwar ein mühevolles Amt gehabt, aber er sei dabei von intelligenten Beamten und intelligenten Europäischen Dragomanen unterstützt worden, während er hier mit bornirter Indolenz einen hoffnungslosen Kampf führe." — Herr Dr. Mordtmann bemerkt zum Namen, dass die offizielle Aussprache desselben Yosghad sei und er also nicht „hundert Dächer" oder etwas Ähnliches bedeute, sondern wahrscheinlich ein uralter Name sei. Das gewöhnliche Volk lässt deutlich ein *ü* im Namen erkennen. — Chair e' din ist ein kleiner, aber nicht sehr kriegerisch und gebietend aussehender Mann und wohl passender für einen Polizei-Minister, als für den General einer Militärmacht, da Yüsghäd bei der jetzigen Anordnung des Türkischen Reiches das militärische Hauptquartier für das Innere Klein-Asiens ist. Mittlerweile wurde unser Quartier bei einem Armenier eingerichtet. Diess war der alte Ohannes, Banquier und Faktotum des Baschä's, ein Mann, der gewaltigen Reichthum besitzen soll und nach der Angabe vieler seiner Glaubensgenossen diese letzteren verhindert, selbst einen kleinen Gewinn zu machen, da er Alles selbst besitzen will. Er stattete uns einen längeren Besuch ab und zwei seiner Söhne assen am Abend mit uns; das Abendessen war recht gut, so weit die Speisen nicht durch die den Armeniern eigenthümliche Mischung von Sauersüssem verdorben waren. In unserem Zimmer hatten wir einen recht stattlichen kupfernen Mangäl und zwei hohe kupferne Leuchter, auf denen ungeheure Wachskerzen brannten.

Nachdem wir unsere Tagebücher geordnet und noch Einiges in unseren Reisebüchern nachgelesen, begaben wir uns zur Ruhe und waren, als wir uns am folgenden Morgen von unseren schönen Lagerstätten erhoben, nicht wenig erfreut zu finden, dass das Unwetter sich ausgetobt hatte und das schönste Wetter eingetreten war. Auch sollte es für lange Zeit beständig sein und unsere Reise auf das Willkommenste begünstigen. In der schönen Morgenbeleuchtung machten wir einen Spaziergang durch die Stadt, aber sie bietet wenig Sehenswürdiges dar. Auffallend ist ihre Lage, zumal wenn man ihre jetzige Bedeutung als Sitz einer umfassenden Regierung berücksichtigt, da, wie gesagt, der Baschá von Yüsghäd die Hauptmilitairmacht im Herzen Klein-Asiens besitzt. Yüsghäd liegt nämlich in einem sehr beschränkten, von W. nach O. gestreckten Thale, wird also ringsum ganz beherrscht und könnte mit der grössten Leichtigkeit zusammengeschossen werden. Nichts wächst in der Nähe, nur ein Paar vereinzelte Bäume schmücken den nördlichen Abhang der Thalhalde, sonst sind alle Höhen kahl. Die hohe Lage von fast 4000 Fuss macht das Klima der Stadt sehr rauh. Die Stadt hat etwa 25.000 Einwohner, wovon der sechste Theil aus Armeniern besteht, der ganze Rest sind 'Osmanli. Ungefähr 60 Armenier sollen dem protestantischen Gottesdienste beiwohnen. Man bemerkt im Orte allerdings kein grosses Handelsleben, aber doch eine gewisse Rührigkeit und eine ansehnliche Zahl neuer Häuser; ich habe das neue Viertel an der nordwestlichen Ecke schon erwähnt und Herrn Dr. Mordtmann, der die Stadt vor ein Paar Jahren besucht hatte, fiel ihr Wachsthum ganz besonders auf. Er bemerkt, dass Tschapán (oder richtiger Tschapár) Oghlü wohl keinen anderen Grund hatte, diesen Ort zu seiner Residenz zu machen, als den Umstand, dass er seine Jaila war. Befestigt war der Ort nie. Auf grossen Umwegen besuchten wir den Arzt der Amerikanischen Mission, Dr. Yewett, fanden aber keineswegs einen Mann, wie Van Lennep; auch war er allerdings noch ein Neuling in diesen Verhältnissen, da er erst vor vier Monaten eingetroffen war, und die Mittel, sich ein behagliches Leben zu bereiten, war hier bei weitem beschränkter als in Tókat. Es ergab sich sogleich, dass dieser Ort wenig Interesse darbot fürs Völkerleben, wenig für Natur und Nichts für Alterthümer, auch hatten wir ihn nur eben als materielle Station besucht. Um aber bei diesen kurzen Tagen unsere Zeit für Interessanteres aufzusparen, beschlossen wir, ohne weiteren Aufenthalt unsere Reise fortzusetzen, und zwar entschloss ich mich nach reiflicher Überlegung, nachdem wir schon unseren Brief für den Mudir von Kor-Schehr vom Baschä erhalten hatten, auch noch Kaissarich mitzunehmen. Das ward nun in der Folge ein unendlich belohnender Abstecher, so langweilig im Ganzen auch die Strasse von hier nach Kaissarich ist; denn erstens war der Argaeus an sich schon belohnend, dann aber gewährten die an diese grosse Bergmasse sich nach Westen anreihenden höchst merkwürdigen Troglodyten-Thäler die grösste Entschädigung für unsere Bemühung, so sehr mich auch der Besuch der Stadt Kaissarieh selbst unbefriedigt liess.

So brachen wir gegen 11 Uhr von Yüsghäd auf, begleitet von zwei neuen Sabtiē's, und da diese Strasse bis Kaissarieh nun nicht so viel Neues darbot wie die früher von uns durchzogenen Landschaften, so beschleunigten wir unsere Schritte ein wenig.

Wir hatten zuerst den westlichen Ausläufer des Kapák Tepé zu umgehen, dann ging es in gerader Richtung auf den mächtigen Kulminationspunkt dieser reich gegliederten Halbinsel zu. Bei dem klaren Herbstwetter glänzte das schneebedeckte Doppelhorn des Argaeus aus so weiter Ferne zu uns herüber und lud uns zu sich ein. Das war das Interessanteste auf dieser nur dann und wann durch hübsche Thaleinschnitte belebten Strasse, den mächtigen Bergriesen sich so allmälig in seiner gewaltigen Grösse und mit seinem schön geformten Doppelhorn entwickeln zu sehen, wie er sich von verschiedenen Punkten dem Auge darstellte. Das umliegende Land selbst war ohne Leben und Gliederung, bis wir um Mittag einen nach Westen abfliessenden Bach passirten, wo schöne Schafheerden sich schon liessen. Aber erst nach fünf Viertelstunden passirten wir das erste Dorf Namens Toptschi, das zu unserer Rechten lag, und bald darauf zeigte sich in einer von einer kleinen Wasserader genährten Niederung etwas Weinbau. Um 2 Uhr 45 Min. passirten wir dann einen anderen Bach mit Mühle und Brücke und liessen bald darauf zur Rechten an der gegenüberliegenden Thalwand das Dorf Tschingischlür. Recht freundlich aber wurde die Landschaft, als wir uns Indjirlü näherten, das an einer mittelhohen Hügelkette gen Westen lag, während ein Mühlbach, den wir auf einer Brücke passirten, in der davor sich hinwindenden Thalsenkung eine schöne Pflanzung befruchtete. Der ganze Weg von hier eine halbe Stunde weiterhin war recht interessant; wir passirten da wiederum den hier nach Westen abfliessenden Strom auf einer Brücke, während der Bergabhang einen sehr schönen Anblick gewährte. Von hier geht eine andere Strasse rechts ab über Bascha-koei, vereinigt sich aber mit der unserigen weiterhin wieder. Wir zogen dann noch bis 3 Uhr 25 Min. längs der schönen Thalebene entlang, die, wenn sie in voller Blüthenpracht ist, einen prächtigen Anblick gewähren muss, und auch, während wir aus ihr hinaustiegen, setzte sich die Pflanzung zur Linken noch fort. Eine Viertelstunde weiterhin passirten wir das Dorf Tékich, das sich zur Linken in ziemlich kahler Fläche ausbreitet, aber durch seine mit einem Thurm gezierte Heiligenkapelle sich ganz stattlich ausnahm. Hier in diesem Dorfe hatte der Eine unserer Sabtié's, den wir vorausgesandt, schon Quartier für uns bestellt, aber es lag uns daran, noch heute Batál zu erreichen. So setzten wir nun unseren Marsch fort und stiegen längs eines von dieser Hochfläche abfliessenden Baches hinab in eine schöne Thalsenkung mit reicher Obstpflanzung; erst da, wo wir den Bach auf einer Brücke passirten, hörte die letztere auf.

Da veränderte sich die Scenerie völlig und um 4 Uhr 25 Min. trat plötzlich in nackter Thalbildung der Fluss Délidjö-tschai hart zur Linken in Biegung heran. Wir hatten hier keinen Fluss von solcher Grösse erwartet und überzeugten uns immer mehr, dass selbst auf dieser Strasse in genauerer Niederlegung der Topographie noch viel zu thun sei. Wir passirten den Strom etwas weiterhin auf einer Brücke mit drei Bogen. Über eine Hügelung und an einem Sumpf entlang erreichten wir dann um 5¼ Uhr das Dorf Batál.

Batál — mit kurzer betonter Endsilbe gesprochen, aber mit langem *a* geschrieben — liegt am östlichen Fusse zweier kleiner Felskuppen, deren nördliche mit den Ruinen einer Burg gekrönt ist. Die Ebene umher ist sumpfig und eignet sich daher nicht zum Weinbau. Es ist ein kleines Dorf von 25 Häusern, ausschliesslich von 'Osmanlí bewohnt. Hier erhielten wir ein ganz neu eingerichtetes, recht hübsches Fremdenzimmer zum Quartier. Besonders das Holzwerk war recht zierlich, wie dies denn gewöhnlich bei

Die Strasse von Yüsghäd nach Kaissarieh.

Türkischen Wohnhäusern der Fall ist, und die Überdachung war hübsch regelmässig gearbeitet. Es war nicht uninteressant, dabei zu erfahren, dass der Zimmermeisterlohn 600 Piaster betragen hatte. Bei solchen Opfern für gute Herberge der Fremden können denn diese Leute von wohlhabenden Europäern allerdings eine kleine Anerkennung ihrer Dienste erwarten. Auch das Abendessen war recht gut. Hernach fanden sich viele anständig gekleidete Bewohner des Dorfes ein und leisteten uns Gesellschaft. Sie zahlen 3000 Piaster Abgaben. Der Eine unserer Besucher erzählte lange Geschichten von den Heldenthaten des Ssidi Batäl oder eigentlich Deli Mehemed mit dem Beinamen Batäl, der bei der Eroberung Baghdäds durch Muräd oder Murad IV. zugegen war. Darüber hier von Dr. Mordtmann ein Mehreres. „Wie überall, so spielt auch hier die Sage in den Zeiten des Sultans Muräd IV. Als Sultan Muräd nach Baghdäd aufbrach und Truppen sammelte, stellte Deli Mehemed ein so kleines Kontingent von Dschebetschi (Kürassieren) aus seinem Distrikt, dass man sich über ihn lustig machte. Bei der Belagerung von Baghdäd aber thaten seine Leute so vortreffliche Dienste, dass Einer von ihnen so viel leistete wie 50 andere Leute. Sultan Muräd gab ihm nun den Titel Battal (Held) und ernannte ihn zum Lale (Prinzenlehrer), gab ihm auch als Lehn das Dschidschimün Yailassi bei Ssiwäs, so wie das Dorf Battal u. s. w. als Küschla (Winteraufenthalt). Später ward er übermüthig, plünderte mit seinen Leuten die umliegenden Gegenden aus und belagerte sogar Kaissarie mit 18 Mann; nun kam von der Pforte Befehl, ihm den Kopf abzuschlagen. Seine Nachfolger lebten noch bis auf die Zeiten Tschapär Oghlü's, welcher ihrer Macht ein Ende machte und ihr Kastell zerstörte. Ein Nachkomme des Deli Mehemed wohnt noch jetzt im Dorfe."

Freitag den 26. Novbr. bestiegen wir bei kaltem, klarem Himmel die Burg, wo wir vielleicht antikes Bauwerk, jedenfalls aber Baureste aus dem reicheren Seldschukischen Mittelalter zu finden hofften, aber Nichts war zu sehen als ganz neues Mauerwerk, zur befestigten armseligen Residenz eines kleinen Dere-Bei gehörig und ohne alles Interesse. Übrigens war der Felsen wohl schon im Alterthum abgeplattet.

Um 7 Uhr 15 Min. brachen wir auf und setzten unseren Marsch fort mit der fruchtbaren Hügelkette zur Rechten, wo gerade Feldbau mit Eifer betrieben wurde. Nach einer Stunde traten wir aus dieser leichten Thalsenkung auf die Ebene hinaus und liessen dann bald zur Linken das Dorf Ssïa oder Sïa liegen. Hier brach wieder, immer deutlicher sich entfaltend, der Anblick des doppeltgehörnten Argaeus auf uns herein und ich eilte heute, sogleich den Winkel zu nehmen, was ich gestern leider versäumt hatte. Er lag hier in S. 15 O. Mg. vor uns. Die Ebene, die sich nach Ost und Südost weithin erstreckt, war von Baumwuchs so entblösst, dass wir in der Ferne nach Ost den Engpass oder Boghäs erblickten, durch den der Kisil Irmak der gebirgigen Landschaft entströmt. Um 8 Uhr 45 Min. liessen wir rechts am Nordabhang einer ansehnlichen Hügelung das ziemlich grosse Armenische Dorf Kéllier liegen, umgeben von einigen Baumgruppen, während sonst Bäume in dieser ganzen Landschaft gar selten sind. Das Dorf ist, wie gesagt, ziemlich gross und hat ein leidlich wohlhabendes Aussehen, soll aber vor ein Paar Jahren von den im Yasir-dâghi hausenden Räubern ausgeplündert worden sein. Aber der Wohlstand der Leute bei ihren geringen Bedürfnissen beruht auf der Fruchtbarkeit des Bodens und besonders an der Hügellehne zu unserer Rechten zog sich sehr schönes Ackerland hin, wo die ganze Einwohnerschaft mit Pflügen beschäftigt war, Vater und Sohn, ja selbst einige Frauen, den Pflug führend. Der Pflug wird hier gezogen, jedoch nur von Stieren. Gegen 11 Uhr liessen wir das Dorf Buyük Ssari Kayâ — „der Grosse gelbe Felsen" (Kütschuk Ssari Kayâ, „der Kleine gelbe Felsen", blieb eine halbe Stunde davon liegen und war nicht sichtbar) — mit seiner Pflanzung in der Thalsenkung zur Rechten und hatten dann links die breite, aber ganz flache Höhengruppe Yasir-dâghi, die noch vor wenig Jahren der Sitz von Räuberbanden der Avscharischen Kurden gewesen sein soll, obgleich man kaum begreift, wie das möglich war, da man so gut wie gar keine Schluchtenbildung sieht. Mein Begleiter bemerkt hierzu noch Folgendes: „Es scheint, dass die öffentliche Sicherheit in jenen Gegenden jetzt gründlich hergestellt ist; denn während ich auf meiner ersten Reise durch Bosuk (1850) noch in jedem Dorfe von den Raubzügen der Kurden hörte und der Feldzug Védschihi-Pascha's gegen dieselben als ein Ereigniss der neuesten Zeit besprochen wurde, hörten wir jetzt gar Nichts und die ganze Angelegenheit war schon in den Bereich der Traditionen verwiesen; damals traute man der erst seit einem Jahre hergestellten Sicherheit so wenig, dass kein Bauer unbewaffnet sein Haus verliess; jetzt sahen wir nur solche Leute bewaffnet, welche weitere Reisen unternahmen."

Von hier fingen wir an, bergauf zu steigen, während zur Rechten aus weiter Ferne ein hoher Gipfel zum Vorschein kam, den unsere Begleiter Ssamún-tepessi nannten, und weiterhin kam zur Linken hinter dem Yasir-dâghi die höhere, lang gestreckte Gruppe des Ak-dâgh zum Vorschein. Wir genossen unser Frühstück in Tschagmák, einem Armenischen Dorfe von 25 Häusern, das wir um Mittag erreichten. Die Armenier sind stets ungastlicherer Natur als die 'Osmanli und so hatten wir geraume Zeit zu warten, obgleich wir einen unserer Sabtié's vorausgeschickt hatten. Die Landschaft umher hatte einen recht nackten, kahlen Anstrich.

Als wir dann am Nachmittag unseren Marsch fortsetzten, veränderte sich bei dem Dorfe Yóchne-ssi [1]), das wir nach 50 Minuten erreichten, der Charakter der Landschaft vollkommen und wir zogen längs einer gewundenen Thalsenkung, die auf beiden Seiten von Hügelketten umschlossen war, deren kahle, aus Muschelkalk bestehende Abfälle überaus markirte Ränder zeigten, indem die Linien der horizontalen Schichtungen ununterbrochen an den mannigfaltigen Windungen herumliefen, in denen sich das Thal hinzog. Offenbar war es einst ein in schmalen Armen weit verzweigtes Seebecken, jetzt windet sich hier nur ein schmaler Wasserarm hin, den wir eine halbe Stunde weiterhin auf einer Brücke passirten, worauf wir in offene Landschaft hinaustraten. Am Anfang dieser eigenthümlichen Formation bei Yóchne-ssi hatte sich die grosse Strasse mit der unserigen vereinigt und hier nun zeigte sich regerer Verkehr von Reitern und Fussgängern, während zu gleicher Zeit die Landschaft belebt war von Schafen, Rindern und Kameelen. Besonders viel Armenier waren an ihren schwarzen Turbanen zu erkennen. Aber auch ein Reitertrupp Kurden belebte die Strasse, auf kleinen, unansehnlichen Rossen beritten und in ihre dicken braunen Mäntel gehüllt, und wir trafen sie, nachdem sie uns vorausgezogen, eine Strecke weiterhin abgestiegen und zur Seite der Strasse berathend im Kreise beisammen sitzend. Weiterhin, als wir uns durch die Ebene dem Städtchen Boghás-laján näherten, holten wir einen ganzen Trupp zu Esel berittener Landleute ein. So ging es ruhig fort auf der hier ganz ansehnlich abgegrenzten Strasse entlang, nur zwangen uns bisweilen sumpfige Stellen, seitwärts auf die Felder auszuweichen. Drei Minuten, ehe wir das Städtchen betraten, passirten wir auf einer Brücke das Flüsschen Tarla-ssú, das vom A'k-dágh seinen Ursprung nimmt und nach Westen fliesst. Wir waren im Ganzen 2¾ Stunden von Tschagmák marschirt. Boghás-laján ist ein offenes Städtchen von etwa 300 steinernen Häusern, die in leidlichem Stande zu sein scheinen. Die Bevölkerung besteht zu gleichen Theilen aus 'Osmanli und Armeniern, deren Lebensunterhalt, abgesehen von dem durch die Lage des Ortes auf der grossen Strasse bedingten Verkehr, besonders in Salpeterbereitung besteht: davon sahen wir zufällig aber Nichts. Die Umgegend ist höchst einförmig und langweilig und nur ein Paar Bäume beleben das flache Land nach der Seite des Tarla-ssú. Hier sieht man auch die Reste eines grösseren soliden Gebäudes.

Sonnabend den 27. Novbr. Zehn Minuten vor 7 Uhr setzten wir unseren Marsch nach SSO. fort. Die Nacht war sehr kalt gewesen und es hatte stark gereift. In drei Viertelstunden hatten wir das Ende der Ebene erreicht und liessen das Dorf Karagötsch am Vorhügel zur Rechten liegen, während wir uns mit grosser östlicher Biegung am kleinen Strom aufwärts hielten, bis wir ihn nach einer Viertelstunde auf einer Brücke überschritten. Dann stiegen wir eine ganze Stunde aufwärts, bis wir das Niveau einer höher gelegenen steinigen Ebene erreichten, die uns nach allen Seiten eine freie Aussicht gewährte. So erschien in weiter Ferne zur Rechten eine hohe Schneekuppe und ihr gaben unsere Begleiter den sonst nicht bekannten Namen Málic Tschöly; leider peilte ich sie nicht genau. Uns näher erhob sich eine andere Kuppe mit dem so weit verbreiteten Namen Bös-tepé. Gleichfalls in weiter Ferne auf dem Wege nach Ker-Schehr erblickte man das Dorf Oran-Sserái [nach Mordtmann Houran Ssarai]. Nach 25 Minuten bildete diese steinige Ebene eine Art Einsenkung oder grösserer Mulde und in der grössten Tiefe derselben lag das Dorf Yássc Tscheschme [M. hat den ganz verschiedenen Namen Jazy Tschep], so benannt von einem hart an der westlichen Seite der Strasse liegenden Quellbrunnen, wo man auch einige alte Sculpturreste und eine verstümmelte Inschrift sieht. Ringsum lagert sich schönes Ackerland. Sobald wir das Dorf passirt hatten, das in einiger Entfernung von der Strasse liegt, stiegen wir wieder an der Berglehne gemach aufwärts und liessen hier in einer Schlucht zur Rechten das kleine Dorf O'ba Schehèri liegen.

So stiegen wir bergan bis 10¼ Uhr, wo wir die Höhe des Passes erreicht hatten und nun eine schöne Ansicht des Argaeus gewannen, der von hier aus schon seine zerklüfteten und von vulkanischen Kegeln durchbrochenen, zur Zeit tief hinab mit Schnee bekleideten Flanken recht klar entfaltete. Hier fingen wir an hinabzusteigen und zwar durch ein höchst wildes, schwer zu passirendes Terrain längs einer kleinen, ausgerissenen, ganz engen und von Felsblöcken gehemmten Felsschlucht, wo das Fortkommen um so schwieriger wurde, als wir gerade hier Zügen von Maulthieren begegneten, die mit schweren Baumwollballen beladen uns kaum hinreichenden Raum zum Vorbeikommen übrig liessen. Dann ward der Pfad eine Weile besser, bis ein eigenthümlich schlüpfriger Kalkboden folgte, auf dem man sich beim Herabsteigen ausserordentlich in Acht nehmen musste.

---

[1]) Herr Dr. Mordtmann schreibt Yognesse und bemerkt, dass es vermuthlich ein alter Ort sei, weil der Begräbnissplatz Säulenschäfte und andere behauene Steine enthält. „Ich habe schon in meinem früheren Reisebericht erwähnt", sagt er, „dass der Name Jarzun (Ritter, S. 371) ganz falsch und unbekannt ist und das Dorf Jognese heisst; aus Ritter sehe ich, dass schon Wronstschenko einen richtigeren Namen hat, nämlich Jognese, aber ganz richtig ist er doch nicht, sondern Joguese [Yoguesse], wie ich bereits dort angegeben habe."

Die Felswohnungen am Halys; Emirler; der Anblick des Argaeus.

Da traten wir denn, eine Viertelstunde vor Mittag, zur Seite eines trockenen Strombettes an den Halys hinaus, der mit ganz ansehnlicher Wassermasse in bedeutender Biegung dahin schoss und gegen die, ihn auf der nördlichen Seite mit ihrer von Felsgrotten durchhöhlten Steilwand einengende, Felshöhe mächtig anspülte. Hier machten wir in dem Chân Halt, der in einiger Entfernung W. von der Brücke hart an der Grottenwand liegt. Wir nahmen hier ein kleines Frühstück zu uns, wobei auch ein recht schmackhaftes Fischgericht nicht fehlte, und statteten dann den Höhlen einen Besuch ab. Wir betraten diese Felswohnungen durch die dem Chân zugekehrte geräumige Kammer, die zur Zeit dem Chândschi als Proviantkammer und Privatquartier dient. Es sind ganz geräumige, bequeme Häuslichkeiten, mit aller Art Komfort eingerichtet, aber wie der Boden jetzt mit Unrath und Dünger angefüllt und erhöht ist, so sind die Gemächer etwas niedrig. Eigenthümlich sind nur die ganz engen und steilen, schornsteinartigen Zugänge vom Fluss aus. Da wohl jedenfalls seit sehr alter Zeit der Verkehr an dieser Stelle den Fluss passirte, so konnten diese Felsgrotten Bedrängten und Verfolgten gerade nicht eben einen sehr versteckten Wohnplatz gewähren und sie sind keinenfalls so anzusehen. Sie mögen also in weit ältere als die christliche Zeit hinaufreichen. Von der Brücke aus entwarf ich eine leichte Skizze dieser Felswand.

Ein Paar Minuten nach 1 Uhr Nachmittags machten wir uns wieder auf, gingen zuerst die kleine Strecke am linken Stromufer abwärts und überschritten dann die lange Brücke: sie besteht aus 15 Bogen, wovon drei sich durch ihre Grösse auszeichnen, und ist in gutem Stande. Der Fluss hatte augenblicklich eine Breite von etwa 300 Schritt und rauschte mit Gewalt dahin. Hierauf hatten wir einen rauhen und schwierigen Anstieg, bei dem die Reitkunst des einen unserer beiden Sabtié's, der sich bei dem Griechischen Chândschi an der Brücke in schlechtem Raki vollständig betrunken hatte und mit der Flinte auf dem Rücken und ein Paar Pistolen im Gürtel auf dem Rücken und in seinem Sattel umhertaumelte, unsere Bewunderung erregte. Um 2 Uhr passirten wir einen kleinen Thaleinschnitt. Hier war eine zahlreiche Kafla mit einer bedeutenden Menge von Cameelen gelagert. Von hier aus stiegen wir noch ein wenig bergan und erreichten in 35 Minuten die Höhe des Kammes, während der Thalboden in der Tiefe zur Rechten schönen Ackerbau zeigte. Aber noch immer setzte das ausgewühlte, zerklüftete Terrain fort, über das der Weg sich hinzog, bis wir nach einer Stunde eine freie, offene Ebene erreichten, von der aus in der Ferne vor uns eine kleine, schön abgerundete Anhöhe aufstieg. Diesen, Emirler genannten und wohl künstlich aufgeschichteten, Tumulus erreichten wir in einer weiteren halben Stunde und erstiegen ihn von der Strasse aus, die hart an seinem Westfusse hinläuft. Er trägt ein kleines, nur im oberen Theile zerstörtes Seldschuken-Gebäude; wahrscheinlich war es ein Sommerkiosk. Seine schöne, einfache und solide Bauart springt gleich bei dem ersten Anblick in die Augen; es hat drei Gemächer auf der linken Seite und ein grösseres Gemach mit einem, wie es scheint, zur Küche bestimmten halbrunden und gewölbten Raum auf der Rechten. Noch jetzt führt eine steinerne Wendeltreppe auf das Gebäude hinauf, von dem aus man, wie unten vom Hügel, eine prächtige Aussicht über die Thalebene von Kaissarieh geniesst mit dem hohen, schneebedeckten Argaeus und dem Höhenzuge des Antitaurus. Zu dieser Ruine bemerkt Dr. Mordtmann: „Der orkanartige Sturm, welcher auf meiner früheren Reise vom Erdschias, dem Argaeus der Alten, herüberbrauste, hatte mich verhindert, die über dem Portal befindliche Inschrift zu lesen, weil es unmöglich war, frei zu stehen; diess Mal war ich besser begünstigt. Die Inschrift ist freilich durchbrochen, so dass der Name des Erbauers nicht mehr vorhanden ist, aber das Datum ist noch da; es ist vom Ssafer des Jahres 639 (August 1241)."

Gleich auf halbem Abstieg von der Hochebene, auf deren Kante dieser Tumulus sich befindet, hinab in die Thalebene liegt an steilen Felsenabhang das grosse schöne Gartendorf Erkelet und hier wollten wir heute Quartier nehmen. Unsere Leute aber führten uns den östlichen Pfad hinab, von dem wir erst wieder sehr bedeutend nach dem uns im westlichen Theile angewiesenen, höher gelegenen Quartier anzusteigen hatten. Es war das Haus eines Griechischen Primaten, wie alle Wohnungen des Ortes aus sorgfältig behauenen Sandstein-Quadern erbaut, in einem wohl noch von den Seldschuken, vielleicht sogar noch aus älterer Zeit herrührenden Stile und recht behaglich im Innern eingerichtet, mit sehr geräumiger Veranda, die eine prächtige Aussicht auf die imposante Berggruppe und das reiche Thal gewährt. Noch schöner wäre die Farbenpracht, wenn man sich diese Schneemassen, wie sie jetzt die Bergkuppe bis weit hinab bedeckten, mit einer reichen Laub- und Blüthenpracht der Gärten vereinigt denken könnte. Im Sommer mag aber auch die von der kahlen Felsenwand zurückprallende Hitze etwas lästig werden und die Annehmlichkeit des hiesigen Aufenthaltes verringern. Das uns angewiesene Gemach war recht geschmackvoll mit Diwans eingerichtet und das Holzwerk war vortrefflich, ein Umstand, der in diesen holzarmen Gegenden wohl der Erwähnung werth ist; es hatte zwei mit schiebbaren Holzladen zu verschliessende Fenster nach dem Argaeus zu und gewährte eine glorreiche Aussicht. Es war Fasttag, aber dennoch lieferte uns unser Wirth ein recht stattliches Mahl.

Érkelet, dessen Name offenbar an ein Heracleon erinnert, hat jetzt 800 theils von Moslemin, theils von Armeniern und Griechen bewohnte Häuser. Über die Zunahme der Bevölkerung bemerkt mein Begleiter Folgendes: „Vergleicht man die Angaben, welche ich 1850 über diesen Ort erhielt, mit denen, welche man uns diess Mal gab, so zeigt sich eine bedeutende Zunahme der Bevölkerung und des Wohlstandes, wie folgende Zusammenstellung beweist:

	1850.	1858.
Mohammedanische Häuser	450	500
Armenische Häuser	60	250
Griechische Häuser	90	
Gesammtzahl	600	750
Grundsteuer in Beuteln	69	90
Andere Abgaben ausser dem Zehnten	—	50

Wir finden also sowohl in der Bevölkerung als in der Besteuerung eine Zunahme von 25 Prozent."

Man muss jedoch wohl bedenken, was Herr Dr. Mordtmann hier nicht berücksichtigt, dass man bei näherer Untersuchung wahrscheinlich ganz dasselbe Verhältniss, aber in entgegengesetzter, abnehmender Stufe in Bezug auf Kaissarieh finden würde, so dass sich Wohlstand und Bevölkerung der Landschaft nicht eigentlich vermehrt, sondern nur übersiedelt haben. Genug, Érkelet ist wohlhabend und hat besonders schöne Gärten, die sich am Abhang in das Thal hinunterziehen und die schönsten Früchte liefern. Aber die Bewohner haben auch, wie wir gesehen haben, ansehnliche Abgaben zu zahlen, nämlich ausser dem Zehnten 140 Beutel oder Kîs, von denen 50 auf die Gärten gerechnet werden.

Sonntag den 28. Novbr. Nach einem guten Frühstück brachen wir 5 Minuten nach 7 Uhr auf und fingen an, den steilen Abhang hinabzusteigen. Der schmale absteigende Felspfad wimmelte gerade von Kameelen, indem sehr lange Züge kräftiger Thiere, alle an einander gebunden, von wenigen Leuten geführt wurden, so unpassend auch ein solches Verfahren auf derartigen Wegen ist. So entstand hier nun die grösste Verwirrung, indem mehrere Kameele ihre Stricke zerrissen, wodurch die ganzen Züge in Unordnung kamen und der Weg versperrt wurde. Leider war die ganze Ebene diesen Morgen in so dicke Nebeldünste gehüllt, dass wir nicht eher Etwas von der Stadt sahen, bis wir sie betreten hatten, und zwar brauchten wir von Érkelet dahin zwei Stunden weniger fünf Minuten. Die Stadt aber machte gleich von Anfang an einen schlechten Eindruck auf uns durch ihren höchst schmutzigen, unfreundlichen Zugang mit altem, verfallenem Pflaster voll Koth und Schmutz, während wir an den ausgedehnten Grabhöfen entlang zogen, und dernach folgende Eindruck bestätigte und vermehrte nur den ersten. Wirklich erschien uns die ganze Stadt wie ein einziger Haufen Koth und Schmutz. Das Einzige von Interesse, was wir sahen, war das reich verzierte Portal eines schönen Seldschukischen Gebäudes vom Jahre 617 der Hedschra (1249), das wir am Nachmittag näher in Augenschein nahmen, erbaut nach Hrn. Dr. Mordtmann vom Sultan Azzeddin ['As e' din]. Es war wahrscheinlich auch früher ein Médressèh, wie noch jetzt im linken Seitengebäude eine Schule ist. Im Innere des Gebäudes aber ist jetzt sehr verfallen. Ein höchst eigenthümliches Kunstwerk ist der Bogen über dem Portal selbst, da er ganz aus parallelogrammförmigen Steinen ohne Schlussstein besteht. Ausserdem bemerkte mein Begleiter von Seldschukischen Gebäuden noch eine Türbe oder Grabmal vom Jahre 626 der Hedschra (1228), dessen Erbauer er nicht ermitteln konnte, und dann ein Gebäude vom Jahre 630 der Hedschra (1232), erbaut vom Sultan Ghajath e' din Hussein Kylydsch Arsslan. Leider liess ich mich bei unserer Ankunft bewegen, mich sogleich nach dem Konak zu begeben, um dort wo möglich Quartier zu erhalten. Aber erstens war es so früh am Morgen, dass der Kaimakam bei unserer Ankunft noch gar nicht aufgestanden war, und dann, als er sich endlich nach einer Stunde sehen liess, benahm er sich mit grosser Unfreundlichkeit, verlangte die Firmâne und Bujurdi zu sehen, die wir den Augenblick gar nicht zur Hand hatten und erst aus dem Gepäck hervorsuchen mussten, und fertigte dann, als sie ihm überreicht wurden, mit einem scharfen und monotonen „yetischmés" alle unsere Ansprüche ab, als wenn die Form unserer Schreiben ihm keine weitere Verbindlichkeit auferlegte. So sahen wir uns denn genöthigt, zu dem Chân unsere Zuflucht zu nehmen, wenn man ein Haus, das weder eigentlich Chân, noch Kaffeehaus war, so nennen kann. Es war von einem abscheulichen Geruch erfüllt und besass kein einziges leidliches Gemach und der Eindruck, den es hervorbrachte, war so abschreckend, dass wir im ersten Augenblick unseres Missmuthes die Stadt sogleich wieder verlassen wollten. Dann aber entschlossen wir uns doch, den Tag hier zu verweilen, indem wir so viel wie möglich ausserhalb des Hauses blieben. Dieser sogenannte Chân lag der grossen, jetzt halb verfallenen Moschee gegenüber.

Wir machten uns daher ohne Verzug auf, um noch andere Seldschukische Reste zu suchen, und solche waren nach meines Begleiters Angabe in reichlicher Menge hier vorhanden. Daneben wollten wir uns auch ein Gesammtbild der Stadt verschaffen, von deren rüstigem Fortleben in der Gegenwart ich viel gehört hatte. Aber an stattlichen Seldschukischen Bauten ist hier eben kein Überfluss und die Stadt selbst hat in den letzten Jahren an Betriebsamkeit und Leben viel verloren, während sie dafür an Schmutz vielleicht eher zugenommen hat. Allerdings beruht ein grosser Theil des Aases und Schmutzes, den man in der alten Cäsarenstadt findet, auf der neben der Bereitung verschiedener Färbestoffe von den Bewohnern geübten eigenthümlichen Industrie des weit durch Klein-Asien vertriebenen getrockneten Fleisches, wesshalb man die Reste des Schlachtviehes, besonders Hörner und Klauen, in allen Strassenwinkeln haufenweise umherliegen sieht. Natürlich wird dadurch die Luft der schon ohnehin ungünstig gelegenen Stadt eben nicht verbessert. Übrigens ist nicht zu leugnen, dass die eigenthümliche Bauweise der Häuser den Eindruck des Verfalles in beträchtlichem Maasse vermehrt. Sie sind nämlich, aus Furcht vor Erdbeben, im oberen Theile insgesammt ohne Abschluss gelassen und viele sind wohl seit der 1835 wirklich eingetretenen Erschütterung noch nicht ausgebessert. Sonst ist das Material, ausschliesslich Quaderwerk, von solider Beschaffenheit. Den ausgeprägtesten Charakter des Verfalles aber hat das frühere Kastell und dabei durchaus nichts Grossartiges. Da es seit mehreren Tagen nicht geregnet hatte, war der Koth in den Strassen fast unbegreiflich. Dabei sind die Strassen so gewunden, dass man grosse Umwege nehmen muss, um irgendwohin zu gelangen. Nun war allerdings, als am Sonntage, selbst von dem Reste der Betriebsamkeit, der sich erhalten hat, ein grosser Theil unsichtbar, da alle Buden der Armenier und Griechen geschlossen waren. Davon hatte der Reisende nur den Vortheil, dass er mit Einem Blick an der geringen Zahl der gerade geöffneten Buden sich überzeugen konnte, wie aller Gross- und Kleinhandel hier fast ausschliesslich in den Händen der christlichen Bevölkerung sich befindet. Die wenigen offenen Türkischen Buden hatten meist nur Lebensmittel und Esswaaren feil und besonders ward viel Käse zum Verkaufe geboten, dann Rosinen, Äpfel in grosser Menge und trotz Hamilton's Angabe, dass er keinen Tabak auf dem hiesigen Markte gesehen habe, waren da zahlreiche Buden, wo Tabak geschnitten wurde. — Wir passirten auch das Haus Suter's, des früheren Englischen Konsuls, der nun schon seit mehreren Jahren seine Residenz hier aufgegeben und dadurch wohl auch das Seinige zum Verfall der Stadt beigetragen hat. In das Innere der grossen, in dem Basárviereck gelegenen Moschee, die gleiches für mittelalterliche Architektur nicht ganz Uninteressantes enthält, kamen wir durch Zufall nicht. Texier hat einige sehr schöne Abbildungen daher.

Sehr unbefriedigt kehrten wir in unser schmutziges Quartier zurück und eilten nach einem kleinen Imbiss sogleich wieder hinaus, um lieber die freie Luft der malerischen Umgebung einzuathmen, als länger diese Ausdünstung zu ertragen. Den hoch in die Schneeregion hineinragenden Argaeus zu besteigen, war in dieser Jahreszeit unmöglich, aber wenigstens wollten wir, indem wir die Ruinen des alten Mázaka besuchten, die schönen grünen Unterhöhen näher in Augenschein nehmen. Wir dachten übrigens zur Zeit nach Hamilton's nicht ganz klaren Angaben, dass jene Ruinen in bedeutend grösserer Entfernung von der heutigen Stadt lägen, als wirklich der Fall ist. Die Einwohner nennen sie Eski Schehr. Wir wandten uns zuerst zu dem ungeheueren Mauerrest aus Ziegelbau, nur ein Paar hundert Schritt von der heutigen Stadt und noch ziemlich weit abgelegen vom Fusse der Vorhöhen der hohen Bergkuppe. Er erreicht in seinen Hauptbruchstücken noch wenigstens 80 Fuss Höhe und gehörte jedenfalls einem gewaltig grossen und soliden Gebäude von mehreren hundert Fuss Länge an, das nach den Röhren zu schliessen und nach der Analogie anderer Baudenkmäler des Alterthums, Thermen gebildet haben muss, wie Djihán Numá wirklich angiebt[1]); die geringe Anzahl der Röhren für ein solches Bauwerk möchte sich wirklich am besten von den Oertlichkeiten dieser Bauart erklären, denn eben jener Schriftsteller angiebt, dass es nämlich absichtlich so gebaut war, um in dieser holzarmen Gegend so wenig Feuerung wie möglich darin zu verbrauchen. Gewöhnlich hält man das Gebäude für die Residenz der Kappadocischen Könige und so thut auch Herr Dr. M., der die Stelle in Djihän Numá nicht berücksichtigt zu haben scheint, in seinem handschriftlichen Tagebuche. Zu welchem Zwecke man in entschieden neuerer Zeit den mit drei breiten Stufen bestehenden Aufgang zu der von diesem Baurest gebildeten Platform hinzugefügt hat, weiss ich nicht. Aber einige Stadtbewohner, besonders Christen, scheinen wenigstens am Sonntag hier herauszukommen, um unter diesen ehrwürdigen Resten der Vorzeit von einer schöneren Zukunft zu träumen. Denn dass sie hier die frische Bergluft des Argaeus einathmen wollten, ist kaum möglich, da die Ruine mit Schmutz und Unflath bedeckt ist.

Etwa 500 Schritt hinter dieser bedeutenden Ruinenmasse steigt der felsige Fuss des westlichen Schenkels einer etwas lang gezogenen amphitheatralischen Thalsenkung anwärts, und man erkennt augenscheinlich an den Abhängen dieses Felsenamphitheaters, wo sich das alte Mázaka in sehr schöner, pittoresker Lage hinumzog. Denn da sieht man noch in bald grösserer, bald geringerer Höhe des Gehänges Reste von alten Bauten verschiedener Bestimmung, die zum Theil von Unterbauten und Gewölbe, die eben ihrer Lage hart am Felsboden und ihrer geringen Erhebung wegen der Zerstörung entgangen sind. Texier sah hier auch noch die Spuren einer Rennbahn, offenbar in der Tiefe des natürlichen Amphitheaters, aber er selbst giebt schon an, dass eine

---
[1]) Djihän Numá bei Vivien St. Martin, Hist. des découvertes géogr. III, p. 676.

Maulbeerpflanzung das Ganze zu überwachsen und unkenntlich zu machen anfange, und so ist denn jetzt nicht mehr das Geringste davon zu sehen.

Wir fingen an, an dem an der Spitze der westlichen Felszunge in eigenthümlichem Style eingerichteten moslemischen Kirchhof aufzusteigen, und von der grössten Erhebung dieses einst das malerische Stadtterrain von Caesarea bildenden Gebirgsvorsprunges peilte ich die Hauptmoschee der neueren Stadt in N. 15 O. Alle Abhänge sind sorgfältig terrassirt und überall sieht man verfallene Steinhäuser, deren Trümmer jetzt die abgetheilten Stücke Land auf dem Rücken des Hufeisens so gut wie unbrauchbar machen. Aber man erkennt deutlich, dass noch in bezüglich junger Zeit diese Höhen mit kleinen Landsitzen bedeckt waren. Diese Seite ihrer Umgebung scheinen die Bewohner der heutigen Schmutzstadt aufgegeben zu haben, aber doch haben sie die Sitte der alten Kappadokier, welche die Abhänge und Eingänge der Schluchten den ungesunden Ebenen vorzogen und dort auch die Hauptstadt ihres Landes bauten, nicht ganz verlassen und ziehen noch heut zu Tage wieder aus der stinkenden Stadt fort und zerstreuen sich in die umliegenden Ortschaften. So hat denn jetzt Kaissarieh jedenfalls nicht mehr 10.000 bewohnte Häuser, wohl kaum 8000.

Von diesen Vorhöhen aus gewährte der Argaeus mit seinen bis tief herab mit Schnee bedeckten, von tiefen Schluchten zerrissenen Gipfeln, aus deren Gehänge die verschiedenen vulkanischen Kegel hervorgebrochen sind, und dann mit seinen reich gegliederten, mit dem schönsten Grün bedeckten und meist wohl bebauten Unterhöhen einen überaus prächtigen Anblick. Vornehmlich zog unser Interesse auf sich der I'bös genannte grosse, seitwärts vorstehende Höcker. Dagegen erschien uns der Ala-Dagh als eine sehr unbedeutende Höhe. An seinem Fusse liegt das grosse Dorf Thaláss, an den Seiten der Mündung einer Schlucht in O. 15 S. Auch mehrere andere grosse und schöne Dörfer erblickt man von hier, so das Dorf Taulissin in O. 15 N. Aber die grosse Thalebene von Kaissarieh mit dem Melas hatte von dieser Seite ein dürreres Aussehen als von Erkelet. Man erkannte von hier aus besonders deutlich den ununterbrochen fortsetzenden Abhang, an dem jener Ort liegt, während die früheren Karten Nichts von einem solchen scharf markirten Thalrande darstellen.

Wir kehrten dann von diesem Ausflug in die Stadt zurück, und da wir trotz aller unserer Bemühung bei der Durchmusterung des Ortes am Morgen die von bei unserem Eintritt flüchtig beschauten Seldschuken-Bauten nicht hatten wiederfinden können, zogen wir es vor, bei unserer Rückkehr den grossen Umweg rund um die ganze Nordwestseite des heutigen Kaissarieh zu nehmen, um so den „Erkelet iol", die von Erkelet kommende Strasse, wieder zu gewinnen. Ausser vielen Kirchhöfen, die wir zu umgehen hatten, ging es auch an ausgedehntem sumpfigen Terrain hin und damit steht der alte Stadtgraben in Verbindung. In diesem wird jetzt eine vorzügliche Art Kohl gezogen, die selbst sonderbarer Weise von den Bewohnern der umliegenden Dörfer gekauft und heimgeschafft wird. Auf den Kirchhöfen sieht man altes Baumaterial neben grossen unregelmässigen Steinplatten meist neuen Ursprungs. Endlich fanden wir so unsere Seldschuken-Médressèh wieder, über die ich schon oben gesprochen habe.

Durch diesen Ausflug hatte ich doch im Ganzen ein hübsches Gesammtbild von der Lage des alten und neuen Caesarea gewonnen und die malerische Lage der alten Stadt hatte den unangenehmen Eindruck, den der Schmutz und Unrath des neuen Kaissarieh auf mich gemacht hatte, theilweise wieder verwischt. Doch war es widerlich, bei unserem Wiedereintritt in die Stadt zu bemerken, wie die Leute überall in den Strassen ihre Bedürfnisse verrichteten, selbst solche grösserer Art. Eine derartige Erscheinung ist in muselmännischen Städten glücklicher Weise noch nicht so häufig wie in Italiänischen. Bei einem soliden häuslichen Abendessen und zwei Wachskerzen ward uns am Abend unser kleines Gemach etwas heimischer und gemüthlicher.

Montag den 29. Novbr. Ein neuer Sabtié war uns versprochen worden, aber keiner kam. Ich fand es daher gerathen, die früheren Geleitsreiter bis I'ndje-ssú mitzunehmen. Wir hatten aber erst noch eine unangenehme Scene bis die Sabtié's zwangen, uns zu folgen, damit sie uns, wie viel laut vor der versammelten Menge erklärte, das hiesige Gouverneur des Schreiben und den Namen des Sultans nicht zu kennen scheine, zu einem anderen bringen möchten, der beides kenne. Übrigens gewährte von hier aus die vielgestaltige und malerisch zerrissene Kuppe des Argaeus mit der verfallenen grossen Moschee im Vordergrund ein recht interessantes Bild.

Um 7 Uhr 50 Min. verliessen wir die Stadt auf dem unteren Wege, indem wir die Bergkuppe nördlich umgingen. Hamilton nahm auf seinem Wege nach I'ndje-ssú die südliche Strasse, die über den inneren Kamm hinführt. Hätten wir gute Führer gehabt, so würden auch wir vielleicht den letzteren Weg gewählt haben, aber keiner von unseren Begleitern kannte überhaupt den Weg. Auch war es möglich, auf diesem anderen Wege die Umfangslinien des Bergfusses sehr zu berichtigen. Nach 40 Min. waren wir 5 Min. vom Fusse der Vorhöhen des Djilanlü- oder Iylanlü-Dagh entfernt, der in seiner Hauptkuppe mit steilen Kanten aufstieg. Die Ebene zur Rechten ist nackt mit ausgewaschenen Rinnen und nur mit dürrem Kraut bekleidet. Das auf dem Boden umherliegende Rohr hatte

Der nördliche Fuss des Argaeus; das Städtchen I'ndje-ssū.

ich beim ersten flüchtigen Blick für Maisrohr gehalten, bald aber überzeugte ich mich, dass es insgesammt Schilfrohr aus diesem „Schilfbecken" war. Von der Umsäumung dieser Ebene traten einige spitze, nackte Kuppen hervor. Um 11 Uhr 30 Min. ging der Hauptweg rechts ab und eine grosse Sumpfung breitete sich dahinter aus. Wir hatten hier den Steilabfall der Felshöhe hart zur Linken, nach 10 Min. aber öffnete sich zwischen der Hauptgruppe des Argaeus und dem Djflanlü-Dagh eine tief eingeschnittene Thalbucht mit einigem Baumwuchs. Leider trug der Argaeus heute eine dicke Wolkenkappe, die nicht allein sein schönes Doppelhorn verhüllte, sondern uns auch um so besorgter machte vor einem drohenden Unwetter, das sich hinter uns zusammenzog. Wir gingen dann auf einen anderen Weg über, der näher am Berg entlang führt, und zogen mit ihm fort, sehr erfreut durch den Anblick hier aufkeimender frischer Weide. Unsere Richtung schwankte beständig zwischen SW. und WSW. Nachdem wir dann die felsigen Vorhöhen hart zur Linken, die Sumpfung zur Rechten gehabt hatten, stiegen wir 10 Uhr 35 Minuten auf jene hinauf und hielten uns nun auf diesem überaus rauhen, von Basalt-, Lava- und Granitblöcken gebildeten Terrain bis 11 Uhr 20 Min., wo wir zu einem reichen Quellbecken hinabstiegen, das aus dem Argaeus gespeist wird und eine grössere Sumpfung bildet, die sich in der Ebene ausbreitet, umgürtet von einer dichten Masse Schilfrohr. Von diesem Umstande eben hat diese ganze charakteristische Sumpfung der nun zum grossen Theil unfruchtbar gewordenen und verödeten Ebene ihren Namen „Sässlik" erhalten.

Das Becken hat hart an den Felsen schönes klares Wasser und wir erfrischten uns selbst und tränkten unsere Thiere. Auch war dieser Ort gerade belebt durch eine Reisegesellschaft dem Anschein nach sehr wohlhabender Armenier und Armenierinnen aus Everek, dem Orte am südöstlichen Fusse des Berges, von dem aus Hamilton ihn erstieg. Die männlichen Glieder dieser Gesellschaft waren gut bewaffnet, trugen aber ganz Europäische Tracht. Von hier traten wir in die Ebene hinaus, aber sie bot eben keinen sehr frischen Anblick dar; nicht der geringste Anbau war zu sehn und nur einzelne Büffel- und Schafheerden erzeugten einiges Leben; der Charakter der Ebene ward immer trübseliger und zu einer blossen Moorebene, die sich im weiten Golf der Berge ausbreitete. Nur an einigen Stellen überzog sich ihre Oberfläche mit etwas trockenem Gras. Wie wir so fortzogen, traten hinter dem Argaeus die ansehnlichen Schneehöhen des grossen westlichen Ala-Dagh zum Vorschein; ihr Sichtbarwerden bewies, dass die Ausläufer der grossen Berggruppe auch nach Hamilton's höchst verdienstlichen Arbeiten noch nicht ganz richtig gezeichnet

waren. Wir passirten dann zwei mit bedeckten Gängen abwärts führende Brunnen hart an den Felsklippen zur Linken und durchzogen nun wieder eine andere grössere Ebene, bis sie sich um 1 Uhr 40 Min. verengte, indem zur Rechten ein Felsriff mit Höhlen und Grotten aufsprang; hier aber ward der Boden auch wieder fruchtbarer und Ackerland zeigte sich zur Linken. Da betraten wir kurz vor 2 Uhr mit südlicher Wendung das nördliche der beiden auf dieser Seite liegenden Thore des niedlichen Städtchens I'ndje-ssū, das einen von Nord nach Süd gestreckten Felsthalspalt einnimmt und auf dieser Seite gegen den Gräberplatz und Pflanzungen hin mit einer Quadermauer umgeben ist. Der Gegensatz des überaus reinlichen Inneren dieses Ortes gegen den Schmutz und Koth von Kaissarīeh war ausserordentlich gross und machte einen um so angenehmeren Eindruck. Häuser wie Strassen erschienen beinahe wie gewaschen, und wie wir erst die kleine Stadt allmälig ganz übersahen, erwies sie sich als bedeutender, als es Anfangs schien. Das Thal ist bei seiner nördlichen Einmündung in die Ebene etwa 1000 Schritt breit, hier jedoch nimmt der Ort nur die westliche Thalseite ein, dann aber, wo der Spalt nach Süden sich verengt, füllen die Häuser nicht allein den ganzen Thalboden aus, sondern ziehen sich auch zu beiden Seiten auf die Felshöhen hinauf.

Wie wir die Stadt durchzogen, machten wir dem Mudīr einen Besuch, denn wir mussten hier nothwendig die Nacht über bleiben, um unsere Sabtié's von Yüsghád, die nicht das Geringste vom Weg und Steg in dieser Gegend kannten, gegen einen nützlichen Führer umzutauschen. Hätten wir sie in Kaissarīeh fortgehen lassen, so würde es schwerer gewesen sein, an ihrer Stelle einen anderen Reiter zu erhalten. Der Mudīr nahm uns überaus freundlich auf und schien ein recht gebildeter, verständiger Mann zu sein; eben so war auch der Kādhi, der sich bald einstellte, ein feiner Mann und hatte sehr schön geschnittene Züge. Wir erhielten sogleich das Versprechen eines guten Quartiers und eines wegekundigen Geleitsreiters für den folgenden Tag, und nachdem wir beim Mudīr die Pfeifchen geraucht und Kaffee getrunken, gingen wir zu Fuss durch die Stadt und hatten so die beste Gelegenheit, die im Orte herrschende ausserordentliche Reinlichkeit und Nettigkeit in vollem Maasse kennen zu lernen. Auch meinem Begleiter erschien er als die reinlichste Stadt, welche er im Türkischen Reiche gesehen hatte. Alle Häuser sind aus wohl behauenem Sandstein erbaut und viele derselben waren nicht allein niedlich, luftig und reinlich, sondern selbst stattlich zu nennen, ja gar manche hatten, was in dieser Gegend viel sagen will, keine Papier-, sondern Glasfenster. Kurz, bei ihrem Anblick musste man eher wähnen, im südlichen Europa als in Klein-Asien zu sein.

So erreichten wir wohlgemuth unser Quartier, das so ziemlich am Südwestende des Städtchens lag. Das Hauptgebäude war ein sehr stattliches Haus, im vollen Farbenglanz nach Bosporus-Art aufgeputzt, und hatte eine hohe Lage, so dass wir selbst von dem minder stattlichen Seitengebäude, wo wir einquartiert wurden, eine volle Aussicht auf das schneebedeckte Doppelhorn des Argaeus hatten. Als wir es uns dann einigermassen bequem gemacht, erhielten wir Besuche von mehreren Griechischen Ortsbewohnern und erfuhren aus ihrem Munde, wie es zuginge, dass diess Städtchen so wohlhabend und doch zugleich so rein und nett aussähe. Die christlichen Griechen nämlich, die hier wohnen, treiben im Orte selbst gar kein Geschäft, sondern verzehren hier nur das Geld, das sie während einer Reihe mühseliger Jahre in Stambul als Kaufleute, Mäkler und Kleinhändler verdient haben. Die Moslemin dagegen sind Landleute und treiben Ackerbau, so dass die Stadt von keinerlei Art Geschäft verunreinigt wird. Sie hat 700 Türkische und 500 Griechische Häuser. Unser Wirth war übrigens ein ganzer Grieche und bewirthete uns keineswegs mit Orientalischer Gastlichkeit; besonders mein Begleiter, ein Bewunderer Osmanischen Charakters, fand sich von solcher Behandlung tief berührt. Die harten Ausdrücke, deren er sich in dieser Beziehung bedient, will ich nicht erwähnen, dagegen aber anziehen, was er über das Alter des Ortes sagt: „Nach der Angabe des Mudir wäre der Ort erst 180 Jahre alt, vorher hätten bloss Griechen hier in Felsenhöhlen gewohnt. Damals aber habe ein gewisser Kara Mustafa Pascha hier ein Lager errichtet, Kasernen erbaut u. s. w., worauf sich allmälig Griechische und Türkische Bewohner gesammelt hätten. Ganz richtig ist diese Auskunft wohl nicht, denn in Hadschi Chalfa wird der Ort schon erwähnt und Paul Lukas, welcher im Oktober 1705 in Indsche-ssū war, also vor 153 Jahren, berichtet: ‚‚‚Wir ritten über viele unbewohnte, zerfallene Gemäuer, aber diess eben giebt einen Beweis, dass‛ diese Stadt vor Zeiten müsse was Besonderes gewesen sein.‛‛‛ Kara Mustafa Pascha aber, derselbe, welcher Wien 1683 belagerte, hat in Indsche-ssū eine Moschee, eine Medresse und ein Bad erbauen lassen. Aus der Zusammenstellung dieser Nachrichten scheint mir mit Sicherheit hervorzugehen, dass der Ort früher bloss von Griechen bewohnt war und dass die Türkische Bevölkerung erst seit 180 Jahren existirt. — Das hier gesprochene Türkisch (auch die Griechen sprechen, wie fast überall im Inneren Klein-Asiens, nur Türkisch) schien mir schwer verständlich und ich musste sehr genau Acht geben, um den Sinn zu fassen, doch rührte diess nicht von besonderen Ausdrücken her, sondern von der ungemein abweichenden Aussprache; z. B. statt köi (Dorf) sagt man hier ko." So weit Herr Mordtmann.

In Folge davon, dass unsere Leute und Pferde in grosser Entfernung von uns einquartiert waren, kamen wir erst zu ziemlich später Stunde fort. So verliessen wir denn um 7 Uhr 45 Min. das Südende des Ortes und hatten zuerst die auf dieser Seite in das aufsteigende Felsterrain tief einschneidende Schlucht zu umgehen, während zur Linken die zu Indje-ssū gehörenden Fruchtgärten sich hinzogen. Das Wetter war herrlich und uns freute uns um so mehr, als wir aus der die Spitze des Argaeus bedeckenden Wolkenkappe auf bevorstehendes Regenwetter geschlossen hatten; wahrscheinlich hatte sich das Unwetter anderswo entladen. Wir hielten uns dann mit mässigem Anstieg über das mit Lava und Basaltblöcken bedeckte steinige Terrain nach Westen, während wir eine durch eine fruchtbare Einsenkung mit einem Umweg gleichfalls nach Akkoei führende Strasse zur Rechten liessen. So erreichten wir kurz nach 10 Uhr die Kante des Felsterrains und hatten von hier einen guten Überblick über mehrere hervorragende Bergkuppen, die ich peilte, so besondere die aus so grosser Ferne und von so verschiedenen Richtungen sichtbare Kuppe des Hassan-Dagh in W. 30 S., den Hachen Odün-Dagh in SW., den Büldurutsch mit dem Orsehym-Müden von 8—S. 10 O.; bei dem Niederschreiben des Winkels der Argaeus aber, als in O. 15 S., machte ich wahrscheinlich ein Versehen.

Zu unseren Füssen hatten wir das tief in die Felsenränder eingeschnittene, im Allgemeinen von NW. nach SO. ziehende Erosionsthal der Tuffformationen mit seinem fruchtbaren, von Obstpflanzungen strotzenden Thalboden. Leider erfuhr ich seinen einheimischen Gesammtnamen nicht, da unser Führer es nur nach den einzelnen, an seinen Rändern liegenden, Dörfern bezeichnete. Zu ihm fingen wir nun an steil in Windungen abwärts zu steigen und der Pfad war an mehreren Stellen schachtähnlich tief in den weichen Tuffstein eingetreten. An der mittleren Höhe des Abfalles liegt das Dorf Ak-koei, „Weiss-Dorf". Dieser Ort ist unzweifelhaft identisch mit dem von Hamilton und nach ihm von Ritter (Klein-Asien, 1, S. 310) Jektasch genannten Dorfe. Hier tränkten wir die Pferde, dann zogen wir am Nordrande des Thales gemach entlang, indem wir drüben das Dorf Karlich oder Karlü (d. h. schneeig, beschneit) hatten. Der Thalboden ist ganz eben und hügelig und theilt sich weiter nach Osten in zwei Arme; man sieht dort schöne Obstgärten und Äcker. Die Formation der umgebenden Thalwände ist höchst eigenthümlich: Kalktuff bildet die Mittelschicht und die Oberlage besteht aus Trachyt. Die ganze geologische Konstruktion dieser Landschaft hat Hamilton in vortrefflicher Weise auseinandergesetzt, aber ich hoffe, dass ich durch die in grösserem Maassstabe niedergelegte Karte dieser Gegend Einiges zur

Das malerische Thal zwischen Bektasch und Ürgüb.

richtigeren Anschauung und Orientirung dieser merkwürdigen Thäler beigetragen habe. Zuerst war das Thal etwa 800 Schritt breit, verengte sich dann aber, als wir um 11 Uhr zur Seite des Baches abwärts stiegen, und hier zeigten sich am Thalrande viele Weidenbäume und Hagebutten. Nach zehn Minuten öffnete sich jedoch wieder eine schöne Fruchterweiterung, die im Frühsommer oder Herbst unzweifelhaft einen reizenden Anblick gewährt; im Sommer dagegen muss dieser von steilen nackten Felswänden umschlossene Spalt recht heiss und wohl auch ungesund sein.

Die eigenthümlichen Tuffkegel und die in die Felsenwände ausgearbeiteten Grotten, welche dieses Thal so interessant machen, fangen an dieser Seite erst beim Dorfe Buyalle oder richtiger nach M. Boyalü Köi an. Boyalü Köi heisst meinem Begleiter zu Folge „das farbige Dorf" und man kann hier wohl von einer Farbenpracht und von verschiedenen Tinten sprechen, denn es zeigen sich hier die verschiedensten Arten des Gesteins vom dunkelsten vulkanischen Schwarz bis zum weissesten Bimsstein und daneben die reiche Pracht der das Thal ausfüllenden Obstpflanzung, zumal Aprikosen und Wein. Man sieht zugleich, wie schön die 'Osmanlï in ihrer Sprache die Eigenthümlichkeiten der ihnen zugefallenen Wohnstätten mit den Namen auszudrücken pflegen. Die malerische Eigenthümlichkeit des Dorfes wird erhöht durch einen an seiner Seite über den Felsabhang hinunterstürzenden schönen Wasserfall. Buyalle liegt auf der südlichen Thalseite, oben an der Kante, und nach kurzem Zwischenraum folgt auf derselben Seite das eben von seinen unzähligen schwarz-dunklen Höhlen benannte Dorf Kara-In. Bei Kara-In ist der Steilabfall der Thalwand von einer offenen Schlucht unterbrochen und eben hier, zur Seite dieser Schlucht, löst sich vom Fuss der Felsen eine überaus imposante Gruppe hoher Tuffpyramiden ab, von Grottenwohnungen und Gräbern durchhöhlt, und selbst unsere keineswegs sophisticirten Begleiter, Indje und sein Genosse, geriethen ausser sich über diese wunderbare Erscheinung und hatten eine lange Unterhaltung unter einander über die Frage, „angenommen, dass es nicht Teufelswerk sei, ob die Urheber dieser eigenthümlichen Arbeiten aus Armuth oder Überfülle an Reichthum diese Felswohnungen eingerichtet hätten." Höchst interessant war es hier zu bemerken und erklärte die ganze eigenthümliche Erscheinung, wie etwas höher am Abhang hinauf eine andere Gruppe Kegel sich im Prozesse der Ablösung oder Auswaschung begriffen war, indem noch Nichts als die zuckerhutartige Spitze aus der Felswand frei hervorstand. Auch auf unserer Seite trat hier das Thalgehänge weiter zurück, aber leider war der Boden dafür trockener und der Pflanzenwuchs nicht so reich, und weiterhin ward es noch kahler und nackter; hier treten dann viele Krystallisationen auf und besonders

kleine Stücke Jaspis sieht man in grosser Menge. Dann aber folgte um 11 Uhr 45 Min. wiederum eine Thalerweiterung mit schöner Pflanzung und dahinter zeigte sich auf unserer Seite eine merkwürdige Gruppe Tuffpyramiden in einer Schlucht. Wie wir so der Windung des Felseinschnittes folgten und um eine vorspringende Felsenspitze bogen, zeigte sich das erste Wohnhaus des Dorfes Karadjá Orén, das ganz das anmuthige, lebensfrische Aussehen eines Süd-Europäischen Landhauses hatte, und dann entwickelte sich das ganze reizende Dorf zur Rechten am amphitheatralischen Abhang einer Felseinbucht mit seinen hübschen und sauber verzierten Häusern, zwischen denen hindurch man die Felsgrotten sieht, so wie zur Seite auch hier wiederum eine abgelöste Gruppe von Tuffkegeln. Das reinliche, nette Aussehen des Dorfes macht den 'Osmanlï wohl Ehre, da sie die alleinigen Bewohner desselben sind.

Wir rückten nun hart an das Flüsschen heran und hielten uns an seiner Seite entlang. Obgleich nur fünf Schritt breit, nahm es doch um 11 Uhr 15 Min. fast die ganze Breite des Thales ein — so sehr hatte sich letzteres hier verengt — und zwei Mal dicht nach einander mussten wir es passiren. Dann erweiterte sich das Thal wieder und kleine Weingärten traten auf; wir erblickten nun das Städtchen Ürgüb auf der anderen Thalseite und erreichten in einer grossen nördlichen Ausbiegung um die schöne Fruchterweiterung herum, indem wir hart vor der Stadt ein ganz ansehnliches, von Süden aus einem breiten Thale kommendes Flüsschen passirten, mit dem sich der kleine Strom, den wir bisher in der Thalschlucht zur Linken gehabt hatten, vereint. Dann liessen wir hart zur Rechten die vereinzelt stehen gebliebene, von Gräbern und Felswohnungen in mehreren Stockwerken ganz durchhöhlte Tufffelsmasse, an der man noch einzelne mit rother Farbe angebrachte Griechische Buchstaben erblickt, wie O, Σ, T. Diese Felsmasse ist es insbesondere, die dem dicht dahinter liegenden Orte einen überaus malerischen Charakter verleiht und auf seine höchst eigenthümliche Lage vorbereitet.

Ürgüb ist eine ganz wohlhabende, schön gebaute Stadt mit 1500 Häusern, von denen etwa 1000 von Moslemín, die übrigen 500 von Griechen bewohnt werden, wie denn überhaupt selbst in diesen abgelegenen, im Mittelalter vorzugsweise von bedrängten Christen bevölkerten Thalschluchten jetzt das moslemische Bevölkerung durchaus vorwiegt. Nur im benachbarten Dorfe Ssínossen sollen die Moslemín sehr wenig zahlreich sein. Ürgüb wird auf beiden Seiten, der westlichen wie der östlichen Tuffwänden eingeschlossen, die von alten Höhlenwohnungen nach allen Richtungen durchlöchert sind. Wirklich lehnen sich die neueren Wohnungen nicht allein zum grossen Theil an diese Höhlen an, sondern man benutzt diese feuerfesten

Behausungen aus dem Alterthum selbst zu Magazinen. Die Hauptstrasse zieht sich ganz malerisch unter einem natürlichen Felsbogen mit einer starken Windung in die Stadt hinauf, die beim Eingang sehr eng ist und hier in früheren Zeiten von einer auf der Höhe der nördlichen Felswand erbauten Burg beherrscht wurde. Weiterhin erweitert sie sich ansehnlich und hier kehrten wir in einem an der Südseite der Hauptstrasse gelegenen chanartigen Kaffeehaus ein, da wir nur die Absicht hatten, eine allgemeine Übersicht der Stadt zu gewinnen. Denn die Höhlen zu besuchen, ist natürlich hier in einer grösseren, volkreichen Kommune schwierig und umständlich und aus demselben Grunde haben sie auch viel von ihrem ursprünglichen Charakter verloren. Zumal die Grotten an der südlichen Felswand, also dicht hinter der Hauptstrasse, sind jetzt fast ganz unzugänglich, da ihr Besitz ausschliesslich von den Bewohnern der Häuser beansprucht wird. So misslang denn unser Versuch, uns hier zu orientiren, gänzlich. Wir wandten uns daher in die nördliche Nebenstrasse und gelangten hier am Fusse der Felswand in eine Gruppe sehr geschmackvoll eingerichteter und aus schönem weissen Sandstein sorgfältig und sauber gebauter neuer Häuser, die, wenigstens was das Äussere anbetraf, hinter der Nettigkeit der saubersten Europäischen Landstädte

Der Basár von Ürgüb ist leidlich gut versehen. Wir erhielten ganz ausgezeichnet reinen Honig und an Früchten fehlte es auch nicht, an Schlachtvieh dagegen scheint es in diesen Thälern ganz besonders zu fehlen. Herr Dr. M. bemerkt, dass, während der Ort im Texte des Djihán Numá nicht erwähnt wird, er auf der dem Werke beigegebenen Karte von Anatolien verzeichnet ist.

Während wir uns in der Stadt umsahen, hatte unser Sabtié sich einen Stellvertreter verschafft, der uns bis Nef-Schehr bringen sollte, und um 2½ Uhr Nachm. verliessen wir wieder die Stadt, um unseren Marsch durch die Troglodyten-Thäler fortzusetzen. Unser Weg führte über nackten Kalkboden; nach einer Viertelstunde öffnete sich zur Linken die Aussicht auf ein tafelförmiges Gebirgsplateau in der Entfernung von etwa vier Stunden und nach einer anderen Viertelstunde erreichten wir den Kamm des Anstieges. Hier zog unsere ganze Aufmerksamkeit ein Aquädukt auf sich, der sich, wohl behauen, nahe zur Linken einige Fuss unter der Oberfläche des Tuffes hinzog, mit Schachten, die von Distanz zu Distanz zu ihm hinabstiegen. Dann kreuzte die Wasserleitung unsere Strasse und zog sich nun auf unserer Rechten entlang, und da das Terrain hier anstieg, gingen die Schachte zu ebener Erde in sie ein. Sie ist mit grosser Regelmässigkeit ausgearbeitet, hat

kaum zurückblieben. Hier genossen wir von der Terrasse eines noch unvollendeten Hauses eine wahrhaft prächtige Aussicht, von der die vorstehende Skizze eine schwache Probe giebt. Nach O. übersah man das offene Thalland, überragt von der majestätischen Doppelkuppe des Argaeus mit ihrem im schönsten Sonnenlicht strahlenden Schneemantel, dann am Eingange der Stadt die ganz frei stehende Tuffmasse, von unzähligen Höhlen durchlöchert, weiterhin im Anfang der Hauptstrasse einige recht schöne Häuser und nach N. eine mannigfach durchhöhlte und mit zum Theil ganz reich verzierten Grottenfaçaden geschmückte steile Tuffwand mit der jetzt fast ganz abgelösten Spitze, die einst die Schlossburg trug. Es waren hier ursprünglich wohl viele Hunderte solcher Felshöhlen.

2 F. Breite und 8 F. Höhe und der reiche durch sie rauschende Strom des schönsten Wassers muss dem durstigen Wanderer der Gegenwart, zumal in der heissen Jahreszeit, wo der Gegensatz dieses frischen Lebenselementes gegen die blendend weissen, wunderbar abgeglätteten Tuffmassen ausserordentlich ist, als eine paradiesische Gabe der Genien erscheinen. Diese Wasserleitung ist dabei neben den Felshöhlen wohl ein hinreichender Beweis, dass Ürgüb ein alter Ort ist.

Um 3 Uhr zweigte sich der Weg nach Auanós ab, von woher ein hübscher Verkehr mit den an jenem Orte verfertigten berühmten Krügen Statt fand. Auch hier war die ganze Landschaft mit ihrer weichen, leicht umformbaren Oberfläche vielfach in mannigfaltige Formen ausgerissen und in Pyramiden zerklüftet und es war besonders an dieser Stelle, wo ich die einzeln auf ihrem Gipfel liegen gebliebenen grossen Felsblöcke wahrnahm, die ganz das Aussehen aufgeschwemmter Boulders haben. Eine solche Auflage vermehrt natürlich die Zerstörbarkeit und schnelle Verwitterung dieses leichten, porösen Gesteins ausserordentlich. Dann wird die Landschaft freier und nach Osten eröffnet sich ein losgerissenes, frei stehendes Plateau, nach Westen dagegen im Vordergrunde vor dem oben erwähnten Tafelplateau ein ausgerissenes Höhenfeld und etwas weiterhin haben diese vereinzelt stehen gebliebenen Felsmassen ganz das Aussehen abgerissener Mauerreste. Hier tritt auch zur Seite des Weges mehr Baumwuchs auf und weiterhin folgt selbst eine kleine, allerdings etwas licht aussehende Aprikosenpflanzung. Hamilton hielt die Aprikose in diesen Thälern für einheimisch.

Um 3 Uhr 20 Min. verliessen wir den nördlicher abziehenden Hauptweg und betraten einen westlich abgehenden, tief eingetretenen Seitenpfad nach Martschanne; denn diesen Ort hatte ich aus Texier's Bericht als diese eigenthümliche Kappadokische Troglodyten-Welt am reinsten darstellend kennen gelernt. Übrigens hatten wir einige Mühe, uns mit unserem Kurdischen Sabtié darüber zu verständigen; denn weder verstand er Mordtmann's Türkisch, noch Mordtmann das seinige. Zur Linken liessen wir ein kleines Dorf, von ausgewaschenen Tuffmassen umgeben, und passirten dann einen kleinen trockenen Bach mit kubstallähnlicher Tufformation. Ein eigenthümlich gewellter Lehmboden mit einer kleinen Weinpflanzung führte uns auf das merkwürdig ausgewaschene Tuffmeer hinab, welches das Wunderthal Martschan-déréssi bildet. Von hier oben hätten wir, wenn Texier seine Entdeckungen besser kartographisch verzeichnet hätte, mit kleinem Abstecher nach Westen leicht das nach der Säule Dèkili-Täsch benannte, jetzt aber zu einem Délikli-Täsch, einem „zerstörten Stein", gewordene eigenthümliche Grabdenkmal besuchen können, auf das Karl Ritter besonders die Aufmerksamkeit künftiger Forscher gelenkt hat. Als die Säule noch aufrecht stand, konnte man sie wahrscheinlich von hier aus sehen. Wir kamen so leider gar nicht zu diesem Monument, welches allem Anschein nach einer bedeutend älteren Zeit angehört, als die übrigen Felsgrotten dieser eigenthümlichen Formationen, obgleich es nun, seitdem die Eingeborenen die Säule in die Luft gesprengt haben, nicht mehr ganz dasselbe Interesse verdient. Dieser Vandalismus verübten sie möglicherweise sehr bald nach Texier's Besuch, durch den sie, wie man aus seinen eigenen Äusserungen sieht, auf den Gedanken gekommen sein müssen, dass unter der Säule Schätze verborgen wären.

Um 3 Uhr 50 Min. befanden wir uns im eigentlichen Thale, dessen steile, wunderbar abgerissene und ausgewaschene Tufffelsen zu beiden Seiten ganz und gar von Felsgrotten durcharbeitet sind, aber viele derselben, besonders diejenigen, die in den frei stehenden Kegeln angebracht waren, sind durch den Einsturz der letzteren zerstört und es ist dadurch dem Auge des Beschauers ihre ganze häusliche und sepulchrale Einrichtung blossgelegt. So sieht man hier die Kammern für die Lebenden wie für die Todten nahe bei einander, Sarkophag-Nischen und Lampenrecesse zur Seite von Küche, Keller, Schlafkammer und allerlei kleinen Nischen zu häuslichen Zwecken.

Die Stätte der als Kirchen und Kapellen interessantesten Grotten besuchten wir diess Mal nicht, weil sie uns zur Zeit unbekannt war, dagegen untersuchte ich eine der ihren Inschriften nach vor kaum mehr als 20 Jahren ausgearbeiteten Wohnungen, in die ich mich aber nur mit grosser Mühe durch die kaum $1\frac{1}{2}$ Fuss im Durchmesser haltende Öffnung hineinarbeitete. Ich fand nun ein mit grosser Sorgfalt ausgearbeitetes, sehr schönes, geräumiges Gemach mit längs der Wand laufender Bank und daneben befanden sich kleinere Gemächer, wahrscheinlich Schlafzimmer oder Vorrathskammern. Auch dicht zur Seite war eine andere, ebenfalls erst in ganz neuer Zeit ausgearbeitete, Wohnung, die bestimmt anzeigt, wie dieses Prinzip des Höhlenbaues niemals bei den Bewohnern dieser Thäler aufgegeben worden ist, selbst nicht bei den moslemischen; aber man darf sich allerdings nicht durch die Arabisch-Türkischen Inschriften irre machen lassen, da selbst die Griechischen Bewohner dieser Gegenden sich dieser Sprache und Schriftzeichen ausschliesslich bedienen. Nach diesem Aufenthalt setzten wir unseren Marsch fort und durchschritten nach 5 Minuten ein von S. 20 W. bis N. 20 O. ziehendes, ansehnlich breites, aber jetzt trockenes Rinnsal, das nach Auanós hinabzieht. Diesen ganz ansehnlichen Ort mit 800 Häusern hätten wir gern besucht, da seine genaue Lage durch die Angaben früherer Reisenden keineswegs feststeht, aber wir fanden es nicht vereinbar mit unseren übrigen Plänen. So hielten wir uns auf der anderen Seite des Rinnsales entlang nach WSW. und überschritten den kleinen, von Martschanne herabfliessenden Bach. Wir rückten nun auf das nach NO. schauende, an einem Abhang einer zu hinter vereinzelten, bis an 300 Fuss ansteigenden Pyramidalkonen wunderbar ausgerissenen Thalsschlucht gelegene Dorf zu, rings von Wohnungen und Grabstätten der Vorzeit umgeben, die in jene grossartigen Pfeilerruinen ausgearbeitet sind. Hier liessen wir die der Hälfte einer ihrer Säulen beraubte, hoch von der Tuffkone stolz herabschauende, reich geschmückte Grabkammer zur Seite, bogen um einen üppig sich ausbreitenden Wallnussbaum und befanden uns in diesen merkwürdigen Wohnstätten der Lebenden und Todten, aus leichten Quadern recht niedlich und sauber errichteten Häusern, angelehnt an die hohen, wie von Menschenhand künstlich gearbeiteten Tuffkegel. So waren wir denn aus dem völlig ausgestorbenen Troglodyten-Dorf im Martschan-déressī in diese gemischte Stätte der Gegenwart und Vergangenheit eingedrungen und selbst unsere unwissenden Begleiter staunten ob des merkwürdigen Schauspieles, das sich ihren Blicken darbot. Aber da die Dämmerung nahe war, bedurften wir für den Augenblick noch etwas Anderes, als ein denkwürdiges Schauspiel; wir begehrten Quartier und gastliche Bewirthung, aber leider zeigte sich grosse Schwierigkeit, unsere Bedürfnisse zu befriedigen. Wohl sicherlich war Martschanno als Marcianum oder Marcianopolis einst ausschliesslich von Christen bewohnt, jetzt aber giebt es hier dem Namen nach eben so ausschliesslich nur Moslemin und als moslemischer, vom täglichen Verkehr abgeschlossener kleiner Ort erwies es sich jetzt in jeder Hinsicht. Alles bereitete sich zur Nachtruhe vor, in stillen Gruppen standen die Männer und ein Paar Frauen sassen, in ihre weissen Schleier gehüllt, auf dem kleinen Marktplatz, eben im Begriff, aufzubrechen und in ihre stille Häuslichkeit sich zurückzuziehen. Niemand kam uns einladend entgegen, im Gegentheil wehrte Jeder uns von sich ab. Endlich gelang es uns, ein Quartier bei einem Talghändler zu erhalten. Sein Hof hatte einen mit seinem Gewerbe ganz übereinstimmenden Charakter, indem hier Fleisch zum Trocknen aufgehäugt war, aber seine übrige Häuslichkeit war recht angenehm und behaglich. Der Hofraum nämlich allein war durch den Anbau einer Mauer hinzugefügt, die übrige Wohnung aber war ganz in den natürlichen Fels ausgearbeitet und das Hauptstück darin war ein grosses Felsenzimmer von etwa 25 Fuss Länge, 14 Fuss Breite und 10 Fuss Höhe; und dies erhielten wir zum Quartier angewiesen. Es war dabei für die ganze Frage dieser Höhlenwohnungen der alten und neuen Zeit recht interessant, zu erfahren, dass dieses grosse und sorgfältig gearbeitete Gemach für die Arbeit eines einzigen Mannes, natürlicher Weise mit keineswegs sehr vollendeten Instrumenten, für 30 Tage gewesen ist. Daraus sieht man also, wie leicht man selbst noch in jetziger Zeit Höhlenwohnungen in diesen weichen Tuffmassen ausarbeiten kann. Übrigens wohnte unser Wirth hier mit seinem Vater und seinen drei Brüdern zusammen und hatte, wie er uns erklärte, eine jährliche Einnahme von 5000 Piastern aus seinem Geschäft, wovon sie ganz behaglich leben konnten.

Da die völlige Dunkelheit noch nicht eingetreten war, lag uns daran, unsere Zeit zu benutzen, und wir eilten hinaus, um noch einen kleinen vorläufigen Rundgang um die Sehenswürdigkeiten zu machen. Wir erkundigten uns daher alsobald nach dem Dékili-Täsch, jenem von Texier mit besonderer Sorgfalt beschriebenen Denkmal aus älterer Zeit; aber es hatte ein eigenes Schicksal gehabt. Dékili-Täsch nämlich war sein ursprünglicher, wirklicher Name gewesen, nicht Délikli-Täsch, aber in der Wahrheit war es zu letzterem geworden, wie schon vorher angedeutet. Vor 15 Jahren nämlich hatten die Einwohner in der Meinung, dass unter jener das Felsengrab überragenden eigenthümlichen Säule Schätze verborgen sein müssten, die letztere in die Luft gesprengt. Zu solcher Voraussetzung waren sie wohl unzweifelhaft durch die von Texier an Ort und Stelle ausgesprochene Vermuthung bewogen worden, der er auch in seiner Description Ausdruck verliehen. Leider hatten wir, wie gesagt, bei unserem Herabsteigen von der Höhe Nichts von der Lage dieses Denkmals gewusst, sonst hätten wir es von dort aus leicht besuchen können; von hier aus schien es nach der vorgegangenen Zerstörung kaum eines Besuches werth. Jedenfalls enthält das ganze Bauwerk durchaus nichts Ägyptisches, das Texier zu erkennen meinte, aber es verdiente wohl, einer genaueren Epoche angewiesen zu werden.

Anstatt dessen wandten wir uns zu den näheren Höhlenwohnungen und besuchten zuerst das einem Jeden, der das Dorf betritt, zuerst in die Augen fallende Säulengrab hoch oben an einem Tuffkegel, konnten aber der unter der Vorhalle steil geglätteten Felswand wegen nicht hineinkommen. Auch liegt eine noch bewohnte Behausung hart daran. Dann gingen wir längs dieser Wand nach NO. zurück und besuchten mehrere Höhlen, theils entschieden Wohnungen der Lebenden mit Kapellen, theils eben so entschieden Todtenkammern, Alles in dichter Gruppirung hart beisammen liegend. Besonders interessirte uns eine recht hübsch eingerichtete, tonnenartig gewölbte Kapelle mit zwei ganz reich gegliederten Altarnischen und einem Bischofsstuhl, ganz in den Fels gehauen und auch mit Malerei geschmückt. Ich machte eine Skizze von ihr, aber nicht vollständig genug, um sie hier mitzutheilen. Alle Malereien stellen Heilige vor und haben entschieden nicht den Charakter weit zurückreichenden Alters. Da erscheint auch ein Heiliger (ὁ ἅγιος —, der Eigenname ist leider verlöscht) zu Kamel. Merkwürdiger Weise grenzt hart an diese Kapelle eine Grabkammer mit drei Grabnischen und dicht daran wieder eine wohl geordnete Felswohnung, die noch jetzt benutzt und unter Schloss und Riegel gehalten wird. Überhaupt sind zur Zeit noch viele Kammern hier ausserhalb des Dorfes bewohnt oder werden wenigstens benutzt, besonders die etwas höher an den Abhängen oder den einzeln stehenden Kuppen hinauf liegenden. Aber eine der grössten Grottengruppen in dieser

Nähe, etwa hundert Fuss hoch am ganz ausgewaschenen und abgerissenen Tuffabhang, ist völlig offen gelegt, aber doch unzugänglich. Es war augenscheinlich früher eine Kirche.

So kehrten wir denn nach gut angewandtem, höchst genussreichem Tage in unsere Felswohnung zurück. Jedoch darf ich nicht unerwähnt lassen, dass während dieses ganzen abendlichen Ausfluges die fanatische Dorfjugend uns verfolgte und mit ihrem Religionsschrei bestürmte, wir aber kümmerten uns allerdings wenig darum. So wenig Spuren christlicher Tendenzen sind in diesem vor einigen Jahrhunderten entschieden wohl ausschliesslich von Christen bewohnten Thale übrig geblieben. Aber in unserer Felsklause wurden wir nun recht freundlich aufgenommen, indem sich der Alte mittlerweile vollkommen in sein Schicksal gewaltsamer Einquartierung gefunden hatte. Auch dauerte es nicht lange, so erhielten wir ein recht hübsches Abendessen. Dieses theilte der Alte mit uns, aber sein erwachsener Sohn, der jetzt das Geschäft eigentlich ganz allein führte und welcher mittlerweile aus Ürgüb zurückgekehrt war, ass nicht mit uns, offenbar aus Respekt. Dieser junge Mann hatte uns schon in Ürgüb angerufen, ohne dass wir uns um ihn bekümmert hätten; er hatte nämlich geglaubt, indem er uns für gewöhnliche Franken hielt, irgend ein Geschäft mit uns abschliessen zu können. Er war sehr mittheilsam; ward aber allmälig etwas zudringlich. Überhaupt hatte er das gesetzte Türkische Wesen schon verloren und hoffte wahrscheinlich, von uns einige Spirituosen zu bekommen. Immerhin erhielten wir gar manche Aufklärung von ihm und mehr von den Türkischen das auf den Grund kundiger Begleiter natürlich noch mehr als ich.

Martschanne, dieses eigenthümliche Troglodyten-Dorf, hat 225 Häuser, alle von Moslemin bewohnt. Im Sommer oder vielmehr im Frühsommer soll es auffallender Weise hier in diesem, von weissen Tuffmassen rings umgebenen, tiefen Einschnitt weniger heiss sein, als in Konstantinopel, weil alsdann Nordwinde wehen. Auch soll alsdann das Flüsschen reichlich Wasser haben. Aus derselben Ursache soll man gerade zu dieser Zeit weniger vom Staube belästigt werden. Erst im Spätsommer nimmt das Wasser ab und dann muss es hier unerträglich sein. Im Herbste nimmt das Wasser wieder zu. Macht sich Wassermangel in der That fühlbar, so könnten ihm die Anwohner wohl vermittelst Cisternen, zu denen der weiche Tuff ein so leichtes Material bietet, ohne grosse Schwierigkeit abhelfen. Die Bewohner bestätigten es übrigens, dass dieses Flüsschen bei Auonós in den Kysyl Irmak einmünde, aber allem Anschein nach liegt das Dorf nicht dicht am Flusse an der öden Thalsohle, sondern ein wenig zurück am Fusse der Höhen. Wir erfuhren auch von unserem Wirth einiges Nähere über die im Orte gültigen Preise. So kostet die Okke Rosinen einen Piaster, die Aprikosen das Doppelte. [So verstand ich, mein Begleiter jedoch verstand, dass beides gleiche Preise habe.] So schön und reinlich jedoch unsere Felswohnung war, so abscheulich war die Nacht, die wir darin zubrachten, indem unsere nächtliche Ruhe durch unzählige Flöhe gestört wurde und wir daher am nächsten Morgen keineswegs so frisch und rüstig erwachten, wie wir gewünscht hätten. Dennoch aber beschlossen wir, uns sogleich aufzumachen und noch einige der interessantesten Felshöhlungen zu besuchen, ehe wir unseren Marsch fortsetzten, zumal die Kirchen, die Herr Texier mit Vorliebe beschrieben hat und die uns auch unser Wirth als besonders bemerkenswerth anempfahl.

Der Theil des wunderbar ausgearbeiteten Thalbeckens, wo diese grösstenteils zu Kultusstätten bestimmten Felshöhlen sich finden, obgleich eigentlich nur ein Nebenarm des Martschán-déresí, führt den besonderen Namen Köröme und diess ist nicht der Name eines Dorfes, sondern einer alten Örtlichkeit oder vielmehr einer Troglodyten-Stätte. Leider hatten wir im Anfange keine Kerze bei uns und konnten so in der ersten westlichsten Kapelle oder Kirche nicht alles Einzelne mit voller Genauigkeit erkennen. Die Kapelle ist sehr geräumig und verdient also wohl den Namen einer Kirche. Dabei ist sie in architektonischer wie in malerischer Hinsicht von hohem Interesse. Die Säulen vor den Kapellnischen nämlich sind durch vollkommen Maurische Hufeisenbogen mit einander verbunden. Daraus schloss Texier nun, dass diese Architekturform keineswegs einer so späten Zeit angehöre, wie man gewöhnlich annähme, aber es ist Nichts da, um sie beziiglich hohen Alter zu erweisen; zumal wenn wir von einzelnen Höhlen dieser Gruppe reden, ist es unmöglich zu sagen, welcher Zeit sie angehören mögen, obwohl Nichts wahrscheinlicher ist, als dass viele dieser Höhlen lange vor der Zeit des Leo Diakonus bewohnt waren, d. h. vor dem 10. Jahrhundert, und obgleich die Stelle dieses Schriftstellers (Histor. III, 1, p. 87 der Bonner Ausgabe) von den Grottenwohnungen Kappadokiens nicht mit voller überzeugender Bestimmtheit gerade auf diese Grotten bezogen werden kann, so ist daran doch kaum zu zweifeln, und dann ist es immerhin höchst merkwürdig und von grosser Bedeutung, dass Leo Diakonus im 10. Jahrhundert von der Bewohnung dieser Felshöhlen als von etwas Vergangenem spricht. Eben so gewiss und unzweifelhaft ist es jedoch, dass viele dieser Höhlen erst in ganz neuer Zeit ausgearbeitet und bewohnt worden sind. Man könnte beide Umstände mit einander vereinigen durch die Annahme, dass gerade um die Zeit des 10. Jahrhunderts, wo die christliche Bevölkerung in diesen Gegenden keiner Verfolgung ausgesetzt gewesen, sie sich in die umliegenden offenen Ortschaften zerstreut, später aber, in den Kämpfen der Seldschukischen Dynastie und des Aufschwunges der Osmanen, die früheren Wohnstätten wieder aufgesucht habe. So viel aber steht fest, dass viele dieser Grotten, wohl entschieden die Mehrzahl, mit Einschluss der meisten Kapellen in bezüglich junge Zeit herabreichen. Ich lasse über diese interessante Frage auch meinen Begleiter reden, der mir jedoch etwas befangen zu sein scheint. Er stützt sich nämlich auf den gänzlichen Mangel eines bestimmten Zeugnisses aus dem Alterthum über das Vorhandensein von Höhlen in diesen Gegenden, so wie auf den Mangel an alten Münzen, da die Eingeborenen seine wiederholten Nachfragen nach solchen stets verneinend beantwortet hätten, dann auf die Tradition der Eingeborenen, dass vor der Türkischen Eroberung des Landes, also vor 400 bis 500 Jahren, hier Russen gewohnt hätten, von welchen die Häuser herrührten, bis sie von den Osmanen daraus vertrieben worden wären. So läppisch diese Erzählung sei, so werthvoll sei sie in Verbindung mit den anderen Umständen und weise auf die Zeit der Seldschuken hin. Ja er hält es für möglich, dass die Bildung dieser Tuffkegel selbst in einer vergleichsweise modernen Zeit erfolgt sei, vielleicht zur Zeit der Karamanen, welche nach der Auflösung des Seldschuken-Reiches hier und in Konia herrschten. Das werden nun wohl Wenige zugeben, bedeutender aber ist jedenfalls, was Herr Dr. M. in Bezug auf das Einzelne vorbringt. „Die Kirchen", sagt er, „sind ziemlich geräumig; Säulen, Altar, Bischofssitz, Narthex, Alles ist aus dem Felsen ausgehauen und voller Freskomalereien, meist noch gut erhalten, mit Ausnahme der Gesichter. Die Namen der Heiligen sind meistens noch leserlich; die barbarische Orthographie und die Schriftzüge lassen auf eine Epoche schliessen, wo die Griechen schon Türkisch sprachen. Ganz bestimmt aber ergiebt sich diess aus dem Umstande, dass in keiner einzigen der von uns besuchten Kirchen oder Kapellen ausser Heiligenbildern das Bild irgend eines Kaisers vorhanden war, wie diess doch in allen Kirchen und Klöstern der Fall ist, welche zur Zeit der Byzantinischen Herrschaft erbaut wurden und bis jetzt ihrem Kultus erhalten worden sind. Daraus ergiebt sich mit völliger Sicherheit, dass diese Gebäude zu einer Zeit ausgeschmückt wurden, als diese Länder schon unter der Herrschaft des Islam standen, also frühestens in der Seldschuken-Zeit, vielleicht aber zur Karamanischen oder Osmanischen Zeit." Er giebt dazu einige Proben. „So hält der Prophet Daniel (geschrieben ΔΑΝΗΛΛ), dargestellt als ein sehr eleganter Jüngling, eine Rolle in der Linken, auf der die Worte des Daniel (Kap. 2, Vers 44) also geschrieben sind: ΑΝΑCΤΗCΗ ΟΘCΤΟΥ ΟΥΡΑΝΟΥ ΒΑCΙΛΙΑ ΗΤΗC ΗCΤΟΥC ΕΩΝΑCΟΥ ΙΗΑΘΑ...." — So weit Herr Dr. Mordtmann. Gewiss ist, dass die Bemerkung Texier's, es liesse sich in diesen Darstellungen die ganze Byzantinische Ikonographie verfolgen, sehr cum grano salis zu verstehen ist; denn allerdings giebt es hier Darstellungen einer grossen Anzahl Byzantinischer Heiligen, aber von eigentlich Byzantinischem Style sieht man hier keine Spur. Es ist in der That sehr schwer, den Arbeiten ohne Weiteres ein bestimmtes Zeitalter zuzuweisen; man kann sich aber jedenfalls nicht leicht vorstellen, dass im 12. oder 13. Jahrhundert diese Malereien mit einer solchen Freiheit und Gewandtheit ausgeführt sein könnten.

Die zweite Kapelle, die wir besuchten, liegt sehr versteckt und ist nur mit einiger Unbequemlichkeit zu betreten, da ihr ursprünglicher Eingang eingestürzt ist. Hier hat jedes Heiligenbild eine längere Beischrift, aber ihr Charakter ist kaum entscheidend für ihr Alter, obgleich sie in materieller Beziehung mit grosser Sorgfalt geschrieben sind; viele ungrammatische Einzelheiten erscheinen in ihnen, abgesehen vom Itacismus. Hier ist es besonders auffallend, dass die angebrachten Gemälde von Heiligenbildern durchaus nichts von dem strengen Byzantinischen Style haben. Die letzte Kirche, die wir besuchten, zeichnet sich wiederum durch ihre Grösse und Symmetrie durch ihre reich gegliederte Façade aus. Unter den ihr Inneres schmückenden Heiligenbildern erscheinen neben Konstantin und Helena die Heiligen Theophylaktes, Eudoxia und Andere. Diese Kirche scheint besonders von der jetzigen Griechischen Bevölkerung Klein-Asiens als heilig betrachtet zu werden und eine zahlreiche Gesellschaft von Pilgern hatte vor nicht gar langer Zeit hier auf der Area vor dieser Felskapelle ihr Lager aufgeschlagen.

Von unserem höchst interessanten Ausflug in unsere Felsklause zurückgekehrt nahmen wir ein wohlschmeckendes, obwohl Europäern ungewöhnliches Frühstück von Eiern und eingemachten Aprikosen ein und setzten dann unseren Marsch über Üdjasár oder Ütsch Hissár nach Nef-Schehír fort. Über die Namensform des ersteren Ortes gelang es keineswegs, uns klare Auskunft zu verschaffen, aber aus Allem scheint mir hervorzugehen, dass es ursprünglich kein Türkischer Name war, sondern ein einheimischer, den die Türken nur in Einklang und Verständniss mit ihrer Sprache gebracht haben. Wahrscheinlich war der ursprüngliche Name Udja-ssá und diesen hätten dann die Türken ganz ähnlich in Ütsch Hissár, „die drei Schlösser", umgewandelt, wie nach Herrn Dr. Mordtmann's Vermuthung Carissa in Kara-Hissár [1]). Diesen hoch auf einem, von Grotten durchhöhlten, Felsen-

---

[1]) Durch die verschiedene Namensform dieses Ortes ist Herrn Prof. C. Ritter ein unangenehmer Irrthum zugestossen, indem er S. 306

Über Ütsch-Hissár und Nef-Schehr nach Yarápissón am Halys.

aufsprunge der Hochebene gelegenen Ort hatten wir schon lange, ehe wir in den so wunderbar ausgewaschenen Thalgrund von Martscháu-déressī hinabstiegen, vor Augen gehabt, aber wir konnten ihn nur auf grossem Umwege erreichen, indem wir die tiefe, hinter Martschanne sich hinziehende Kluft umgingen. Mittlerweile brach das schon den ganzen Morgen drohende Regenwetter los und wir eilten, nach Nef-Schehr zu kommen, wohin unser Katirdschī schon vorausgeeilt war; er hatte nämlich in Martschanne kein Korn für seine Pferde gefunden. Übrigens, so malerisch das ganze Bild dieses eigenthümlichen Felsdorfes ist, so wenig einzelnes Interesse hätten uns wohl nach Martschanne seine Höhlen dargeboten. So warf ich nur einen flüchtigen Blick dem Argaeus zu, den wir hier auf der Höhe wieder zu Gesicht bekamen.

Das Land zwischen Ütsch Hissár und Nef-Schehr ist übrigens keineswegs reich und anmuthig und nicht vielgestaltig gegliedert, nur einzelne Lavapartien ziehen hindurch. So verloren wir denn durch das ungünstige Wetter sehr wenig. Nef-Schehr, Neu-Stadt, (nicht Nemschehr) liegt südwestlich an der Strasse, an einer Anhöhe hinauf, von der eine Schlucht herabsteigt, an deren nördlicher Seite, östlich von der Strasse, der kleine Ort Nar oder Nör liegt. Die Stadt ist für diese Gegenden recht bedeutend und enthält jetzt zwischen 25,000 und 30,000 Einwohner, Griechen, Osmanli und Armenier; die ersten sind wohl am zahlreichsten. Die Häuser sind fast alle weiss getüncht und mögen daher bei heiterem Wetter einen ganz leidlichen Anblick gewähren, aber es fehlt an höheren, das Ganze unterbrechenden und gliedernden Gebäuden, besonders an Thürmen und Minarets. Wir kehrten für ein Paar Stunden in einem Chân ein, wo unten Gemächer für durchpassirende Reisende und im oberen Stock ein Café war, aber das letztere war überaus schmutzig und unbehaglich, während die Kammern in leidlichem Zustande waren. Die Stadt ist für das gegenwärtige materielle Leben dieser Gegenden von Wichtigkeit, aber für mich hatte sie kein besonderes Interesse und schon nach einem kleinen Gang hatte ich davon genug gesehen. Besonders belästigten uns die Armenier durch ihre Neugierde und Zudringlichkeit und wir freuten uns, als wir wieder draussen waren. Mittlerweile hatte auch der Regen nachgelassen. Herr Dr. M. bemerkt zu Nef-Schehr: „Früher war es ein Dorf, Namens Müschekara, aber der von hier gebürtige Ibrahim Pascha, welcher von 1718 bis 1730 Grossvezier war, liess den Ort erweitern und durch Herbeiziehung einer zahlreichen Bevölkerung zum Range einer Provinzialstadt unter dem Namen Nef-schehr erheben."

Unsere Absicht war, die am südlichen Ufer des Halys entlang führende, bisher von Europäern noch nicht beschriebene Strasse nach Ker-Schehr einzuschlagen, und ich hatte daher bestimmt, einen Sabtié direkt nach Tüs-kooi mitzunehmen, aber durch Indje's Dazwischenkunft erklärte er, er könne uns nicht geraden Weges dorthin bringen, sondern müsse vorerst nach Yarápissón gehen.

Wir verliessen Nef-Schehr gegen 12 Uhr 25 Min. in nordnordwestlicher Richtung und liessen bald das schon erwähnte Dorf Nör mit Felshöhlen am Rücken der Felsschlucht rechts liegen. Das ganze Land nahm nun einen höchst dürren und wüsten Charakter an, obwohl sich von Zeit zu Zeit Äcker und kleine Weinberge sehen liessen. Wir hatten schon gewähnt, dass wir die eigenthümliche Formation der Tuffkegel nun hinter uns hätten, aber 20 Min. nach unserem Aufbruch hatten wir wiederum eine Gruppe solcher Konen links zur Seite, am Abfall des allmälig sich senkenden Plateau's, auf dem wir uns entlang hielten, und eine halbe Stunde weiterhin, wo wir abwärts stiegen, hatten wir abermals Konen zur Linken wie zur Rechten. Nach 5 Min. passirten wir unten, am Fusse des Abstieges, das Flüsschen, das hier von SW. nach NO. rinnt, erreichten dann um 2 Uhr 55 Min. über wiederum aufspringendes rauhes Terrain das Thal des Kysyl Irmak und durchritten nun mit ganz veränderter Richtung auf den SO.-Fuss der etwa 300 Fuss aufsteigenden Felshöhe von Yarápissón oder 'Arabissón, wie es geschrieben wird, los. Diese Felshöhe ist von Grotten ganz und gar durchlöchert und zwischen ihnen liegt das Dorf mit etwa 200 Wohnungen. Wir wendeten uns an den Mudir, der hier an der Südostecke der Felserhebung seine Wohnung hat; denn in Folge der uns aufgedrungenen verkehrten Anordnung mussten wir hier unsern Sabtié wechseln, zumal da der alte Kurde, den wir in Nef-Schehr erhalten hatten, uns ganz falsche Angaben über Distanzen machte und uns so völlig im Dunkeln liess. Der Mudir war ein ungewöhnlich feiner Mann mit ausdrucksvollen, scharfen Gesichtszügen und nahm uns recht freundlich auf. Der Platz der Fähre liegt etwa 5 Min. vom Dorf entfernt, an der Biegung des Flusses, und ich erfuhr vom Mudir, dass sie oben bereit sei; jedoch wäre es heute Abend jedenfalls zu spät gewesen, überzusetzen. Herr Dr. M. meinte, dass gar keine Fähre existire. Er erwähnt übrigens, dass der Ort auch den Namen Göl-Schehr, d. h. Seestadt, führe, was er aber nicht im Stande sei, den Grund davon anzugeben.

So setzten wir schon nach 20 Min. unseren Marsch fort und betraten dann nach kleinem Anstieg längs der

---

ausführlich Ütsch Hissár beschreibt nach Hamilton, S. 316 aber von Touzesar oder Tuz-Hissár als einer ganz neuen Örtlichkeit nach Texier spricht.

Südseite des Dorfes die höchst öde Uferlandschaft des Halys, indem uns jedoch eine lang gestreckte Tuffhöhe vom Flusse trennte. Wir begegneten mehreren mit Mehl beladenen Kameelzügen, die nach Kaissarie zogen, und gewiss, wäre der Zustand des Landes ein besserer, so müsste diese Strasse von bedeutender Wichtigkeit sein. Wir hatten darauf gerechnet, dass auch die angegebene Entfernung von drei Poststunden zwischen Yarápissón und Tüskoei in der gewöhnlichen Weise zu nehmen sei, so dass wir sie bei angestrengtem Marsche ganz gut in zwei Stunden zurücklegen könnten, aber wir hatten uns diess Mal verrechnet. Dazu kam, dass die Höhenerhebung zu unserer Linken einen starken Winkel in der Richtung bildete. So waren wir denn höchst erfreut, als endlich hinter den Hügeln der Rauch des tésik oder Kothfeuers von dem ersehnten Dorfe aufstieg. Hier breitete sich schönes Weideland aus und zu gleicher Zeit liessen sich auch Schafheerden sehen. Um 5½ Uhr, nachdem wir einen kleinen Bach überschritten, betraten wir das versteckt gelegene kleine „Salzdorf" und erhielten hier, ungeachtet es nur aus etwa 30 Wohnungen besteht — mein Begleiter giebt irrthümlich deren hundert an — eine ganz gute Oda und auch ein gutes Abendbrod. Dagegen konnten wir hier unseren Sabtié nicht wechseln und mussten uns begnügen, zwei Bursche zu Führern zu erhalten, von denen der Eine als Baschi-busuk im Krim-Feldzug gedient hatte, aber allerdings eben kein Ehrensouvenir desselben an sich trug. Das war wahrscheinlich nur eine Vorkehrung unseres durchtriebenen Armeniers, um uns von vorn herein zu verhindern, Ker-Schëhr in Einem Tage zu erreichen. Die Bewohner des Dorfes sind ausschliesslich Osmanli und leben theils von der Viehzucht, theils vom Ertrage der Salzminen.

Donnerstag den 2. Dez. Um 7 Uhr 25 Min. aufgebrochen erreichten wir in 20 Min. das weit ausgebreitete, aber meist verfallene Salzbergwerk, dem das Salzdorf seinen Namen verdankt. Die Bearbeitung dieser Gänge ist aber über alle Maassen unregelmässig und die meisten derselben sind schon längst wieder verfallen. Ich stieg einen schrägen Schacht hinab, der bis etwa 40 Fuss Tiefe auf einen horizontalen Stollen führte, von dem ein anderer schornsteinartiger Schacht in grössere Tiefe hinabstieg. Aber bei der fast unglaublichen Unsolidität dieser Arbeiten sah ich keinen Grund, meine Forschungen weiter zu erstrecken. Auch Ainsworth, der als Geolog und Minenkenner mehr Interesse an diesem Werke hatte, fand es für gut, bei seinem Besuch desselben sich wohl in Acht zu nehmen. Besonders bei regnerischem Wetter fehlt es nie, dass Gänge einstürzen. Augenblicklich waren hier keine Arbeiter. Das Ganze wird sehr nachlässig betrieben. Das Salz liegt in schwarzen, aber vorzüglich in weissen Schichten und scheint von besonderer Güte zu sein, aber die Ausbeute ist nicht gross, etwa 500 Kameellasten jährlich, wovon, wie auffallend das immerhin ist, ein bedeutender Theil wirklich dem Hadji Bektäsch oder vielmehr seinem Kloster im gleichnamigen Dorfe auf der gegenüberliegenden Seite des Halys zufällt, und es ist wohl kein Zweifel, dass dieser Heilige die Minen in der That entdeckt oder ihre Ausbeute veranlasst hat. Der Batmân — nicht der grosse von 12, wonach man in der umliegenden Landschaft rechnet, sondern der gewöhnliche von 6 Okken — kostet 36 Ghrúsch. Nach einer längeren Auseinandersetzung über Hadji Bektäsch, die nicht hierher gehört, sagt Herr Dr. M.: „Wahr ist es, dass Hadschi Bektäsch einen Mönchsorden gestiftet hat, dem alle Janitscharen angehörten und der noch jetzt viele Mitglieder im Türkischen Reiche zählt; ihr Hauptquartier ist das oben erwähnte Dorf Hadschi Bektäsch. Der erste Dragoman der hiesigen (er schreibt aus Stambul) Amerikanischen Gesandtschaft, Herr J. P. Brown, welcher sich seit mehreren Jahren mit Untersuchungen über die Türkischen Mönchsorden beschäftigt, sagte mir, von allen Mönchsorden wären die Grundsätze der Bektäsch-Mönche die gottlosesten: es wäre ein vollständiges System des Atheismus. Damit stimmt aufs Genaueste die Auskunft überein, welche man uns hier in der Nähe gab; der Ort Hadschi Bektäsch, sagte man uns, sei von lauter Kysylbaschen bewohnt."

Um 9 Uhr verliessen wir diese öde, halb verfallene Grubenstätte und hielten im Ganzen die Hauptrichtung ein, aber mit sehr südlicher Abweichung, der Ausbiegung des Flusses wegen. So erreichten wir nach halbstündigem Marsch den obersten Theil der Flussausbiegung und hatten nun einen kleinen Anstieg auf steiles Hochufer, das wie eine Art Vorgebirge in den Fluss vorspringt. Hier ward der Anblick des höchst wüsten Landes, wo Anbau sich nur ganz gelegentlich zeigt, durch eine Wassermühle unterbrochen, die auf der anderen Flussseite an einem kleinen Bache lag, beschattet von zwei Pappeln, einem Baum, der an diesen kleinen Wasserrinnen nie fehlt. Erst eine Stunde hinter den Salzgruben erreichten wir einmal schönes Ackerland, das dem so entfernten Salzdorf gehört, dessen Bewohner sich hier den fruchtbarsten Boden zum Anbau ausgesucht haben. Drüben auf der anderen Flussseite liegt das Dorf Ssegerlý, etwa eine Viertelstunde vom Flusse entfernt, aber vorgeschoben vor dem noch höheren Hochufer, das wie ein kleiner Gebirgszug weiter zurückliegt; an seinem Abhange liegt das Dorf Kará-ússak. Jenseits der Kette liegt Béreklý. Das Salz tritt hier überall an der Oberfläche zum Vorschein und der Kysyl Irmak verdient hier vollkommen den Namen eines „Salzflusses", den ihm die alten Griechen gegeben. Wir stiegen dann

Tüs-koci und sein Salzbergwerk; das Thal des Halys.

wieder auf höher aufspringendes Terrain hinauf und marschirten über eine weite, öde Fläche mit spärlicher Weide, die Höhen zur Linken in weiter Entfernung, aber um 9 Uhr 30 Min. ward die Einförmigkeit ein wenig gehoben durch eine von einem kleinen, halb sumpfigen Bach durchzogene grüne Weidesenkung. Hier verkündete auch an den Hügeln zur Linken ein kleiner Weiler sein Dasein durch das von ihm ausgehende Getöse. Um 9 Uhr 42 Min. gewannen wir eine Ansicht vom Hassan-Dägh in S. 20° W.; er war bis tief herab mit Schnee bedeckt. Dann rückten wir nordwestlich an den Fluss vor, während drüben an den Bergen, die hier näher an das Ufer herantreten, das Dorf Yaghmürly sich zeigte. Der Halys macht hier grosse Schlangenwindungen und hatte sich etwas weiterhin an dem Gipfelpunkte einer anderen Biegung von seiner durchschnittlichen Breite von 300 bis auf wenigstens 1000 Fuss erweitert, wo er dann ansehnliche Inseln bildete. Hier hielten wir uns hart am steilen Abhange der Tufffelsen nahe am Fluss entlang und erreichten eine Viertelstunde weiterhin ein jetzt verlassenes, im Alterthum aber wahrscheinlich von Halysfischern bewohntes Troglodyten-Dorf, das hart über uns an den steilen Felswänden hing. Es war bemerkenswerth, dass auch hier die Taubenlöcher nicht fehlten. Diese Formation hatte sich vor Alters offenbar viel weiter am Flusse hingezogen, jetzt aber folgte gleich wieder flaches Ufer, aber eine ansehnliche Gruppe hinter niedrigeren und abgerundeten Hügeln frei hervorstehender und je nach ihrer Stellung in dem Einriss mehr oder weniger abgelöster Tuffkegel zeigte hinlänglich die ehemals viel weiter sich erstreckende Ausdehnung dieses Plateau's. Diese Tuffkegel, auf unserer linken Seite jene charakteristische Formation abschlossen, passirten wir um 9 Uhr 40 Minuten. Ich machte davon die beistehende Skizze. Während dessen untersuchte mein Begleiter aus grösserer Nähe und bemerkte darüber Folgendes: „Die Tuffkegel sind nicht so hoch wie die von Ürgüb und Mardschan [so schreibt er Martschanne]; sie waren früher ebenfalls bewohnt und zwar noch zu Türkischer Zeit, wie man aus der Form der dabei befindlichen Grabstätten sieht. An einer Stelle hatte man eine grosse offene Halle in den Felsen gehauen; in der Rückwand war eine Thür, zu welcher man vermittelst mehrerer Löcher in dem Felsen stieg. Das Aufsteigen wurde vermuthlich durch ein von oben herabhängendes Seil erleichtert."

An dieser Stelle fiel das Hochufer ab und das Land ward offener. So erreichten wir um 11 Uhr 5 Min. das kleine Dorf A'bū-Schär. Es besteht aus 15 ganz flachen Steinhäusern, die mit ihrer Rückseite an eine dem Fluss zugekehrte Hügelung angelehnt sind und wenigstens zum Theil noch zur Kategorie der Höhlenwohnungen gehören; das Hauptgemach ist nämlich bei fast allen in den Fels gehauen. Während das Frühstück beim Kiāya bereitet wurde, erstieg ich den Gipfel des steinigen Hügels und peilte zum letzten Male die Kuppe des Argaeus (in O. 25° S.). So nahm ich erst hier Abschied von jener majestätischen, von den Heidenvölkern des Alterthums göttlich verehrten Bergkuppe, die sich von diesem Punkte aus besonders schön ausnahm. Eine andere bedeutende Bergerhebung zeigte sich in O. 40° S., eine dritte in SO. und der Hassan-Dägh in S. 35° O.

Auch das Dorf A'bū-Schär gehört noch zu Nigdeh und erfreut sich in seiner einsamen Lage einer stillen Ruhe und Zufriedenheit. Es machte Herrn Dr. M. und mir grosses Vergnügen, uns mit zwei gesetzten Matronen zu unterhalten, die aus Neugierde — da sie noch nie einen Europäer gesehen — herankamen, und offenbar machten wir mit unseren Bärten einen guten Eindruck auf sie; auch bewunderten sie meine hohen Wasserstiefel als eine recht männliche, stattliche Bekleidung. Während sie sich mit uns auf höchst verständige Weise unterhielten, spannen sie Garn aus Pferdehaaren. Die Pferdehaare waren um den linken Arm gewickelt, in der rechten Hand hielten sie mittelst des Fadens eine einfache Spindel, aus drei dünnen Hölzchen zusammengesetzt, die sie in drehende Bewegung setzten. Diese Leute verlassen ihr Heimathsdorf so gut wie nie, besonders die Frauen, während einige der Männer vielleicht bis Kebr-Schöhr gekommen waren, aber die ganze männliche Bevölkerung mit Ausnahme des Kiāya war zur Zeit mit den Feldarbeiten beschäftigt und nicht zugegen. Die beiden Turkomaninnen mit Zügen voll ausdrucksvoller Gutmüthigkeit, wie man sie auch bei uns gewöhnlich nur auf dem Lande sieht, waren sehr anständig angethan mit einer Fülle von Kleidungsstücken, aber unverschleiert, wie man das bei den Turkomanen und Yürüks gewöhnlich

findet. Auf dem Kopfe hatten sie einen hohen, mit dem Kopftuch umwundenen Turban, trugen lange, weite Hosen, ein weites, gestreiftes Hemd, darüber einen Kaftan und endlich eine Jacke. Von ihnen erfuhren wir, dass die Dorfbewohner eine leidliche Menge verschiedener Produkte erzeugen, wie Gerste, Weizen, Linsen, Erbsen und Hanf, und sie erfreuen sich offenbar ansehnlichen Wohlstandes. Von Bäumen aber gewahrt man weit und breit keine Spur.

Um 12 Uhr 30 Min. setzten wir unseren Marsch fort, aber gleich von Anfang an nicht in gerader Richtung, um auf dem direktesten Weg die über den Halys nach Ker-Schehr führende Brücke zu erreichen. Abü-Schár nämlich liegt schon etwas seitwärts vom Wege, aber anstatt diese Abweichung sogleich wieder gut zu machen, bogen wir immer weiter nach Westen ab, eine Zeit lang sogar mit W. 20° S. Der Armenier hatte nämlich unsere Führer beschwatzt, uns vom geraden Weg abzuführen, um so früher ein Dorf zu erreichen. — Wir passirten bald ausgedehntes schönes Ackerland, es schien aber noch nicht gehörig vom Regen befruchtet zu sein, obgleich der Pflug schon überall in Bewegung war. Dieses ganze ausgedehnte Ackergebiet übrigens war im Besitz der wenigen Familien von Abü-Schár, die sich nur den besten Boden aussuchen und das Übrige brach liegen lassen.

Dann folgte wieder Weideland und hier war es belebt von grossen Büffelheerden, die an 200 bis 300 Stück Vieh zählten. Wir durchschauten sogleich den Grund, warum wir diesen weiten Umweg gemacht hatten, als wir das Dorf Kyrk-Er vor uns erblickten. Ich ritt voraus, und so wie ich mich dem Dorfe näherte, riefen mir die Einwohner, die offenbar durch unsere Annäherung aus dem gewöhnlichen Gange ihres täglichen Lebens herausgerissen waren, zu, dass wir die Strasse weit zur Rechten gelassen hätten, und drückten ihre Verwunderung aus, wie wir hierher gekommen; ich folgte nur zu gern ihrer Weisung, anstatt mich von unserem Armenier bei der Nase herumführen zu lassen. Wir schickten also die beiden Führer zum Teufel, obgleich es uns des jüngeren ganz tüchtigen Burschen halber leid that, und schlugen ohne Weiteres den Weg zur Brücke ein. Unsere Leute folgten, nachdem sie im Dorfe einen Führer erpresst hatten. Das Dorf besteht aus etwa 50 Häusern, lauter flachen Steinwohnungen. Die Bewohner gehören gleichfalls dem Stamme der Turkomanen an.

Es war 2 Uhr 30 Min., als wir das Dorf verliessen, indem wir nun eine fast genau nördliche Richtung einhielten, und nach einer Viertelstunde passirten wir einen kleinen hübschen Bach, der auf unserer Linken vom erhöhten Boden, auf dem das Dorf liegt, herabkam und dem Halys zufliesst; aus ihm werden die umliegenden, überaus fruchtbaren, Äcker künstlich bewässert und ein ansehnlicher Trupp Pferde graste hier auf dem schönen Weideland. Dann rückten wir zur Seite eines anderen Baches entlang, der zur Linken heranzog, bis wir ihn um 3 Uhr 50 Min. passirten. Hier ward das Terrain rauh und bewegt und der Bach floss über Felsboden, während wir eine Erhebung hart zur Rechten hatten. So erreichten wir denn endlich um 4 Uhr 15 Min. die Brücke, wo der gerade Weg von Tüs-koei herkommt, und hier hatten wir beiden Europäer denn einen schlagenden Beweis in Händen, unseren eigenmächtigen Armenier seines unrechten Verfahrens zu überführen, und es gab eine heftige Scene zwischen uns. Die Folge war, dass er trotz all' seines frechen Polterns und selbst Drohens doch stillschweigend sein Unrecht einsah und so nun beschloss, uns noch diesen Abend nach Ker-Schehr zu bringen, obgleich unsere eigene Absicht ursprünglich gar nicht darauf gerichtet war, selbst auf der geraden Strasse heute noch die Stadt zu erreichen.

Die Brücke, Kessl- oder Kessík-köpry genannt, besteht aus 12 Bogen und ausserdem aus einem offenen Zwischenraum in der Mitte, der nur mit einer Holzüberlage bedeckt ist. Neun Bogen des linken Ufers sind noch gut erhalten. Eine Inschrift-Tafel beweist, dass die Brücke aus mohammedanischer Zeit stammt, aber die Zeit war zu kurz, als dass mein Begleiter die Inschrift in der Eile hätte entziffern können. — Unter dieser stattlichen Brücke rauscht der Halys als ganz ansehnlicher Fluss hindurch, aber seine Ufer sind hier gegenwärtig recht öde und wüst, jedoch war das keineswegs immer der Fall, denn vor gar nicht vielen Jahren war dies noch eine sehr belebte Strasse. So sieht man am nördlichen Ufer, hart am Ende der Brücke, einen alten, schönen, jetzt natürlich verlassenen Chán mit den Ruinen eines alten Dorfes, das noch auf Kiepert's Karte als Köprü-köi erscheint. Nichts kann den Reisenden, wenn er zuerst dieses Land betritt, tiefer berühren und ihn mehr gegen die scheinbare Nachlässigkeit der jetzigen Regierung erbittern, als der Zustand dieser nützlichen Gebäude, von denen der gesammte Landesverkehr abhängig ist, aber man muss die veränderten Handelsverhältnisse berücksichtigen und die ganz andere Richtung des Verkehres, seitdem das Schwarze Meer den Bewohnern des Binnenlandes geöffnet ist. Allerdings hat auch die Unsicherheit mancher Landschaften darauf eingewirkt, aber die anderen Verhältnisse haben viel grössere Bedeutung. Darüber hat mein Begleiter einige treffliche Bemerkungen. Er sagt: „Es würde ein voreiliger Schluss sein, wenn man diese Ruinenstätte als einen Beweis des Verfalles ansehen wollte; als Smyrna noch der einzige Einfuhrhafen von Anatolien war, brachten Karawanen die Waaren von und

Die Brücke Kessi-köprÿ über den Halys; Ankunft in Kyr-Schehr.

nach Smyrna auf einer Menge von Strassen, welche damals mit allen zu diesem Zweck erforderlichen Bedürfnissen versehen waren. Seitdem aber auch das Schwarze Meer eröffnet ist und namentlich seitdem Dampfschiffe alle Häfen des Türkischen Reiches besuchen und die vermehrte Konkurrenz zur Auffindung der kürzesten Strassen nöthigt, haben die Handelsverhältnisse von Anatolien ganz andere Bahnen eingeschlagen und Strassen, welche früher belebt waren, sind jetzt ganz verödet, während nun solche Strassen, welche man früher gar nicht kannte, ein ganz neues Leben entwickeln. Ein Verfall ist um so weniger anzunehmen, da die statistischen Dokumente ganz entgegengesetzte Resultate liefern; in Smyrna betrug z. B.

	im Jahre 1833	1857
die Einfuhr . . .	50,359,454	305,936,710 Piaster,
die Ausfuhr . . .	74,692,129	299,667,790 „
	125,051,583	605,604,500 Piaster
oder Pfund Sterling	1,250,516	5,046,704

Im Jahre 1858 war in Folge der allgemeinen Erschütterung des Handels auch hier eine kleine Verminderung." — Jedenfalls ist diese solide Brücke, die den Hauptverkehr aller dieser Landschaften südlich vom Halys mit den nordwestlichen Gegenden vermitteln sollte, jetzt fast ganz unbrauchbar geworden und Jeder scheut diese Strasse, wo für Herbergen ganz und gar nicht gesorgt ist.

Nachdem wir die Brücke passirt hatten, nahmen wir eine Weile lang eine ganz westliche Abweichung von unserer Nordrichtung, indem wir uns längs der Nordostseite des Flusses hielten, der hier eine Menge Inseln bildet. Auf der Hügelkette an unserer Rechten zeigten sich Kameele, aber sonst war kein Zeichen von Bewohnung zu sehen. Wären wir in dieser Richtung fortgezogen, so hätten wir ein Dorf erreicht, denn am Flusse hin sahen wir Rauch aufsteigen. Ob es aber Emirlér war oder wie es sonst heissen mochte, kann ich nicht sagen, da sich unser Führer hier aus dem Staube machte. Wir schlugen nun wieder eine fast ganz nördliche Richtung mit nur geringer östlicher Abweichung ein und passirten, eine halbe Stunde von der Kessi-köprÿ, ein Flüsschen mit zerstörter Brücke, das hier einer grossen Biegung des Halys zuzieht. Dahinter tritt der Fluss in eine Bergenge ein. Dann stiegen wir in einer ganz unbebauten Landschaft ohne lebendes Wesen anwärts; nur kleine Vögel liessen von Zeit zu Zeit ihre Stimme hören und wir vermutheten daher die Anwesenheit eines Dorfes oder wenigstens von Menschen, aber es war nur Täuschung. Unser reuiger Armenier war auf seinem trefflichen Orauschimmel vorausgeeilt und wir Zurückbleibenden hielten uns dicht beisammen und nahmen unseren Weg in der Dunkelheit mit einiger Vorsicht, die um so nöthiger war, als der bis dahin leidlich gute Pfad weiterhin sehr schwierig wurde, da ihn der Regen ausgewaschen hatte. Leider war an eine Beobachtung im Einzelnen nicht zu denken. Da hörten wir noch 8 Uhr lebhaftes Geräusch vor uns und zwar in so ausgedehntem Kreise, dass wir sicher waren, es müsste ein beträchtlicher Ort sein und aller Wahrscheinlichkeit nach Kyr-Schehr, und schon nach einer Viertelstunde erreichten wir den Anfang der schönen Pflanzung, erfuhren nun aber vielfachen Aufenthalt, besonders da wir uns einen Augenblick der irrigen Meinung hingaben, dass der Weg zum Dorfe westlich abführe, und daher auf einer Brücke den Hauptbach passirten. Endlich nach 9 Uhr betraten wir, nachdem wir den Gottesacker durchzogen, den eigentlichen Kern des mit seiner Pflanzung weit und breit zerstreuten Ortes und hier kam uns gleich der Armenier mit einer Laterne entgegen und führte uns durch den kleinen Basár in einen Chan Namens Latif Oghlū Békir Effendi.

Hier fanden wir auf der erhöhten Holzterrasse in dem Stalle schon ein Lager für uns in Bereitschaft gesetzt, das freilich in weiter Nichts als einem auf Stroh ausgebreiteten Teppich bestand; im unteren Raume waren Ochsen, Esel und Pferde in traulicher Gemeinschaft zusammengruppirt. Unser Abendbrod war aber noch einfacher als unser Quartier und bestätigte denn allerdings in gewisser Beziehung Ainsworth's Angabe, dass man in Kyr-Schehr nichts Anderes habe als Traubenhonig. Der einheimische Türkische Name für dieses Gericht, das Einem in grösserer Menge genossen bald überdrüssig wird, ist „narbek" oder „pekméss"; Ainsworth bedient sich des Arabischen Namens.

Freitag den 3. Dez. Zu etwas später Stunde machten wir uns auf, um die Stadt und die nächsten Gärten zu durchstreifen (s. den Plan von Kyr-Schehr auf dem westl. Kartenblatt). Der Tag war sehr schön. Auch hier bestätigte sich wieder das feine, lebendige Gefühl der Osmanen in der Namengebung ihrer Orte, denn man könnte keinen passenderen Namen für diesen Ort finden als eben Kyr- oder Kir-Schehr (vollständiger Schehri), „die Feldstadt". Wir wandten uns zuerst nach der grösseren Médressch oder vielmehr einem Komplex verschiedener Gebäude mit einer Médressch. Es ist ein auf einem freien Platze liegendes grosses Gebäude, in dem noch erhaltenen Theilen von ziemlich viereckigem Grundriss und einem interessanten, reich verzierten Portale. Das letztere wird von gewundenen Säulen eingerahmt, die einen ganz eigenthümlichen Sockel haben. Auch die Verhältnisse des mit Lazurziegeln geschmückten Minarets sind sehr schön und schlank, aber es hat seine Spitze verloren und ist leider ein ferneres Dokument der Vernachlässigung aller früheren Bauwerke durch die Türkische Regierung. Es enthält jetzt ein militärisches Magazin. Nach der von meinem Begleiter entzifferten Inschrift ward dieses Gebäude im Jahre 691 der Hedschra erbaut, und zwar von Ghayâth e' dúnia ü e' din, Sultan von 'Irâk und Persien, „Beleber des Islam und der Moslemin, dem Edlen unter den Königen und Sultanen, dem Eroberer". Herr Dr. M. macht dazu folgende Bemerkung: „Das wäre denn wieder ein Herr, von welchem keine bekannte Urkunde Nachricht giebt; es wird wohl ein Seldschuke gewesen sein. Die mit der Médresseh verbundene Türbe enthält auch eine Inschrift, die aber vermauert ist."

Wir wandten uns von hier, noch im Bereich des Ortes, aber über fast ganz unbebaute freie Plätze, nach der Médresseh des Melek Ghâsi Chân; so wenigstens wird das Gebäude jetzt genannt, obgleich nach der von Herrn Dr. M. entzifferten Inschrift ein ganz anderer Fürst der eigentliche Erbauer ist. Er sagt darüber Folgendes: „Die Inschrift über dem Portal giebt an, die Médresseh sei gestiftet zur Zeit des Sultan Azzeddin ['As e' din] Ebu 'l Fetih Kei Kavus, Sohnes des Kei Chusrav Kassim, Emir el Mümenin (Beherrscher der Gläubigen), durch Mathaffer e' din, Sohn des Melik Faehr e' din Behramschah, im Jahre 644 (1246). Der Name des Fürsten stimmt mit den bekannten Geschichtsquellen überein, aber die Jahreszahl nicht genau, und statt dessen wird uns hier ein neues geschichtliches Räthsel aufgegeben: Wie kommt der Seldschuken-Sultan 'As e' din dazu, sich den Titel Emir el Mümenin beizulegen? Der Seldschuke beging damit eine ganz ungeheuere Usurpation, gerade als wenn z. B. der König von Portugal sich einen „„Nachfolger Petri und Statthalter Christi"" nennen wollte. — Eben so unbegreiflich ist es mir, wie die Médresseh zu dem Namen „„M. des Melik Ghâsi Chân"" kommt, da doch die Inschrift über dem Portal einen ganz anderen Stifter nennt." — Dabei wurde das Gebäude nach der Angabe einer ganz hübschen, aber im Vergleich zu der höchst geringfügigen Arbeit wohl sehr prätensiösen Inschrift im Jahre 1269 der Hedjra ausgebessert. Die Façade hat reich verschlungene Ornamente, aber in bei weitem gröberer Ausführung als die andere Médresseh und etwas gedrückt. Das Gebäude dient noch jetzt als Médresseh.

Wir wandten uns dann durch offenes Feld nach einem oktogonen Grabmale, das wir in ansehnlicher Entfernung am Rande der Pflanzung bemerkten, und dieser Besuch ward für mich sehr wichtig, da ich von diesem Punkt aus den kleinen Plan des Thales von Kyr-Schêhr aufnahm (s. das westliche Kartenblatt). Das schöne, reiche Fruchtthal ist ziemlich genau von N. nach S. gerichtet und über 2 Deutsche Meilen lang, in der Mitte auf eine Länge von etwa ³⁄₄ einer Meile mit einer grösseren Ausweitung bis auf 5000 Fuss. Von hier ziehen sich mehrere Seitenbuchten in die umliegenden,

nicht eben hoch ansteigenden Hügelreihen hinein. Der Ort selbst, wenigstens die Hauptgruppe, liegt ziemlich in der Mitte der Pflanzung, aber mehrere Gruppen liegen ganz getrennt für sich. Die gesammte Ortschaft hat 1200 Häuser und ist noch keineswegs so in Verfall, wie man aus Ainsworth's Darstellung vermuthen sollte. Übrigens liegt der Grund davon vielleicht darin, dass die Menge Derwische, die auch jenem verdienstvollen Reisenden den Ort ruinirten, als sie daselbst nicht mehr die ihnen gefällige Pflege fanden, sich fortzogen, so dass in Folge davon der Ort sich einigermaassen wieder erholen konnte. Auch wurden wir ganz und gar nicht belästigt, im Gegentheil, die Leute kamen uns freundlich entgegen. Allerdings muss dieses reiche Pflanzungsthal im Sommer einen noch viel grösseren Eindruck von Fülle und Fruchtbarkeit gewähren, aber zu der Jahreszeit wäre ich nicht im Stande gewesen, mit einem einzigen Blick die ganze Natur der Örtlichkeit zu überschauen. Jetzt bildeten besonders die hohen kahlen Pappeln einen hervorragenden Gegenstand. Übrigens ist es ganz natürlich, dass in der Nähe der städtischen Gemeinde, die manche andere industrielle Interessen hat, die Sorgfalt auf die Pflege der Pflanzung nicht so gross ist als in den entlegeneren Theilen, wo die Einwohner innerhalb ihrer Gärten eine bleibende Stätte haben. Das hatten wir gestern Abend in der Dunkelheit nicht so beobachten können, bei unserem Ausmarsch aber überzeugten wir uns davon vollkommen. Von dem Grabmal aus erblickte ich in S. 10° W. eine hohe Kuppe, aber ich hatte keinen Führer bei mir, um mir ihren Namen angeben zu lassen.

Von diesem Grabmale kehrten wir an dem nach Osten getrennt gelegenen Dorfviertel zurück in den Hauptort und bestiegen nun die Kastellhöhe. Kaum jedoch verdient diese Anhöhe einen solchen Namen, denn wenn hier in sehr alter Zeit scheint hier einmal etwas Kastellähnliches gelegen zu haben und man sieht jetzt daselbst nur ein schlecht und nachlässig errichtetes Provinzialgebäude, aus allerlei Raub zusammengeklebt. So sieht man unter den Bruchstücken, aus denen es besteht, zwei oder drei alte Kapitäler, während sonst nur kleines Getrümmer die Anhöhe bedeckt. Nach der über dem unansehnlichen Eingang befindlichen Inschrift ward dieses Gebäude errichtet auf Befehl des Ghayâth e' dunia ü e' din Ebu 'l Fetih Kei Chusrav, Sohnes des Kei Kavus Kassim, Emir el Mümenin, also von demselben, der die Médresseh erbaute, aber die Jahreszahl fehlt hier. Nach sonstigen historischen Angaben, die aber schon um wenigstens zwei Jahre von der Inschrift abweichen, nach welcher jener Fürst im Jahre 1246 gewiss noch regierte, fällt die Herrschaft eines Ghayâth e' din Kei Chusrav, Sohnes des Kei Kavus, zwischen die

Jahre 1237 und 1247. — Von diesem Kastellhügel stiegen wir geraden Wegs zur Residenz des Mudīr hinab. Sie ist Nichts als ein kleines Seitengebäude, auf einem grossen freien Hofraum gelegen und im allervernachlässigtesten Zustande. Nur ein einziges mittelgrosses Gemach war im leidlichen Stande und zu den Sitzungen des Medjeless appropriirt. Man könnte sich allerdings verleiten lassen, aus dem elenden Charakter dieses Gebäudes einen Schluss auf den Verfall des ganzen Ortes zu ziehen, aber das wäre verkehrt. Richtiger schliesst man aus solchen Zuständen auf eine mangelhafte Organisation des ganzen Türkischen Staatsdienstes, wo für solche Gebäude bei dem steten Wechsel der Personen nicht gesorgt wird. Gerade zur Zeit unseres Besuches ward eine Sitzung gehalten, dennoch aber empfing uns der Mudir mit grosser Freundlichkeit und wir nahmen neben ihm Platz, während die Verhandlung vor sich ging. Er war ein frisch und gemüthlich aussehender Mann, nicht mit dem türkischen Gesichtsschnitt, sondern dem Anschein nach von Albanesischem Stamm, und bei weiterer Unterhaltung zeigte er sich recht gut unterrichtet. Ich theile hier mit, was Herr Dr. M. über diese Unterhaltung sagt: „Der Mudir fragte auch: Seit einem Jahre habe der Sultan durch ein Gesetz den aus Europa Einwandernden grosse Vortheile versprochen; warum kämen denn keine Einwanderer? Leider vermochten wir auf diese Frage keine Antwort zu geben. Es wäre dem Lande zu wünschen, dass eine thätige und intelligente Bevölkerung in Masse einwanderte; Eingeborene und Einwanderer würden dabei nur gewinnen, aber wenn die Einwanderer nicht besser sind, als die Proben, welche man in Konstantinopel und Smyrna zu sehen bekommt, so würde die Türkische Regierung besser thun, sich jede Einwanderung allen Ernstes zu verbitten." Auch dieser Mudir steht noch unter dem Baschā von Nigdeh, ein Verhältniss, das wir nicht geahnt hatten, selbst nachdem wir in Erfahrung gebracht, dass Abū-Schār gegenwärtig unter dessen Autorität stehe. Allerdings ist es ohne Bedeutung, da diese Verhältnisse sich stets verändern.

Wir hatten es schon eingeleitet, Postpferde zu erhalten, als der jüngere Gefährte unseres Armenischen Kātirdschī's sich erbot, uns für 400 Piaster mit seinen fünf Pferden nach A'ngora zu bringen. Darauf gingen wir nun ein. Überhaupt ist es hier gar nicht leicht, Postpferde zu erhalten, da der Post nur wenige Thiere zu Gebote stehen. Es war eigentlich nur in Folge dieser Absicht, die Post zu benutzen, dass wir die nördliche Strasse über Yachschī-Hanē zu nehmen beschlossen, und dabei blieben wir nun, waren auch in der Folge mit unserem Entschluss ganz zufrieden. Während wir uns zur Abreise rüsteten, hatte sich der Basār des Ortes recht gefüllt und die langen Reihen gut verschöner Buden nahmen sich ganz stattlich aus und machten wahrlich nicht den Eindruck grossen Verfalles. Natürlich ist Kyr-Schēhr nur für die nächstwohnenden Landbewohner ein Marktort, die sich hier mit ihren Kleidungsstoffen und sonstigen Bedürfnissen versehen, und dabei ist es allerdings wunderbar, dass der Ort so schlecht mit Lebensmitteln verproviantirt ist; besonders scheint es an Schlachtvieh zu fehlen, obgleich es hier Turkomanen genug giebt. Diese nämlich bilden einen integrirenden, aber wandelnden Theil der Bevölkerung, indem sie im Sommer in ihre zwei Tagereisen entfernten Jaila's ziehen, während die Gartenbesitzer die sesshafte Bevölkerung bilden. Von diesen kommen die der Stadt näher wohnenden während des Sommers alltäglich herein, um ihre Geschäfte zu betreiben, als Handwerker, Kaufleute, Beamte, und im Winter bleiben sie ganz in der Stadt, die entfernteren aber scheinen sich dagegen auf ihre Gärten zu beschränken und treiben dabei wohl Ackerbau. Unangenehm berührte uns nach dem dem Verfalle anheim gegebenen prächtigen Backstein-Minaret der alten Medresseh der Anblick des nun seine Stelle vertretenden, armseligen neuen kleinen hölzernen Orts-Minarets.

Ein Viertel vor 2 Uhr verliessen wir die belebte Marktstrasse dieses kleinen Viertels von Kyr-Schēhr und traten mit ziemlich nördlicher Richtung in den reichen Saum der Gärten ein, der sich längs der Thalenge auf grosse Erstreckung nach Norden hinzieht. Nachdem eine kleine Unterbrechung der rechten Seite uns schon hatte glauben machen, dass es nun mit der Pflanzung zu Ende gehe, ward sie erst recht schön und hier in der Entfernung von drei Viertelstunden von der Stadt waren die Gärten besonders gut gehalten und eine schöne Abwechselung der Fruchtbäume zeigte sich. Hier sah man auch neben Aprikosen- und Äpfelbäumen viel Weinbau. Nur machte es auf einen Europäer einen nicht ganz angenehmen Eindruck, dass die Bäume nicht beschnitten waren. Jedenfalls aber war kein Verfall wahrzunehmen; selbst die entferneren Wege zwischen den Gärten waren gut geebnet, reinlich und selbst im Dunkeln leicht zu passiren. Mein Begleiter erfuhr, dass ein Weingarten von etwa 8 dönüm (1 dönüm hält $40 \times 40 = 1600$ Q.-Ardschīn oder Brabanter Ellen) mit allen Weinstöcken darauf ungefähr 1000 Piaster kostet. Um 3 Uhr tränkten wir unsere Pferde an dem die Pflanzung bewässernden freundlichen Bach. Hier sind auch die Abhänge der das Thal umgürtenden Hügel zu schönem Ackerland bestellt und wir begriffen nun die Auskunft, die wir vom Mudir erhalten hatten, dass Kyr-Schēhr sehr reichlich mit Korn versehen sei. Nachdem wir so $1\frac{1}{2}$ Stunden fortgezogen waren, behielt das Thal noch stets seinen fruchtbaren Charakter bei einer Breite von 1500 bis 2000 Schritt. Dabei ward es immer bewohnter, indem sich in diesem entlegenen Theile die Bevölkerung das ganze Jahr hindurch in den Gärten aufhält.

Endlich um 3 Uhr 30 Min. traten wir in die eigentliche Pflanzung hinaus, während die Breite des Thales dieselbe blieb und das Ackerland fortdauerte. Dabei ging es etwas aufwärts. Eine Viertelstunde weiterhin durchschritten wir den Bach zur Seite einer Brücke und hielten uns nun an der rechten Stromseite entlang. Um 4 Uhr 10 Min. machte der Weg eine bedeutende Wendung nach Westen zur Seite eines kleinen Kirchhofes; diese westliche Biegung schien bedingt durch den sumpfigen Charakter der sich nun erweiternden Thalebene. Hier zur Rechten zeigte sich viel Ackerland. Dann ward der Anstieg ansehnlicher, und, nachdem wir hart zur Rechten eine einzelne konische Höhe gelassen und in der Entfernung von etwa einer halben Stunde am anderen Thalabhang das Dorf Tschun, über welches die gerade Strasse von Yúsghäd nach Kyr-Schēhr geht, erreichten wir um 4 Uhr 50 Min. das kleine Dörfchen Djémalā, in der Einbucht des Höhenzuges gelegen, mit einigen Obstgärten davor in der Erweiterung der Schlucht und mit einem mittelalterlichen Kastell auf der dahinter aufsteigenden Felshöhe. Das Dorf hat 50 Häuser und wir erhielten eine sehr reinliche, niedliche Oda mit sorgfältiger Holzbedachung und tiefen Fensteröffnungen; auch haben die Bewohner unzweifelhaft einen gewissen Wohlstand und sie bauen neben ansehnlicher Weinzucht Roggen, Gerste und Weizen, aber der Kiaya langweilte uns sehr, indem er von Nichts als Gold sprach und auf höchst unliebenswürdige Weise seine Hoffnung auf gute Belohnung ausdrückte, welche er allerdings durch die Art seiner Bewirthung verdiente. Ihn schien das Englische Goldfieber erfasst zu haben; denn selbst bis in diese abgelegene Gegend war das Gerücht der grossen Goldminen der Neuen Erdtheile gedrungen. Das Kastell auf der Felshöhe schreibt die Volkssage dem Dschanbās zu, während von Hussēn Ghāsi, dem es von Ainsworth fälschlich beigelegt wird, die Erbauung des Kastells von A'ngora herrühren soll. Herr Dr. M. bezweifelt aber, dass Dschanbās es erbaut habe, da er bei dem Reichshistoriographen Sead e' dīn (Blatt 134 seines Manuskriptes) die Notiz gefunden, dass Sultan Mehemed I. im Jahre 809 d. H. (1406) auf diesem Schlosse mit den Karamanen-Fürsten zusammentraf.

Sonnabend den 4. Dec. Um 7 Uhr 38 Min. Morgens verliessen wir Djémalā und traten mit westnordwestlicher Richtung wieder zur Schlucht hinaus ins Hauptthal. Das ganze Land ringsumher war stark bereift. Die Thalebene war hier 3000 bis 6000 Schritt breit und von SW. nach NO. geneigt. Auf allen Seiten war sie von kleineren Höhen umgürtet. Der Boden ist augenscheinlich fruchtbar, aber augenblicklich war kein Anbau zu sehen. Nur von Zeit zu Zeit belebte sich die wüste Thalebene durch einen mit Gerste beladenen Zug Kameele; wir begegneten deren fünf. Erst um 10 Uhr weideten wir unsere Augen an dem Anblick von schönem Ackerland; es gehörte zum benachbarten Dorfe Ssöfulā mit 50 Häusern, das wir gleich darauf zur Rechten liessen. Ein Bach fliesst an ihm hin. Es ist dasselbe Dorf, das Ainsworth Süghür nennt und danach die ganze Ebene mit Süghür Ówassī bezeichnet. Ssöfulā ist wohl entschieden das Richtige. Dr. M. schreibt den Namen dicht hinter einander ein Mal Ssofular und dann Ssofalū. Einige umherliegende alte Marmorbaustücke verknüpfen den Ort mit dem Alterthum. Hier veränderten wir unsere Richtung gewaltig, indem wir uns nun nur 20 Grad westlich von Nord hielten, aber unser Reiter behauptete, dass der sumpfige Charakter der Ebene am Abhang der Hügelkette zur Rechten einen solchen Umweg unvermeidlich mache. Das Hauptthal scheint sich nach Westen zu ziehen und dorthin zweigte schon früher ein Pfad ab. Wieder ward das Land öde, bis wir um 11 Uhr 30 Min. am Abhang zur Rechten in einer weit offenen Schlucht das Dorf Essukodjalla hatten. Es besteht aus etwa 80 Häusern, von denen einige mit ihrer weissen Tünche ein ganz nettes, frisches Aussehen hatten; zur Linken, an dem nach Süden gekehrten Abhange, geschützt gegen die kalten Nordwinde, liegen einige schöne Weinberge. — Während des Aufenthaltes, den das Gepäck uns hier verursachte, maass ich den Trachytkegel vor Djémalā von hier aus in S. 40° O. Wir fingen dann an, aufwärts zu steigen, und erreichten um 12 Uhr die Kammhöhe, von der wir nun in ein sumpfiges Passthal hinabstiegen. Hier fingen die Hügel an, sich wieder mit kleinen Eichen zu bekleiden. Wir liessen einen Weiler zur Linken und einige Kälber weideten umher, waren aber im elendesten Zustand. Es war erfreulich, wieder mehr Thätigkeit zu gewahren, als wir nach einer halben Stunde eine kleine, wohl angebaute Einsenkung durchzogen, deren Äcker gerade gepflügt wurden. Wie wir nun aber tiefer hinabstiegen, sammelte sich ein dicker Nebel über den Tiefthälern dergestalt, dass wir ganz eingehüllt waren und von unserer Umgebung fast Nichts gewahrten, nicht einmal den Berg Karaghös.

So erreichten wir endlich ein Viertel nach 1 Uhr Hämed oder Hämid, ein Dorf von 60 Häusern, wo auch vor mehr als 20 Jahren Ainsworth Quartier gemacht. Auch bis jetzt noch hat sich hier ein leidlicher Wohlstand erhalten, trotz mancher Einschränkungen individueller Macht und Reichthums seit jener Zeit. Genug, wir erhielten bei einem Verwandten unseres Reiters, einem reichen Turkmanen, eine sehr grosse, schöne Oda und nach einigem Warten ein recht stattliches Frühstück. Diese Turkmanen gehören zum Stamm der Djerid, der nur 200 Familien umfasst, während der Stamm der Häramēn 2000 zählt.

Ich führe an, was Herr Dr. M. über diesen Ort sagt, da seine Angaben zum Theil die meinigen ergänzen, zum Theil davon abweichen. „Das Dorf hat 30 Häuser und baut Gerste, Weizen, Roggen, Flachs, Linsen, Erbsen, Bohnen und vorzüglich schöne Weintrauben. Die Bewohner sind Türkomanen vom Stamme Haremein, und zwar gehören sie zu den reichsten Familien des Stammes; in früheren Zeiten waren sie Derebey's; Ainsworth beklagt sich über die Unbotmässigkeit und Ungastlichkeit der Leute; davon haben wir nicht das Geringste bemerkt. Wir wurden sehr gastfrei, man kann sagen luxuriös, aufgenommen und von Widersetzlichkeit gegen die Befehle des Sultans war keine Rede; wohl aber fanden wir schon selbst im Äusseren einen grossen Wohlstand, ihre Kleidungsstücke waren ungemein sauber und zum Theil gingen sie in seidenen Gewändern einher. Dagegen haben sie jetzt so wenig wie die anderen Türkomanen ein gemeinsames Oberhaupt mehr; ihr Stammhäuptling ist gestorben und ein Theil der übrigen Türkomanischen Stammhäuptlinge sind noch jetzt Staatsgefangene in Yosghäd."

Nach fünfviertelstündigem Aufenthalt setzten wir unseren Marsch fort und stiegen nun abwärts durch sehr reiches Weideland, wo das Gras eine von mir in diesen Gegenden noch nicht gesehene Höhe und Fülle erreichte und grosse Heerden von Vieh zu ernähren im Stande war. So passirten wir um 3 Uhr 30 Min. einen kleinen Bach und zogen nun an seiner linken Seite aufwärts, bis wir nach einer Viertelstunde einen ziemlich hohen Rücken erstiegen, der gleichfalls eine in Weide- und Ackerland fröhlich sich entfaltende Oberfläche hatte. Hier lag in einiger Entfernung zur Linken ein neu erbautes Dorf, eine Kolonie von Hâmid, und eine Viertelstunde weiterhin zog auf derselben Seite eine überaus fruchtbare Thaleinsenkung mit breitem, sehr betretenem Fahrweg heran. Um 4 Uhr 20 Min. erreichten wir bei zunehmender höchst unfreundlicher Kälte und stets sich mehr verdichtendem Nebel das kleine Dorf Merdan 'Alî (nicht Mâden 'Alî), das nur 10 Häuser zählt, aber sich doch schon kartographisch einen Namen in Europa erworben hat. Solche aus gastronomischen Gründen der Reisenden entstehende Ungleichheiten können bei der allmäligen Kenntnissnahme fremder Länder keineswegs ausbleiben. Doch muss man gestehen, dass diess kleine Dorf besonderes Interesse verdient. Auch erhielten wir ganz leidliches Quartier nebst gutem Abendessen. Die Einwohner besassen, wie wir uns überzeugten, recht fette Schafe, und wie sie selbst aussagten, trägt der Acker 20fältige Früchte, aber doch klagten sie stark über die willkürliche Erpressungen der Beamten. Mein Begleiter hat folgende Bemerkungen in Bezug auf dieses Dorf: „Merdan Ali ist ebenfalls ein Dorf der Haremein-Türkomanen und hält 10 Häuser. Früher gingen die Bewohner im Sommer auf die Jaila's, aber seit 10 Jahren ist es ihnen verboten und sie haben also die Viehzucht mit dem Ackerbau vertauschen müssen; sie bauen jetzt Gerste, Roggen, Weizen und Flachs. Der Boden ist sehr fruchtbar und liefert 20fältigen Ertrag. Die Luft ist gesund und das Wasser gut, aber das Dorf ist arm, weil nach der Aussage des Kiaya ihre Vorgesetzten, die Aga's und Beie in den Districten, die Befehle des Sultans missachten, ja wohl gar ihnen entgegenhandeln. Hier hörten wir einmal eine Stimme aus dem Volk über die Wirkungen des Derebey-Systems. In der Umgegend sind auch viele Kurden, welche als sehr brave Leute geschildert wurden; die Einwohner von Merdan Ali verkaufen ihre Produkte an Kurdische Aufkäufer, selten und nur in geringen Quantitäten in Denek Maden, niemals in Angora oder Kyr-Schēhr. In der Umgegend von Merdan Ali sind so viele Wölfe, dass die Einwohner sagen, ihre eigentliche Heimath sei hier: wer bei solchem Nebelwetter wie jetzt des Abends ausgehe, werde unfehlbar von Wölfen zerrissen."

Von Merdan 'Alî führen zwei Wege nach Angora. Der eine über die Brücke Tschaschnegir ist 18 Stunden weit, aber sehr gebirgig; es ist die Karawanenstrasse(?); zwei Stunden von hier ist ein sehr bedenkliches Thal, vier Stunden das Dorf Mussellim, sechs Stunden die Brücke Tschaschnegir, bei welcher ein Derbénd, ein Mudir und ein Yüzbaschi (Hauptmann) mit einigen Sabtiés liegen, und acht Stunden das Dorf Kekridsche. Die andere Strasse ist 22 Stunden weit; es ist die Poststrasse. Diese wählten wir, weil wir für die erstere keinen Führer bekommen konnten und unser jetziger diese Strasse nicht kannte.

Sonntag den 5. Dez. Um 7 Uhr 40 Min. brachen wir auf und passirten nun längs einer schmäleren, unregelmässigen Thaleinsenkung voll unausgebildeter Sumpfgewässer, bis wir nach 25 Min. einen kleinen Hügelpass überstiegen. Die ganze Landschaft bildet nämlich eine bedeutende Mulde in dem Hochplateau Klein-Asiens, indem sie an 500 Fuss unter der durchschnittlichen Höhe von 3000 Fuss liegt. Nun ward die Bildung unregelmässiger, aber im Ganzen hatte sie doch denselben Charakter, und ein Sumpfwasser blieb uns zur Seite, bis es um 8 Uhr 45 Min. zur Rechten abzog, wo es ein schönes, frisches Weideland befruchtete. In der That konnten wir wenigstens uns nicht vorstellen, dass wir uns in einer alpinen Landschaft befänden, aber freilich erlaubte der Nebel keinen Blick in grössere Ferne. Herr Dr. M. ist aber vollkommen im Irrthum, wenn er meint, dass Karl Ritter S. 326 nach Ainsworth dieser Gegend einen alpinen Charakter beilege; das bezieht sich auf die Landschaft östlich von Ssófulā. Nach einer Stunde passirten wir dann einen nach NO. abfliessenden Bach und durchzogen gleich darauf das

Dorf Djémali (nach M. Dschinali) mit kleiner Pflanzung und Weingärten. Dann hält man sich längs des Fusses des zur Rechten sich hinziehenden Hügelzuges, aber die ganze Wegstrecke bis Denek Máden war durch Nichts belebt als eine einsame Wassermühle.

Denek Máden erreichten wir gegen 11 Uhr. Es ist ein Bergwerksdorf von 150 Griechischen und 15 Türkischen Wohnungen und gewährt keineswegs einen sehr freundlichen Anblick. Nach Dr. M. ist sein wahrer Name Gümischhān oder Gümischhanēh; dann müsste er aber doch noch einen Beisatz haben, um ihn von anderen Silberbergwerken zu unterscheiden. Auch räumt Dr. M. ein, dass die Gruben selbst von dem Berge den Namen Denek Máden führen. Da wir hier Mittagsrast halten wollten, wendeten wir uns an den Mudīr und wurden sehr freundlich von ihm aufgenommen. Es war ein ziemlich gebildeter Mann, der weit umher gekommen war und, was man hier gar selten findet, auch Arabisch sprach, aber er hatte einen gänzlich geistesverwirrten Sklaven bei sich, der mit ein Paar katholisch-Italienischen Floskeln allerlei unsinnige Fragen that und Antworten gab. Auch schien der Mudīr für die ökonomische Verwaltung des Bergwerks eben nicht viel zu thun, obgleich er genug davon redete. So hatte er 750 kis (25,000 Thaler), also eine ganz ansehnliche Summe, von Stambul zum Bergbetrieb verlangt, aber man hatte ihm zu seinem nicht geringen Verdruss nur 150 geschickt, und was er damit ausgerichtet hatte, war wahrlich erbärmlich. Er hatte nämlich einen ganz elenden, völlig unregelmässigen, neuen Schacht zu etwa 60 Fuss Tiefe sprengen lassen und da meinte er nun, reiches Erz zu finden; allerdings war eine Vitalader da, aber was war viel zu gewinnen ohne regelmässigen Bau! Der ganze Betrieb scheint höchst gering zu sein. So hatte der Mudīr, der ungefähr seit einem Jahre diesen Posten bekleidete, erst Eine Sendung Silber nach der Hauptstadt gemacht und diese bestand in 140 Okken, also etwa 7500 Thaler an Werth. Wenn ich ihn recht verstand, erhalten sie aus je 600 Okken Bleiglanz-Erz 250 Okken Blei und daraus 250 Dram Silber. Das ist ganz dasselbe Verhältniss, wie es Ainsworth angiebt, da die Okke 400 Dram hält. Auch entnahmen wir aus der Aussage des Mudīr, dass man wieder aus jeder Okke Silber eine Dram Gold gewinne. Das Blei fällt ganz dem Mudīr zu und scheint ihm also einen hübschen Gewinn abzuwerfen, weniger aber gewinnt allem Anschein nach die Regierung dabei. Aber auch die Schmelzanstalten waren in guter Ordnung. Man benutzt zum Schmelzen das in der Umgegend sehr reichliche Eichengestrüpp. Herr Dr. Mordtmann macht noch folgende Bemerkung: „Gümischhān mit seinen Minen steht nicht unter dem General-Gouverneur von Yoezghād, sondern, wie alle Bergwerke des Landes, unter dem unmittelbaren Befehle des Münz-Direktors. Ainsworth, welcher vermuthlich dieselbe Auskunft erhielt, hat diess falsch verstanden, indem er schreibt, der Mudīr von Denek Máden habe das jus gladii; aber das steht bekanntlich in der Türkei dem Sultan allein zu."

Nachdem wir dieses grossartige Bergwerk besehen, traktirte uns der Mudīr mit einem ungemein reichen Frühstück, aber nicht in der gemüthlichen Türkischen Weise, sondern mehr mit Europäischer Afterroutine, wobei wir auch mit ziemlich Europäischem Komfort am Tische sassen, und wir hatten Mühe, uns seiner weiteren Freundlichkeit zu entziehen, da er durchaus darauf bestand, uns den ganzen Tag hier zu behalten.

Leider hatte das nebelige Wetter keineswegs nachgelassen, als wir um 1 Uhr 30 Min. Nachmittags unseren Marsch fortsetzten, so dass uns jede Fernsicht benommen war. Selbst an eine gute Niederlegung der verfolgten Strasse mit allen Umgebungen war nicht zu denken. Zuerst hatten wir vom Dorfe aus noch ein wenig aufwärts zu steigen, bei der so gepriesenen neuen Grube vorbei, dann ging es aber abwärts. Eichelgebüsch bedeckte das Gehänge; nach steilerem Abstieg gelangten wir um 2 Uhr 45 Min. in ein kleines Thal mit sehr schönen Schafheerden und gut gepflegten Weingärten nebst Baumwollenfeldern; dicht dahinter erreichten wir in einem kleinen Bergpass das Dörfchen Hassán-Dedē, ausgezeichnet durch eine Moschee und ein Derwisch-Grab. Herr Dr. M. bemerkt noch: „Unsere Führer sagten, dass es von Kyzylbaschen bewohnt würde, während der Name auf ein Derwisch-Kloster schliessen lässt — abermals ein Beweis, dass hier zu Lande ein Derwisch und ein Atheist synonym sind." — Die Türbe an der Moschee gehört wahrscheinlich dem Hassán-Dedē, von welchem das Dorf seinen Namen hat. Unsere Führer beabsichtigten, uns hier einzuquartieren, und hatten desshalb die gerade Strasse zur Seite gelassen, aber wir wollten durchaus nach Yachschā-Hanē. Wir setzten daher, sobald wir den Pass erstiegen hatten, unseren Marsch in rascherem Schritte fort, indem wir nun mit weiter Aussicht über das Uferland des Halys abwärts stiegen, und wir waren nicht wenig erfreut und überrascht, hier keineswegs jenen öden Charakter zu finden, der in anderen Strecken seines Laufes einen so unangenehmen Eindruck macht; im Gegentheil war das Ackerland an einigen Stellen ausgezeichnet und es trat sogar ganz hart an den Fluss heran, der hier eine grosse Biegung macht, woraus man sieht, dass der Wasserstrom, obgleich mit vielen Salztheilen geschwängert, dem Prinzipe nach keineswegs nachtheilig auf den umgebenden Boden einwirkt. Wir gingen nun hart an der Biegung des Flusses hin, passirten auf

Die Poststrasse von Kyr-Schehr nach Angora.

einer Brücke ein die Ebene durchziehendes Flüsschen und hielten uns dann auf dem schmalen Felspfad am Flussrand entlang, worauf wir etwas nach 6 Uhr das Dorf Yachschä-Hanö betraten, das wir viel ansehnlicher fanden, als wir erwartet hatten. Es besteht nämlich aus etwa 150 Wohnungen und ist ziemlich wohlhabend. — „Die Bewohner sind insgesammt Türken und bauen Weizen, Gerste und Baumwolle; in guten Jahren liefert der Boden zehnfältigen Ertrag, sonst aber ist der Ertrag schlecht. Der Anbau aber ist sehr sorgfältig" (Mordtmann). — Hier erhielten wir eine grosse Oda zum Quartier, aus der wir leider andere Gäste verdrängten, und wurden dann mit einem sehr guten Abendessen bewirthet, bei dem auch ein gewaltig grosser Hochzeitskuchen figurirte, da im Dorfe gerade Hochzeit war.

Unser Weiterritt von hier am folgenden Morgen war des dichten Nebels wegen keineswegs sehr glücklich, da wir uns bei Übersteigung des Gebirgskammes des Elmä-Dägh mehrere Male verirrten. Vorher jedoch hatten wir den Halys zu überschreiten und das war nicht ohne Interesse, da wir uns dabei überzeugten, wie leicht er an dieser Stelle, selbst in dieser Jahreszeit, zu durchfurthen sei. Es ist nämlich höchst wahrscheinlich, dass es eben an dieser Stelle war, wo der Lydische König Krösus auf seinem Feldzug gegen den Cyrus den Fluss passirte und so in den nördlichen Theil von Kappadokien einfiel. Der Halys hatte zur Zeit nur 2½ Fuss Tiefe bei etwa 200 Schritt Breite, indem eine Insel eine Unterbrechung bildete, was zugleich den von Herodot angegebenen Umständen der beiden Arme entsprach. Man hat hier recht Gelegenheit, sich von der für die Schifffahrt fast unbrauchbaren Beschaffenheit dieser Klein-Asiatischen Flüsse zu überzeugen, wenn man bedenkt, dass der Kysyl Irmak zwischen diesem Punkt und Osmandjik auf einer Strecke von höchstens 40 Meilen mit Einschluss aller Biegungen ein Gefäll von über 1500 Fuss hat.

Nachdem wir endlich drüben den rechten Pfad wiedergefunden, erreichten wir nach einstündigem Anstieg vom Flusse aus ein Kaffeehaus und Polizeistation oder Derbend mit einem kleinen Obstgarten am Abhange davor. Hier wird die Gegend unzweifelhaft immer romantischer, aber man sah Nichts davon, denn in einer Entfernung von 20 Schritt konnte man kaum das Geringste erkennen. Nachdem wir so die Höhe erklommen, ging es wieder steil abwärts und wir erreichten kurz vor 11 Uhr das am Fusse der Ostseite eines von N. 20° O. nach S. 20° W. streichenden schönen Thales gelegene Dorf Kylischlär (M. schreibt Kylydschilar), wo die meisten unserer Gefährten zurückblieben. Nachdem wir das Thal mit seinen schönen Obstpflanzungen und dem nach N. abfliessenden Bache durchschnitten hatten, rückten wir in die Hügel der gegenüberliegenden Thalseite hinein und stiegen in Thalwindungen leicht aufwärts, geriethen aber auf einen falschen Weg und erreichten so um 11 Uhr 40 Min. den kleinen Weiler Édighe oder Érdighe. Er besteht nur aus drei Wohnungen und die anwesenden Frauen und Kinder waren nicht wenig erschrocken, als wir plötzlich aus dem undurchdringlichen Nebel hervortraten. Die Männer arbeiteten alle auf dem Felde und wir hatten uns mit Mühe mit ihnen in Verkehr gesetzt. Der Weiler selbst scheint sehr hoch zu liegen, aber der Grund davon ist wahrscheinlich, dass man die Abhänge auf der anderen Seite zu Weinbau und Obstpflanzungen benutzen wollte. So ist denn Édighe rings von sehr schönem Ackerland und hübschen kleinen Obstgärten umgeben.

Wir stiegen nun an den in der Schlucht sich hinabziehenden Obstgärten entlang durch einen kleinen Bach, der dann aber in der tiefen Schlucht zur Linken abwärts floss, während wir aufwärts stiegen. Hier war es besonders zu bedauern, dass uns nicht allein jede Fernsicht raubte, sondern uns nicht einmal gestattete, das Nächste in seinem wahren Zusammenhang zu betrachten. Sonst muss diese Gebirgsgegend ganz vorzüglich malerisch sein. So erblickten wir, wir endlich um 12 Uhr 47 Min. Assi Yüsghäd erreichten, von dem recht ansehnlichen Dorfe mit 250 Häusern nur die nächsten der uns umgebenden Wohnungen und hatten gar keine Vorstellung von der natürlichen Beziehung des Ortes zu der Terrainbildung dieses Gebirges. Die Bewohner sind ausschliesslich Osmanli und meist reiche Bauern.

Die Oda, wo wir frühstückten, gehörte ein Paar Brüdern, die ein Muster von kerniger Rüstigkeit waren, zumal der Jüngere. Ihn nahmen wir als Führer in unseren Dienst. Es war ein vierschrötiger und untersetzter Bursche mit hübschen, klaren Zügen und einem jovialen Charakter, wie man sie hier im Inneren des Landes zu Tausenden findet und welche wohl noch im Stande sind, das von den Vätern mit guter Waffengewalt eroberte Land gegen Angreifende zu vertheidigen. So die Burschen von Assi Yüsghäd. Die Oda übrigens, wo wir abgestiegen waren, wollte gar nicht so schnell warm werden und durchfroren, wie wir waren, vermissten wir sehr ein gutes Feuer; allerdings gab es hier Holz anstatt des unerfreulichen tesek, aber es war zu feucht, um Wärme zu erzeugen. Auch setzten wir unseren Marsch bald fort und brachen um 1 Uhr 45 Min. Nachm. wieder auf.

Wir verfolgten den Weg nach Odabäschi und hatten so Gelegenheit, diese höchst eigenthümliche Landschaft von anderer Seite zu sehen, als von der sie bis jetzt bekannt geworden ist. Die Poststrasse hält sich nämlich mehr nördlich und berührt Orta-kooi. Auch war es ein grosser Vortheil, dass sich nun endlich die Nebel zertheilten, als wir etwa anderthalb Stunden unterwegs waren. Hier zeigte sich nun den Blicken recht schönes, gewelltes Weideland, von zahlreichen Kameelen belebt, an der Lehne mehrerer, hier und dort hervorragender, Kalkhöhen zur Linken, während drüben die ausgezackte konische und vulkanische Masse des Hussein Ghâsi sich noch nicht vollkommen entwickelte.

Die eigenthümliche Natur dieses zerrissenen Terrains bewährte sich gleich darin, dass wir, ehe wir Odabâschi erreichten, drei tiefe Schluchten passiren mussten, lauter Abzüge kleiner Wasserläufe, die sich mit den vom entsprechenden Abhange des Hussein Ghâsi herabziehenden zu einem grösseren Strom in tief ausgerissener, aber ziemlich weiter Schlucht vereinen. Auch Odabâschi liegt in einer engen Schlucht, in welcher entlang, dem grösseren Thale zu, eine kleine Pflanzung sich hinzieht. Das Dorf hat nur 30 Häuser, aber trotz seiner Unbedeutenheit erhielten wir eine ganz hübsche Aufnahme darin, wie dem Namen des Dorfes keineswegs Schande machte. Das Abendessen war auch leidlich und ein nationales gehacktes Zwiebelbeefsteak spielte dabei die Hauptrolle. Aber Holz gab es nicht und der tesék unterhielt ein nur mattes Feuer. Unsere Wirthe waren keineswegs sehr gesprächig, doch erfuhren wir, dass sie hier gar keinen Nebel gehabt hätten, während er in Assi Yúsghâd fünf bis sechs Tage gedauert hatte.

Dienstag den 7. Dez. Um 7 Uhr 40 Min. verliessen wir das kleine Dorf, zogen an dem Bache und den Gärten entlang zum Thale hinaus und hatten dann, wie gestern, mehrere tiefe Einschnitte des eigenthümlich gewellten Bodens zu durchschneiden. So fortziehend hatten wir nach 50 Min. in einiger Entfernung in einer der vielen Schluchten das Dorf Orta-kooi zur Rechten und in der Parallelschlucht davor sicht man kleine Obstgärten. Diese Thalschlucht, die, wie gesagt, die ihr von beiden Seiten zuziehenden kleinen Rinnsale aufnimmt und von NO. nach SW. zieht, betraten wir um 8 Uhr 40 Min. und hielten uns nun alsogleich am Bache entlang, der die Gärten bewässert und mit einer Reihe Weidebäumen von wahrhaft erstaunlicher Grösse besetzt ist. Wirklich hatte ich so ungeheuere, vom höchsten Alter zeugende Stämme nie gesehen. Zur Linken hatten wir stets die nackte, wild gegliederte Felsmasse und passirten hier zwei kleine Seitenschluchten, in deren zweiter an der kleinen Felswand ein Weiler liegt. Dicht dahinter überschritten wir den Bach und zogen nun quer durch das Thal auf die andere Seite hinüber, wo unser Weg mit der betretenen, von Orta-kooi kommenden, Poststrasse zusammentraf und wo herrliche Eichen das Thal schmückten. Da erreichten wir um 9 Uhr 30 Min. einen Trümmerhaufen aus dem Alterthum, der sich bei näherer Untersuchung als die Ruine eines Grabmales ergab. Auch fanden wir hier eine Inschriftsäule von Marcus Severus Antoninus und zur Seite der Strasse das Bruchstück eines Löwen, der seine rechte Tatze auf einen Apfel legt. Es ist bemerkenswerth, dass der Löwe das alte Wappen von Paphlagonien gewesen zu sein scheint, daher er auch aus sehr alter Zeit in geflügelter Form auf den Burgruinen von Kastámboli zu sehen ist, wo ihn Herr Dr. M. entdeckte. Wohl zu weit hergeholt ist es, wenn er glaubt, aus diesem alten Wappenbild den Löwen von San Marco erklären zu können, den die Eneter bei ihren Wanderungen dorthin gebracht hätten. Übrigens stammen diese Löwenbilder von A'ngora und in der Umgegend, wo sie sich zu Hunderten finden, keineswegs alle aus dem Alterthum her.

Wir hielten uns nun stets im Thal aufwärts, den Bach hart zur Linken und jenseits die schönen Fruchtgärten. Das Thal ist 400 bis 500 Schritt breit. So erreichten wir um 10 Uhr 10 Min. Kayásch, den Anfang der Gärten von A'ngora, von wo an die Pflanzungen sich ohne Unterbrechung entlang ziehen. Man sieht hieraus und aus der beiliegenden Karte, dass die Einzelheiten des Terrains sich hier etwas anders gestalten als in dem vom Freiherrn von Vincke niedergelegten Plane der Umgegend von A'ngora, aber mein verehrter Freund kam nicht selbst so weit über die Stadt hinaus, wie er ausdrücklich angiebt. Etwas weiterhin liegt zur Seite einer Wassermühle ein eigenthümliches Grabmal und am Fusse des Felsspornes hinauf mehrere andere ähnliche, in der Weise eines umgestülpten alten Sarkophages, aber mit abweichenden Motiven, die sich besonders in den eingekehrten Rillen zeigen. Wirklich hatten diese Steinsärge einen höchst eigenthümlichen Charakter; sie scheinen dem Mittelalter anzugehören. Um 11 Uhr 25 Min. mündete ein Seitenthal von S. ein, durch dessen Zufluss der Hauptstrom des Thales bedeutend ward. Diesen Hauptstrom nannten uns die Leute Kayásch-bâschi-tschai; Andere scheinen ihm schon hier den Namen Tabáchanè-ssi zu geben. Das Thal ward nun, durch grössere Wassermasse genährt, immer schöner, besonders bei einer Verzweigung aus zwei Armen, die wir um 11 Uhr erreichten. In frischer Belaubung des Sommers oder auch im Herbste vor der Weinernte muss es recht schön sein.

Um 11 Uhr 20 Min., wo wir im Thalkessel eine grosse Häusergruppe liessen, gewannen wir, zwischen den beiden Thalwänden hervorscheinend, eine Ansicht der Felsburg von A'ngora. Der mit dem wirklichen Charakter der Stadt nicht vertraute Reisende muss sich nach diesem Anblick ein Bild von A'ngora machen sehr ähnlich demjenigen von Amássia und er sieht sich dann sehr getäuscht, wenn er die Stadt in der Nähe erblickt, wo sie auf dieser Seite ganz frei und offen ohne Thalbildung daliegt. Ehe man das Flüsschen passirt, hält man sich eine Strecke weit längs der alten Römischen Strasse aus grossen Polygonen und auch die über den Fluss führende Brücke ist ganz aus schönen alten Bruchstücken erbaut. Hier zieht der Thalbach, von kleinen Gartenpflanzungen umsäumt, im Felseinschnitt zur Rechten ab, um in mäandrischer Krümmung eine schöne Thalerweiterung auf der östlichen Seite der Stadt zu befruchten, ehe er durch die enge Schlucht zwischen der Felsenburg und der gegenüberliegenden, von Hâderlik gekrönten, Felsenwand durchbricht. Hier traten wir ins Freie hinaus. Nur die kleine Garteneinsenkung Démirli Iäghtschessī belebt noch einigermaassen die kahle Umgebung der Stadt auf der Ostseite, ehe man das Innere betritt, und die Kastellhöhe selbst hat von dieser Seite durchaus nichts Imposantes. Hoch empor ragen die jetzt unbrauchbaren und verfallenen Wasserthürme und man passirt einen Kirchhof mit vielen alten Bruchstücken und erreicht so die ganz aus alten Bauresten zusammengesetzte Stadtmauer. Es war gerade Mittag. Die vielen umherliegenden Bruchstücke trugen nur dazu bei, den ungünstigen Eindruck, den die überaus unsolide Bauweise des von an der Sonne gebrannten Backsteinen nur leicht ausgefüllten Fachwerkes macht, zu erhöhen, und die Strassen auf dieser Seite der Stadt sind höchst verödet. So erreichten wir den Yeñí-Chan, den sogenannten Neuen Chan, dessen vorderer Theil aber schon wieder in mehr als halbem Verfall ist. Er hatte sehr schlechte Zimmer für die Reisenden, aber gar grosse Räumlichkeiten für Lastthiere, so dass mehrere Hunderte derselben bequem untergebracht werden konnten.

Ich will meinen anderthalbtägigen Aufenthalt in dieser schon so oft beschriebenen Stadt nicht ins Einzelne beschreiben. A'ngora oder Engüri oder Engürié hat entschieden an kommerzieller Bedeutung verloren, aber es ist noch immer der Centralpunkt für den Handel mit der Angora-Wolle und mit den Gelbbeeren, welch' letztere in der hiesigen Umgegend und bei I'sskilib am besten gedeihen. Das Hauptinteresse von A'ngora liegt für den Europäer, seitdem es aufgehört hat, ein Mittelpunkt Europäischer Komptoire im Orient zu sein, in seinem hohen Kastellberg, an dessen westlichem und südlichem Fusse sich die Stadt hinzieht, und in seinen zahlreichen Alterthümern. Ich will nur angeben, dass wir viele schon von anderen Reisenden kopirte Inschriften wieder abschrieben, aber auch einige neue fanden und besonders zwei oder drei sehr hoch und seitwärts eingemauerte vermittelst eines Fernrohres neu kopirten. Auch von einem Theile der berühmten Inschrift im Augusteum, der mittleren Kolumne auf der Ostseite, nahm ich eine genaue Abschrift und bewies

durch diese Probe den Mitgliedern der Berliner Akademie der Wissenschaften, dass es sich wohl verlohnen würde, eine ganz treue Kopie dieses höchst merkwürdigen Kaiserlichen Aktenstückes zu besitzen, worauf sie beschloss, Herrn Dr. Mordtmann zur Abschrift und zum Abklatsch auszusenden. Im Ganzen will ich nur bemerken, dass, obgleich ich durch meine erste Reise von Römischen Ruinen etwas übersättigt war und angefangen hatte, allein das den Zeiten eigenthümlicher Volksthümlichkeit Angehörige zu schätzen, diess Monument doch einen überaus grossartigen Eindruck auf mich machte. Texier's Zeichnung giebt von der Erscheinung kein ganz genügendes Bild; Alles ist viel grossartiger. Jedoch kommt allerdings in Anschlag, dass die grosse Höhe des Portales, die wenigstens für mich den Eindruck der Erhabenheit etwas stört, durch die Verdeckung des unteren Theiles einigermaassen gehoben wird. Störend ist jetzt, wo die Einheit des Gebäudes aufgelöst und Alles unverdeckt und ohne Übergang ist, die Verschiedenheit der Höhe des Frieses in der Cella und in der hinteren Vorcella. Es ist wohl möglich, was Texier vermuthet, dass auf diesem langen Raum an der glatten Wand über dem Fries einst eine Malerei ihre Stelle hatte. — Die mit gewisser Wahrscheinlichkeit dem Julian zugeschriebene Säule südlich vom Konák, von den Osmanlí „Baal-kís minâreti" genannt, ist durch ihr eigenthümliches Profil ganz einzig in ihrer Art. Der Eindruck des Verfalles, welchen A'ngora im Anfang auf uns gemacht hatte, ward etwas verwischt durch die Menge wohlhabender Wohnungen, die wir im weiteren Verfolg in dem von uns entlegeneren Viertel an der Nordwand des Kastelles bemerkten. Auch wohnen hier mehrere sehr reiche Griechen und Armenier; der reichste der ersteren ist jetzt Karassyl Oghlū. Dennoch schien uns die gewöhnlich jetzt angegebene Stärke der Bevölkerung übertrieben.

Wir besuchten auch den Kaimakám und er nahm uns, obgleich gerade mit einer wichtigen Streitsache im Médscheles beschäftigt, höchst freundlich auf und unterhielt sich, nachdem die Versammlung entlassen war, recht lange mit uns. Er war wie sein Kollege in Kyr-Schéhr Arnaut, aber ein ganz aufgeweckter Mann. Seine Wohnung war recht stattlich und höchst verschieden von der Baracke des Kaimakám in Kaissarīéh. Aber es wäre gewiss verkehrt, von solchen Äusserlichkeiten auf tüchtige und gerechte Verwaltung zu schliessen, oder umgekehrt. Sicherlich mancher dieser Verwalter, der gerade gegen Fremde alle Freundlichkeit verschwendet, zumal wenn er weiss, dass vielleicht ihr Bericht an der Hauptstadt einigen Einfluss haben möchte, übt wohl gegen die Seinigen um so grössere Ungerechtigkeit. Übrigens hatten wir nicht viel von ihm zu erbitten, nur wünschten wir einen Eskort-Reiter bis

Ssīwri-Hissár von ihm zu haben und diesen erhielten wir natürlich auch sogleich. Postpferde hatten wir schon gemiethet. Er wollte übrigens dem Reiter eine Höhle von ungeheuerer Tiefe, in das Innere einer Felshöhe hineinführend, bezeichnen, wohin er uns unterwegs bringen sollte, aber in der Folge schien er es vergessen zu haben. Ich will in Bezug auf die Entwickelung der Verhältnisse in der Türkei nur noch den für Manchen vielleicht nicht uninteressanten Umstand erwähnen, dass wir hier in A'ngora eine Menge postrestanter Briefe für uns auf dem Posta-chanē oder, wie hier die Überschrift selbst besagt, „Chanē-posta" fanden. Man sieht also, dass auch in solchen Dingen ein gewisser Fortschritt da ist.

Donnerstag den 9. Dez. Leider kamen wir nicht so früh, wie wir gewünscht hatten, von A'ngora fort und zuletzt mussten wir uns noch nach dem Konák begeben, da unser Sabtié gar zu lange ausblieb. Da er auch hier noch nicht war, wandten wir uns längs der alten verfallenen Mauer zu den Ruinen zweier glänzender kaiserlicher Tempel am Judenkirchhof, die wir bisher nicht untersucht hatten, und fanden hier mehrere noch nicht bekannt gewordene Bruchstücke von Inschriften. Um 9 Uhr 33 Min. brachen wir dann von hier mit westsüdwestlicher Richtung auf, passirten gleich nachher einen Sumpfbach auf einer Brücke und stiegen nun aufwärts. Da hatten wir bald den erfreulichen Anblick eines neuen Landgutes oder Tschiftliks, angelegt zur Urbarmachung des noch unbebauten Landes. Der Besitzer, Ssidi Me͗hemed, hatte sich vor nicht langer Zeit in offizieller Stellung ein hübsches Vermögen erworben und es nun vortrefflicher Weise zu seinem eigenen Vortheil und zum Besten des Landes in Landbesitz angelegt. Alles war in gutem Stande und hatte ein fast heimisches Aussehen; auch das häusliche Glück ward nicht vernachlässigt, denn eine Braut wurde gerade so eben unter Freudenschüssen heimgeführt. Die ganze Örtlichkeit heisst Giaur Páugart.

Nach einem geringen Anstieg hatten wir dann zur Linken ein kleines Ackerdorf, das auch wieder dem Ssidi Me͗hemed gehörte und Balghad oder Bulghad hiess. Unendlich viel Land zum Ackerbau liegt hier noch umher und gross ist sicherlich das Verdienst desjenigen, der hier thätig eingreift, aber allerdings finden sich nicht Viele von Ssidi Me͗hemed's Unternehmungsgeist. Jedoch lag noch einige Minuten weiterhin, auf einem kleinen Hügel, an der Mündung einer Schlucht, ein anderes Tschiftlik und durch die Schlucht zog sich nach Norden in flacher Thaleinsenkung ein kleiner frischer Bach hin, von Weideland umgeben. Südlich davon, auf höher ansteigendem Höhenzug, sieht man eine kleine Waldpartie und davor, am Fusse der Hügelkette, das Dorf Kara-ghulssūn oder Kara-görssūn. Grosse Schwärme Wasservögel in ungeheuerer Höhe legten Zeugniss ab von der Existenz eines benachbarten See's und allem Anschein nach befindet sich in jener Bergpartie ausser dem Emir Göl manches andere kleine Wasserbecken. Auf unserer Strasse entlang aber wurde die Landschaft einförmiger, bis wir um 11 Uhr 35 Min. in einer Einsenkung einen kleinen, nach Norden abfliessenden Bach passirten, wo wir unsere Pferde tränkten. Nach Süden weiter an den Höhen hinauf lag Dödomū und nahe dabei Yaflandji. Dann ging es wieder den Abhang hinauf, wo der Ackerboden aus ganz röthlichem Erdreich bestand. Um 12 Uhr stiegen wir gemach abwärts und hatten nach 10 Minuten zur Linken eine Art einfacher Kesselebene, die nur nach der Seite des Pfades sich öffnete, während zur Rechten ein Kalkhöhenzug in grössere Entfernung hinzog und dann abfiel. Um 12 Uhr 28 Min. passirten wir einen kleinen, nach Norden abfliessenden Bach und dann nach 8 Min. auf einer Brücke einen grösseren. Dieser letztere Bach fliesst in einer Einsenkung, die den Süden aus zwei Schluchten sich vereinigt, die aus der Gebirgsgruppe hervorkommen. In der nördlichen dieser beiden Schluchten liegt das Dorf A'ladjakly und dorthin beabsichtigte der Sabtié uns ins Quartier zu bringen. Nun war die Gebirgslandschaft dahin ganz anmuthig und das Dorf hätte einen anziehenden Frühstücksanhalt gewährt, wenn wir früher ausgezogen wären, aber dort schon unseren Tagemarsch beenden konnten und wollten wir nicht, obgleich es bei jedem Reisenden, der das Land geniessen und gründlich kennen lernen will, als Grundsatz feststehen muss, so viel wie möglich von der grossen Strasse abzubiegen. Diese Soldaten haben übrigens kein anderes Interesse, als ihrer eigenen Bequemlichkeit zu leben, und werden höchst unangenehm, wenn man sie nicht gewähren lässt. So veränderte der unserige von diesem Augenblick sein Betragen vollständig, denn während er vorher recht gesprächig und zuthunlich gewesen war, wurde er jetzt mürrisch und liess den Kopf hängen.

Die Gegend ward hinter diesem Dorfe wieder einförmiger, ja recht einförmig, ohne belebende Veränderung der Oberfläche, ja selbst ohne schönen Baumschmuck. Im Ganzen fuhren wir fort aufwärts zu steigen, bis wir um 2 Uhr Nachmittags so ziemlich den Kulminationspunkt dieser gewellten Ebene erreicht hatten, d. h. den Kamm der höchsten sie durchziehenden kleinen Hügelreihen. Hier erfreuten wir uns einmal wieder einer grösseren Lebendigkeit; die Äcker wurden bestellt und Vieh belebte das Weideland. Wir stiegen nun in eine leichtere Einsenkung hinab und passirten eine halbe Stunde weiterhin den die Thalebene durchziehenden Bach. So erreichten wir um 3 Uhr 30 Min. das kleine nette Dorf Bāli Kúyandji und

Von Angora nach Ssëwri-Hissár.

nahmen hier Quartier. Es liegt in einer kleinen Seitenschlucht auf der Südseite der Strasse, am Fusse einer breitkonigen Felshöhe, die mit der gegenüberstehenden ganz steilen Trachytwand eine enge Felsschlucht bildet, durch welche ein kleiner Bach hervorfliesst.

Die richtige Namensform des Dorfes ist Báli Kúyundji — Balúk Kuyundjik, wie Hamilton es nennt, ist ein Versehen und ein Unding — und wie der Name schon andeutet — „báli" ist eine Türkische Verdrehung des Griechischen παλαιά — lag an dieser Stelle ein alter Ort, wenn es auch nur ein Dorf war. Davon überzeugte ich mich, als ich den das Dorf überragenden Hügel erstieg und seine Gipfelfläche in ihrer ganzen Breite mit Trümmern bestreut fand. Allerdings zeigen die Quaderreste keine kunstvolle Behandlung, und nach allen Anzeichen zu urtheilen, war es nur ein Ort zweiten oder dritten Ranges, der hier lag. Dabei gewährte mir diese Hügelkuppe eine sehr schöne Umsicht, wiewohl die Umgegend keine besonders charakteristischen Züge darbietet. Der hervorragende, die ganze Landschaft beherrschende Gegenstand ist der sehr regelmässig ansteigende konische Burghügel mit den Ruinen der alten Feste Assarlí Kayá. Es that mir unendlich leid, dass mir die Zeit nicht erlaubte, diese schon nach Hamilton's Beschreibung ausserordentlich interessant erscheinenden Ruinen des Alterthums zu besuchen; wären wir, wie beabsichtigt, zu früher Stunde am Morgen aufgebrochen, so wäre es möglich gewesen. Nun erkannte ich vermittelst des Fernrohres die äussere Befestigung in cyklopischem Style sehr gut und allem Anschein nach ist sie äusserst klein. Doch dient schon der Name zur Gewähr, dass eine bedeutende historische Tradition sich daran knüpft, und ein mit der alten Geschichte und Archäologie recht vertrauter Forscher würde bei einer näheren Untersuchung darin wohl mehr zu erkennen im Stande sein als mit Hamilton der Fall war. Mir scheint sie nicht aus der Zeit der Galater herzustammen. Leider haben wir zu wenig Haltpunkte in diesem Gebiete zu bestimmter Identifikation. Jedenfalls ist es eine sehr kenntliche Kuppe, aber sie scheint doch wenig Anrecht auf einen Namen wie Olympus zu haben und wie sollte in einer so kleinen Feste Raum für den ganzen Stamm der Tolistoboger sich finden mit Weib und Kind, wie das doch Polybius vom Olympos sagt![1]) Ich visirte die Hochburg von hier in S. 30° W. und das in grösserer Nähe in einer kleinen Schlucht gelegene Dorf — ich glaube, Assarlí-Koci genannt — in O. 30° S.

Das heutige Dorf Báli Kúyundji hat etwa 30 Häuser und die Bewohner sind leidlich wohlhabend, obgleich sie

---
[1]) Buch XXII, Kap. 20, 9.
Barth, Reise von Trapezunt nach Skutari.

von Einquartierung viel zu leiden haben, da es hier an der Strasse so sehr an Dörfern fehlt. Für Schafzucht sind diese gewellten und unregelmässigen Thalebenen und leichten Hügelreihen vortrefflich geeignet, aber sonst trägt der Boden nur Weizen und Gerste. Besonders macht sich der Holzmangel fühlbar und der Landbauer bewahrt sein Korn in unterirdischen Silo's. Weiter nach W. tritt der Fels in sehr zackigen Formen auf. Nach NO. sieht man in einiger Entfernung vom Dorf regelmässig aufgeschüttete Hügel von Kreideerde, aber da ich sie nicht in der Nähe sah, weiss ich nicht, was sie bedeuten; es sieht aus, als wenn man dort nach Etwas gegraben hätte. In allen diesen Dörfern giebt es gewaltige Hunde, vor denen sich der Reisende wohl in Acht zu nehmen hat, besonders nach Eintritt der Dunkelheit.

Freitag den 10. Dez. Ein grosser Nachtheil beim Reisen in dieser Jahreszeit sind die kurzen Tage. So war es auch heute schon 7 Uhr 30 Min., ehe wir von Báli Kúyundji aufbrachen. Wir hatten zuerst aus der kleinen Schlucht anwärts zu steigen, dann ging es, nachdem wir die vorspringende Trachytwand umgangen hatten, wieder abwärts und um 7 Uhr 50 Min. fanden wir am Ausgang einer Felsschlucht zur Linken die Ruinen eines Dorfes mit Griechischer Inschrift. Nachdem wir dann um 8 Uhr einen Bach passirt hatten, der am Nordfusse der Trachytkuppe von Norden nach Süden im Thal entlang fliesst, erreichten wir eine halbe Stunde weiterhin eine andere Stätte eines alten Dorfes. Hier geht ein Weg nördlich nach Mála-koei ab und man hat zur Rechten in der Entfernung einer halben Stunde Altsche, dann 10 Minuten weiter das Dorf Kótoba. Die Ebene ist hier recht schön und wir fingen an, sie zu durchschneiden, nachdem wir um 8 Uhr 40 Min. bei einer Mühle auf der anderen Thalseite den Bach noch ein Mal passirt hatten. Die Ebene biegt auf beiden Seiten aus und hat überall mannigfaltig gestaltete Umgürtungen und die Felshöhen zeigen sich in ihrer verschiedenen Färbung, roth und weiss. Nach 9 Uhr liessen wir in einiger Entfernung zur Rechten, etwas vor dem Fusse der Höhen in die Ebene hineinliegend, das vorhin erwähnte Mála-koei, zur Linken Pirë- oder Pir-Púngari — ein keineswegs sehr delikater und einladender Name, da man nach ihm dort ein wahres „Flohnest" vermuthen sollte. Übrigens scheint es nach Herrn Dr. M., dass der eigentliche Name des Dorfes Pir-Púngari war, d. h. Quelle der Alten, und dass die Änderung desselben in Pirë Púngari, d. h. Flohquelle, nur dem Volkswitze zuzuschreiben ist; man behauptet, fügt er hinzu, der König der Flöhe habe dort seine Residenz und es sei überhaupt ein gar armseliges Dorf. Am Ostabhang liegt wieder ein Tschiftlik des reichen Gutsbesitzers Ssidi Méhemed. Das Schellengeläute seiner durchziehenden Kameele hatten wir die Nacht zuvor in Báli Kúyundjí gehört. Auch zur Linken, wo sich ein Arm der Ebene hineinzieht, liegt ein Tschiftlík; es heisst Ssálmané. Nach ihm hat der Ssálmané-tschai seinen Namen bekommen, den wir um 9 Uhr 48 Min. auf einer Brücke passirten. Dieselbe führt den besonderen Namen Tschertschi-köprÿ. Der Bach windet sich von Süden nach Norden an den Hügeln, die wir betraten, hin. Ssálmané gehört schon zum Landschaftsbezirk von Haimané — ein uralter Name, der in der gräcisirten Form Chammanéne sogleich hervortritt, obgleich in der uns bekannten Zeit diese Landschaft dem südlichen Theil von Busák entsprochen zu haben scheint. Es ist wohl unzweifelhaft ein genereller Name, entsprechend dem Arabischen Hammáda. Eben zuvor liegt das Dorf Bátschi-koci an den Vorhöhen zur Rechten. Hier betraten wir wiederum eine grosse Ebene und trieben unsere Thiere stark an, da unser Sabtié in seiner Furcht Räuber hinter uns drein kommen sah. Er besass nicht einmal eine Flinte.

Um 10 Uhr 20 Min. rückten von Norden kleine Vorhöhen von der höheren Kette heran und an ihnen wand sich der Fluss wieder hin. Auch zur Linken trat ein kleiner Zug auf. Da liegt das Dorf Fámide. Bald jedoch öffnete sich hinter den Vorhöhen zur Rechten wieder eine schöne Ebene. Die Landschaft belebte sich hier wieder einmal mit Büffeln und Schafen. Um 11 Uhr lag zur Rechten auf dem Abhange des Höhenzuges Hadji Dángurly und dann folgte ziemlich inmitten der Ebene ein auf einer eigenthümlichen Terrasse liegendes Dorf, dessen Name Kará Üyük wohl nicht ohne Grund gleich der so interessanten, von uns beschriebenen Ruinenstätte Üyük bei Boghäs-koci auf das Dasein einer alten Ruinenstätte schliessen lässt und das den Besuch eines zukünftigen Reisenden verdient; vielleicht, dass er hier einen interessanten Rest aus dem Alterthume findet. Mein Begleiter macht hier eine Bemerkung, die mir entging: „Aus der Ferne sahen wir Ruinen auf der Anhöhe, an deren Fusse es ‚liegt; man sagte uns, der Ort habe ehemals oben auf der Anhöhe gelegen und diese Ruinen seien die Überbleibsel der früheren Wohnungen. Das Dorf war früher von Haremein-Turkomanen bewohnt, jetzt von Haimané-Jürük." Er schreibt Kara Hüjük.

Die Landschaft veränderte sich nun und das hügelige Terrain rückte hart an die Strasse heran. Um 1 Uhr 45 Min. passirten wir ein kleines sumpfiges Gewässer und stiegen dann an den Vorhöhen der Bergkette, die wir bisher zur Rechten gehabt, hinauf. Sie waren von einer Schafheerde belebt. Zur Linken öffneten sich die Berge zu weitem Amphitheater und lieferten schönes Weideland für eine zahlreiche Rinderheerde. Um 12 Uhr liessen wir das Dorf Yaghmúr Bába rechts im Gebirge liegen. Auch am Wege selbst war das leicht gewellte Land mit schöner grüner Weide bekleidet. So befanden wir uns um 12 Uhr 15 Min. an der linken Seite des Sumpfbaches und stiegen nun hier anwärts, uns des ungewohnten Anblicks einer Kameelheerde erfreuend, die an den Hügeln zur Rechten weidete. Auch ein zweibuckeliges Kameel war dabei und erregte zuerst unsere grosse Verwunderung, bis wir erfuhren, dass es einem Mann aus Chórassán oder vielmehr aus Georgien, der nur in Chórassán eingekauft hatte, gehörte, der die Heerde hier zum Verkauf brachte. Herr Dr. M. macht dazu folgende Bemerkung: „Es ergiebt sich aus diesem Verhältniss, dass die Verheerungen, welche der Krieg und die Viehseuche in den letzten Jahren im Türkischen Reich angerichtet haben, noch lange nicht ersetzt sind, dass die Lücken wieder ausgefüllt sind, und die Einfuhr von Zugvieh dürfte noch manches Jahr dauern." Eben dieser etwas fremdartig aussehende, gut berittene Mann mit seinen Begleitern war der vermeintliche Räuber gewesen, der unserem Sabtié einen so panischen Schrecken eingejagt hatte. Um 12 Uhr 37 Min. erreichten wir nun das ärmliche, aus 14 niedrigen und schlecht in Stand erhaltenen Steinwohnungen bestehende Dorf Begésch oder Beidjes, am Abhang einer sanften Schlucht gelegen. Die armen Bewohner dieses kleinen Dorfes, Haimané-Jürüks — früher waren es Haremein-Turkomanen — hatten viel Unglück gehabt und all' ihr Vieh eingebüsst, so dass sie jetzt nicht mehr eines alljährlichen Umzuges in die höher gelegene Alpentrift oder Yaila bedürfen, wie diess noch zu Hamilton's Zeit der Fall war. Trotz dieses Unglücks aber, das sie betroffen, bewirtheten sie uns mit schönem frischen Kaimák und mit einem Gericht gekochter Feigen, das uns nun schon weniger sonderbar vorkam. Es muss allerdings ein in dieser Landschaft nationales Gericht sein. Die Feigen werden wohl von Aidín eingeführt, denn in dieser Umgegend giebt es keine Feigenkultur. Aber das Ackerland in der Nähe des Dorfes war vortrefflich.

Der Mangel an Dörfern in der Nähe der Strasse ist eine grosse Unannehmlichkeit für den Reisenden, da auf diese Weise die Reiseabschnitte sich so höchst ungleich vertheilen. So mussten wir, um morgen Sséwri-Hissár erreichen zu können, heute noch nothwendig ein Paar Stunden Wegs zurücklegen, obgleich kein einziges Dorf nahe an der Strasse liegt. Wir setzten also um 1 Uhr 50 Min. Nachmittags unseren Marsch fort, bis 2 Uhr mit nördlicher (W. 20º N.), dann mit südlicher Abweichung (W. 35º S.), indem wir ansehnlich die Höhen hinaufstiegen. Nach 13 Min. hatten wir denn den Gipfel der Anhöhe erreicht und gewannen von hier aus die erste Ansicht des Doppelhornes des „Steilkastells", wie es in W. 15º S. über die anderen Höhen hervorragte. Hier entfaltete sich zwischen den unregelmässigen Kuppen herrliches Weideland, aber bald verengten sich die Höhen auf beiden Seiten und wir traten in eine Art gewundener offener Schlucht, bis wir um 7 Uhr auf glatter Neige in ausgedehntem Weideland abwärts stiegen. Hier gewannen wir einen Blick über die öde, ohne scharfe Grenzumsäumung sich ausbreitende flache Thalebene des Ssakaria, aus der wie auf schnurgerader von Ost nach West streichender Linie eine Anzahl höchst eigenthümlich regelmässiger und wie künstliche tumuli aussehender Hügel aufstieg, die man aus dieser Entfernung gar wohl für Grabhügel alter Phrygischer Könige halten konnte. Hier in der ebenen Fläche angelangt mussten wir uns bei einem Hirten Auskunft über das nächstgelegene Dorf holen. Den Namen dieses Dorfes hatten wir in Begösch als Yass-üyük verstanden und um so lieber uns entschieden, dort Nachtquartier zu nehmen, weil es erstlich unweit der über den Ssakarin führenden Brücke liegen sollte, dann aber, weil uns der Name, wie wir ihn auffassten, die Hoffnung einflösste, ein interessantes Denkmal des Alterthums zu finden, aber in beiden Beziehungen hatten wir uns geirrt. Denn erstlich lag das Dorf in sehr beträchtlicher Entfernung von der vermeintlichen Brücke über den Ssakaria, die übrigens längst vom Strome weggerissen war, zweitens aber hatte die wirkliche Namensform des Dorfs Nichts in aller Welt mit üyük oder etwas dem Ähnlichen zu thun, sondern lautete Yassi-hük.

Wir gaben also nun unsere gerade Richtung auf und wichen nordwestlich vom Weg ab. Hier in der Ebene war eine Strecke von überaus schlüpfriger Lehmboden, den wir mit einiger Mühe passirten. Um 3 Uhr 42 Min. aber erreichten wir eine kleine Einsenkung oder Mulde in dem grünen Weideland, wo eine Hürde war und eine ganz versteckte unterirdische Wohnung, offenbar die Zufluchtsstätte des Schäfers, wie wir denn auch weiterhin grosse Schafheerden erblickten. Übrigens machte uns die so weite nördliche Abweichung von unserer Hauptrichtung etwas stutzig und wir überlegten eine Weile, ob wir den einmal eingeschlagenen Weg weiter verfolgen sollten. Jedenfalls war es nun das Beste, unsern einmal gefassten Plan auszuführen. Um 4 Uhr hatten wir nach 10 Min. Aufenthalt den grössten der so auffallenden tumuli zur Linken und dann entwickelte sich auf derselben Seite die Aussumpfung des Flusses. An ihr entlang ziehend erreichten wir erst um 4 Uhr 45 Min. das kleine Dörfchen Yassi-hük. Es machte einen höchst armseligen Eindruck mit seinen wenigen, am Fusse einer Glimmerschiefererhebung hart über dem Flussufer gelegenen flachen Steinhäusern, aber dennoch erhielten wir ein recht gutes Quartier und im Laufe des Abends auch ein vortreffliches Essen. In der Zwischenzeit machte ich einen kleinen Spaziergang in die Umgegend des Dorfes und der Charakter der Landschaft hier am berühmten, den alten Phrygiern heiligen Ssakaria war interessant genug, um für den Abstecher zu belohnen, zumal da diese Landschaft bisher noch nicht erforscht war.

Das Dorf liegt an einer grossen Biegung des Flusses, wo er sich mit einem starken Knie plötzlich nach W. wendet, und wie er sich schon oberhalb in weiten Sumpfungen ausgebreitet hatte, so nimmt er nun hier an der Biegung eine gewaltige Breite ein und erstreckt sich mit mehreren Armen und Inseln weit über das Dorf hinaus nach N.; ja, dieser Einschnitt nach N. hat eine solche Ausdehnung, dass es den Anschein hat, als wenn ein bedeutender Zufluss sich von dieser Seite her mit dem Hauptarm vereinige. Hier liegt das Dorf etwa 100 Fuss hoch hart über dem Flussufer, mit der aufsteigenden Wand von Glimmerschiefer im Rücken, so dass kein Pfad auf dieser Seite entlang führt. Auch durchbricht der Ssakaria in seiner westlichen Biegung von hier eine Felsenge mit einer starken Schnelle, wie ich mich am nächsten Morgen überzeugte. Am Abend unserer Ankunft fühlten wir uns, gestärkt durch eine treffliche Abendkost, recht behaglich und erfreuten uns der Unterhaltung unseres Wirthe. Unser eigentlicher Wirth, dem das Haus gehörte, in dem wir abgestiegen waren, war ein schmucker Mann von mittlerem Wuchs und feinen Zügen und mit einem feinen, geschmackvoll gearbeiteten Stoff angethan. Auch war er für die Verhältnisse dieses Landes recht wohlhabend; er besass nämlich 1000 Angora-Ziegen, 200 Stück Schafe und mehrere Pferde und verkaufte alljährlich im Durchschnitt 2000 Okken Wolle (Tiftik), die Okke zu 40 Piaster. Dennoch aber führte er Klagen. Die Lage des Dorfes ist allerdings nicht sehr erfreulich und die Hitze, die Ausdünstung der Sümpfe und besonders die Mücken müssen im Sommer unerträglich sein, obgleich die Bewohner von Yassi-hük dann etwas weiter flussaufwärts ziehen, aber allerdings nicht eben in eine frischere Lokalität. Dann aber klagte er auch über die Unfruchtbarkeit des Bodens, denn er trage in günstigen Fällen nur vierfältige Früchte. Auch darin hatte er vielleicht nicht ganz Unrecht: denn sehr schön ist der Boden hier in der Nähe des Flusses allerdings wohl nicht, wie denn die Flüsse Klein-Asiens überhaupt, obgleich dieselben einen grossen Namen haben, im Ganzen sehr wenig zum Glück und zur Wohlhabenheit der Anwohner beitragen. Auch Wölfe giebt es in dieser Landschaft in grosser Anzahl. Ein älterer Verwandter unseres Wirthes, der uns gleichfalls Gesellschaft leistete, war noch wohlhabender als der letztere und besass am 2000 Stück Kleinvieh, meist Angora-Ziegen. Wirklich that unser Wirth Alles, was in seinen Kräften stand, um es uns bequem zu machen und uns zu pflegen. Sie sind Turkomanen und ihre Güter liegen weit und breit über die Haimanè zerstreut.

Es war nun recht interessant für mich, dass ich, als ich mich am anderen Morgen in aller Frühe draussen umthat, in der Ferne ein gewaltiges Tosen des Flusses vernahm, wovon ich am Abend zuvor Nichts bemerkt hatte. Da erfuhr ich denn bei weiterer Nachfrage, dass der Ssakaria etwa in der Entfernung einer Stunde von hier bei einer Assmák genannten Stelle eine Art Wasserfall bilde oder über ein Felsenriff hinstürze. Beim Aufbruch hatten wir zuerst eine weite Strecke rückwärts zu machen, ehe wir wieder unsere gerade Strasse erreichten. Um 7 Uhr 35 Min. verliessen wir das gastfreundliche Dorf und hielten uns an der Aussumpfung des Flusses entlang, indem wir die tumuli-Hügel zur Linken hatten. Da liessen wir denn um 8 Uhr zur Rechten auf einem in den Fluss vorspringenden höheren Boden die Yaïla von Yassi-hük, aus Erdhütten bestehend. Drüben am anderen Ufer zeigte sich eine Büffelheerde. Um 8 Uhr 30 Min. zog der eigentliche Strom in Windungen heran, schmal, aber sehr reissend, und wir hielten uns hart an seinem schilfbewachsenen Rande hin. Erst 15 Min. weiterhin, wo der Fluss eine grössere Krümmung machte, kamen wir auf die gerade Strasse, die wir gestern Abend verlassen hatten, und folgten ihr, stets am Fluss entlang. Hier sahen wir in der Ferne ein wildes Thier auf einem schmalen Steg eilenden Laufes den Fluss überschreiten, aber als wir uns näherten, war es entsprungen. Es war ein Wolf, der seine Beute, ein halb angefressenes Schaf, zurücklassen musste und so die Aussagen der Anwohner bestätigte. Um 9 Uhr 15 Min. erreichten wir endlich die Stelle, wo wir den Sangarius zu passiren hatten, aber die Brücke war, wie gesagt, vor einiger Zeit vom Strome fortgerissen worden und nach dem reissenden Charakter des Stromes, den wir auf diesem Morgenmarsch kennen gelernt hatten, schien das eine gar missliche Sache, aber sonderbarer Weise war hier gar kein Strom zu bemerken. Statt dessen fanden wir nur ein breites stagnirendes Wasser, das eben dieser Beschaffenheit halber keineswegs leicht zur Passage schien. Der flachste Theil war mit einer leichten Eiskruste überzogen. Glücklicher Weise nun hatte man auf einer inselartig hervorragenden Erhebung in dem breiten Sumpfarm ein Dörbend oder eine Polizeistation gebaut, wo zwei Soldaten aus dem irregulären Korps stationirt waren. Aber wir hatten einige Mühe, diese Herren aus ihrer Klause hervorzurufen, da sie sich fürchteten. Endlich wagten sie sich heraus und leiteten uns, nachdem wir das seichtere Wasser passirt hatten, auf einem ganz schmalen und schwachen Damm aus Balken und Stämmen die man in die tiefste Stelle des Wassers geworfen und mit Koth und Schilf überdeckt hatte, hinüber. Indem wir unsere Pferde vorsichtig, Einer hinter dem Anderen, am Zaume führten, kamen wir ziemlich trocken über diese Grasbrücke oder Ot-köprüssí. Wir verloren dabei 20 Minuten. Wie man aber eine solche Passage in späterer Jahreszeit bewerkstelligen will, wenn der Fluss angeschwollen ist, begreife ich nicht.

Um 9 Uhr 35 Min. setzten wir unsern Marsch fort, an dem öden Uferland ansteigend, zuerst mit nördlicher Abweichung von W. (W. 30° N.), und liessen nach einigen Minuten das Dorf Bébek (M. Bebi) zur rechten Hand, etwas vom Wege zurückgelegen. Schon gestern Nachmittag hatten wir es von jenseit des Flusses erblickt und wir hätten jedenfalls sehr viel Zeit erspart, wenn wir dort unser letztes Nachtquartier hätten nehmen können. Ödes Grasland und Thonboden bildeten die Lehne, auf der wir anstiegen. Um 10 Uhr 10 Min. änderten wir unsere Richtung und marschirten nun leidlich gerade auf Ssèwri-Hissár los (W. 25° S.), indem der Weg sich theilte; so erreichten wir in 10 Min. so ziemlich die Plateauhöhe. Auf dieser zogen wir nun fort und erblickten um 10 Uhr 50 Min. in der Entfernung von etwa zwei Deutschen Meilen zur Rechten die weissen Ränder des Flusses; wahrscheinlich setzt sich die Glimmerschiefer-Formation dort fort. Das von mehreren Berichterstattern als zur Seite der Strasse gelegen erwähnte Dorf Démirdji muss wohl dort liegen. Zur Rechten der Strasse liegt das Dorf Boälisö und 10 Min. weiterhin muss ein zweites Dorf liegen, indem hier ein Rudel weisser Schäferhunde urplötzlich einen wüthenden Angriff auf uns machte.

Gegen Mittag, wo wir das Dorf Mülk oder vielmehr das an der entgegengesetzten Thalwand gelegene Dorf O'ladschük erblickten, liessen wir zur Linken auf einer Hügelung einen säulenartigen Schaft, der wie ein Meilenstein aussah, untersuchten ihn aber nicht selbst, weil wir heute noch Ssèwri-Hissár erreichen wollten. Endlich begannen wir nun hinabzusteigen und betraten um 12 Uhr 30 Min. den Boden der unregelmässigen Thalebene, wo wir nun an der rechten Seite eines uns entgegenkommenden Baches aufwärts zogen. Hier erst erfuhren wir also, dass das Dorf an der nördlichen Thallehne, das nach S. schauet, gar nicht Mülk heisst; das letztere erblickten wir erst, als wir es betraten. Es liegt nämlich an der südlichen Thalseite hinter und halb am Abhang einer kahlen Felshöhe, auf der ein moslemisches Heiligengrab steht. Das Dorf enthält etwa 25 Häuser und ist wirklich grösser als das gegenüberliegende Dorf O'ladschük oder O'gladschük, das man schon aus grosser Entfernung sieht und auf den ersten Blick für bedeutender hält, während es doch nur 14 Häuser umfasst.

Von der Felshöhe herab hat man eine schöne Übersicht über das Thal. Es zieht sich von W. nach O. und ist bis zu einer Tiefe von 200 bis 300 Fuss und einer Breite von etwa 1000 Schritt in die höhere, stark gewellte Plateaufläche eingeschnitten und trägt eine hübsche Menge von Fruchtbäumen, besonders Aprikosen.

Wir genossen hier unser Frühstück, vortrefflichen Kaimák, guten Käse und Honig, und betrieben dann so schnell wie möglich unsere Weiterreise. Um 2 Uhr 35 Min., nachdem wir von der Felshöhe, an der das Dorf liegt, herabgestiegen, setzten wir unseren Marsch längs der südlichen Thalseite fort, während den Thalboden schöne junge Saat schmückte. Unsere Hauptrichtung war W. 20° S. Um 2 Uhr 55 Min. passirten wir auf hoher Brücke einen Waldstrom, der von den Bergen zur Linken herabstürzte, und stiegen dann zur Seite einer Wassermühle wiederum anwärts, aus der hier breiteren Thalsenkung am Abhang hinan. Der Wasserreichthum an diesem Gehänge war sehr gross und wir tränkten an einem der reichen Quellströme unsere Pferde. Überhaupt war die ganze Terraingestaltung hier recht eigenthümlich und sogar romantisch, indem zur Linken ein höher gelegener Arm sich zwischen den Höhen hineinzog, voll des reichsten, frischesten Baumwuchses. Denn hier hatte sich, theils wohl in Folge der reicheren Bewässerung, theils in Folge des grösseren Schutzes von den umgebenden Höhen, das Laub und Gras im Ganzen viel frischer in den Winter hinein erhalten. Auch schien die Bevölkerung leidlich dicht zu sein. So liessen wir an der gegenüberliegenden nördlichen Thalwand zwei Dörfer und zur Linken in der Pflanzung der schönen Thalbildung das wohlhabende Dorf Ortu.

Auch eine gutgepflegte Schafheerde zeigte sich. So ging es fort bis um 3 Uhr 18 Min., wo wir aus den Gärten hinaustraten und etwas aufwärts stiegen, um eine in das Thal vorspringende Tuffhöhe auf unserer Rechten zu umgehen. Darauf betraten wir mit einem Abstieg wiederum das Hauptthal einem grossen Dorfe gegenüber; leider konnten wir seinen Namen nicht erfahren. Aber nun hörte die fruchtbare Thalbildung bald auf und wir stiegen eine öde, allmälig sich verengende Schlucht gemach anwärts; am Anfang derselben passirten wir einen Quellbach, dessen schönes, krystallhelles Wasser uns zum Trunk einlud, sich aber als lauwarm und völlig ungeniessbar erwies. Wir begegneten einer zahlreichen Heerde heimkehrender Rinder und Esel. Nun trieben wir scharf an, um die Stadt wo möglich noch vor eintretender Dunkelheit zu erreichen, und wandten uns bedeutend südlich von unserer Hauptrichtung ab, um die Stadt behufs Umgehen des ausgezackten Felskamm zu umgehen. Um 5 Uhr 20 Min. fingen wir an, ihn von hinten zu ersteigen, zwischen leidlich gehaltenen Obstpflanzungen hindurch, die sich an dieser Lehne des Kammes hinaufziehen; dann aber wurde der Pfad recht rauh, bis wir von Süden her die Stadt betraten. Es war 6 Uhr, als wir im Konák des Mudír eintrafen.

Trotz der späten Stunde wurden wir hier mit der grössten Freundlichkeit und Ehrenbezeigung aufgenommen. Denn Hossén, der jetzige Kaimakám, war hoch erfreut, wieder einmal einen Europäer zu sehen; wie er erklärte, hatte er seit einem Englischen Reisenden vor 20 Jahren (offenbar Hamilton) keinen zum Gaste gehabt. Hossén ist der Sohn des Übelthäters und Räubers Jásüdschü Oghlû Bei, der von Tschapár Oghlû in Nef-Schéhr gefangen genommen und getödtet wurde. Über ihn selbst stehen sich zwei scharf geschiedene Meinungen gegenüber. Nach der einen Partei ist er ein recht guter Verwalter, nach der anderen ein Gauner. Nach dem nun, was wir selbst als Augenzeugen während unseres kurzen Aufenthaltes bemerkten, muss er entweder in den Hauptsachen so gerecht und tüchtig sein, dass er sich über Nebensachen hinwegsetzen zu können meint, oder er macht sich aus dem Urtheile der Menschen gar Nichts. Gleich nach den ersten Komplimenten, als wir es uns bequem gemacht, fragte er uns, ob wir Rakí tränken, und als wir das verneinten, liess er Wein mit Süssigkeiten bringen und trank, ohne sich irgend wie zu geniren, unaufhörlich, während uns dieses Weintrinken vor Tisch keineswegs lieb war. Der Wein jedoch war nicht schlecht, es war Weisswein und dem Brussa ähnlich. Noch unangenehmer aber war es uns, dass er nebst Armenischen Musikanten auch einen als Tänzerin verkleideten Burschen kommen liess, der seine Künste vor uns produciren musste. Eine hübsche, schlanke Tänzerin hätten wir uns wohl gefallen lassen, aber die Evolutionen dieses Burschen waren im höchsten Grade eklig. Wunderbarer Weise befand sich unter den Musikanten, die diese cynischen Darstellungen begleiteten, auch ein Schulmeister und dieser kam nach der Vorstellung auch mit einer Supplik in Bezug auf seine Schule hervor. Nach beträchtlichem Warten, da wir nach der Stunde des Abendessens eingetroffen waren, erhielten wir unseren Schmaus in reichster Fülle und mit einer Unzahl von Gängen, aber das Ganze war in Eile und nicht mit der gehörigen Sorgfalt bereitet. Schöne, reich gestickte Betten verschafften uns dann eine gute Nachtruhe.

Sonntag den 12. Dez. Die Nacht war ausserordentlich kalt und am Morgen waren alle Rinnsteine bis auf den Grund gefroren. Es war ursprünglich unser Plan gewesen, auf der Weiterreise von hier die Ruinen von Pessinus bei dem jetzigen Bála-Hissár mitzunehmen; da wir aber hörten, dass wir von dort aus nicht in gerader Linie weiter vordringen könnten, sondern hierher nach Ssewri-Hissár zurückkehren müssten, gaben wir das Vorhaben bei dem nahe bevorstehenden Termin unserer im

Voraus berechneten Rückkehr nach Konstantinopel auf, besonders da jene Ruinen meist nur aus verworrenen Trümmerhaufen bestehen; denn um Texier's Grundplan jener alten Baulichkeiten zu kontroliren, müsste man längere Zeit daran wenden. Wir entschlossen uns also, den geraden Weg nach Ssídi Ghási und den Phrygischen Gräbern einzuschlagen, und bestimmten unsere Abreise auf Mittag.

Zuvor machten wir einen Gang durch die Stadt. Sie hat gegenwärtig 500 bis 600 Armenische und wohl 1500 moslemische Häuser; Griechen giebt es hier gar nicht. Verkauf von Tiftik bildet den einzigen Erwerb der Städter. Die Armenier haben eine neue, geräumige und stattliche Kirche mit sehr luftigen Hallen gebaut, aber den Eindruck von Solidität macht sie keineswegs, da der ganze Dachstuhl auf überaus schlanken Holzpfeilern ruht. Wir schrieben dann einige Inschriften ab, besonders eine von grossem Interesse, die allerdings schon bekannt ist, aber wohl noch mehr enthält, als man geglaubt hat. Sie enthält nämlich vielleicht eine Erwähnung derjenigen Abtheilung der Tolistoboger, die in Péion wohnten; Péion aber war, wie uns Strabo berichtet, ein χαζαρχλάκιον der Tolistoboger und lag wahrscheinlich eben auf der zackigen Felsspitze von Ssćwri-Hissár.

Nach dieser flüchtigen Durchmusterung der Stadt erklommen wir die steile, zackige Felshöhe, fanden sie aber in Wahrheit von dieser Seite her wenigstens sehr „ssćwri", (eigentlich sseîri) d. h. spitzig, und überzeugten uns von der Richtigkeit der Angabe Hamilton's, dass er die höchste Felsspitze nur mit Lebensgefahr erkletterte. Bis an den Fuss dieser äussersten, ganz steil aufsteigenden, schmalen Felskuppe führt übrigens von der anderen Seite der Stadt ein vortrefflich gehaltener Pflasterweg in breiten, bequemen Absätzen den Fels hinauf und diesen benutzten wir beim Herabsteigen. Sogar zu Pferde kann man auf ihm bis zum Anfange des Kastells reiten. Das eigentliche Kastell ist allerdings sehr beschränkt und klein und konnte nie eine starke Besatzung fassen; von unten sieht man es gar nicht. Auch ist alles Mauerwerk, so weit unsere Beobachtung reichte, aus bezüglich junger Zeit. Immerhin ist dieser schöne Granitkamm an sich schon eines Besuches werth. Vom höchsten Gipfel ist die Aussicht überaus umfassend.

Als wir in unser Quartier zurückgekehrt waren, bewirthete uns Hossēn mit einem wahrhaft fürstlichen Frühstück von mehr denn 20 Gängen in reichster Mannigfaltigkeit und Alles trefflich zubereitet. Aber dieses Übermaass von gastfreundlicher Bewirthung schien leider eine bestimmte Absicht zu haben und hinterliess desshalb einen weniger erfreulichen Eindruck, abgesehen davon, dass mir wenigstens schon ohnediess diese bunte Verschiedenheit der Speisen keineswegs sehr angenehm war. Wir hatten kaum unseren Schmaus beendet, als unser Wirth ein grosses Dokument hervorholte und uns vorzeigte; es war ein Testimonium, das der günstig gesinnte Theil der Bewohner zu seinen Gunsten und zum Verderben eines gegen ihn arbeitenden Nebenbuhlers ausgestellt hatte. Wir sollten es eigentlich mit unterzeichnen, davon konnte aber keine Rede sein. Den Eindruck eines guten ʿOsmanli konnte Hossēn natürlich nicht machen; das Übrige zu untersuchen, waren wir weder befugt, noch hatten wir dazu Gelegenheit.

Um Mittag verliessen wir Ssćwri-Hissár, zuerst mit etwas südlicher (W. 20° S.), dann mit nördlicher Abweichung von West, indem wir die erste Strecke des Felskamm in einiger Entfernung auf unserer Rechten hatten. Nach einstündigem Ritt erreichten wir eine Gruppe von sieben Brunnen in frischgrüner Weideniederung, dann aber ward das weite Thal sehr einförmig und kahl und bot fast nicht den geringsten Gegenstand von Interesse dar; ein am Wege liegender Löwenkopf, den wir um 2 Uhr 45 Min. zur Seite liessen, war das einzige Bemerkenswerthe. So ging es in raschem Schritt mit zwei rüstigen Geleitsreitern fort, die uns Hossēn mitgegeben hatte, bis wir um 4 Uhr 8 Min. mit etwas veränderter Richtung, nämlich wieder in südlicher Abweichung, einen Felspass zwischen eigenthümlich zusammengethürmten Lavamassen betraten, an dessen Eingang eine ziemlich starke Kameelkafla gelagert war; jedoch traten wir alsbald wieder in die freie Thalebene hinaus, an deren südlicher Lehne ein Tschiftlik Hossēn Beï's lag. Da erreichten wir denn um 5 Uhr das aus 55 Wohnungen bestehende Dorf Keimēs oder Keimās und auch hier wieder machte sich Hossēn's fast zu grosse Liberalität geltend; denn dieser einem eigens vorausgeschickten Reiter hatte er Alles für uns bestellen lassen, so dass wir ohne Verzug ein sauberes Zimmer und nach nur kurzem Warten auch ein gutes Abendessen erhielten.

Keimēs liegt an einem kleinen, mit Bäumen — Pflaumen- und Apfelbäumen, Pappeln und Weiden — leidlich besäumten Bach, der von den nördlichen Höhen herabkommt. Auch seine Bewohner leiten noch ihren Wohlstand neben Viehzucht zum Theil vom Besitz einer kleinen Zahl von Angora-Ziegen her, deren Zucht sich bis hierher verbreitet hat. Der Boden ist nicht sehr günstig und trägt nur Gerste und Weizen. Im Dorfe sieht man viel altes Baumaterial, besonders an der Moschee, wo auch ein grosser Sarkophag sich befindet. Dann fanden wir hier eine grosse, bisher noch unbekannt gebliebene sehr interessante Inschrift eines Römischen Beamten, der mehrere Ämter bekleidet hatte und unter Anderem auch Prokonsul von Phrygien gewesen war. Keimēs ist wohl ohne Zweifel das alte Tricomia.

Montag den 13. Dezbr. Die Nacht war wieder sehr kalt gewesen, aber der Morgen war schön und klar. Zu früher Stunde labten wir uns an frischem Kaimák mit eingemachten Quitten und machten dann einen Spaziergang durch das Dorf.

Um 7 Uhr 50 Min. brachen wir auf mit nördlicher Abweichung von West; diess kam aber nur daher, dass wir aus Versehen die Strasse nach Eski-Schēhr anstatt des kleineren und weniger betretenen Weges nach Ssîdi Ghâsi einschlugen. Nach fünf Minuten passirten wir den Bach mit seinem Baumrande und wandten uns um 8 Uhr 8 Min. längs eines mässigen Terrainabfalls von unserer bisherigen Richtung südlich ab, um die andere Strasse zu gewinnen. Wie wir nun seit 8 Uhr 22 Min. mit genau westlicher Richtung den kleinen Pfad einhielten, begegneten uns mehrere zweirädrige Karren von Haráb Ewrén. Es waren die gewöhnlichen Landkarren, aber vermittelst einer Umhüllung mit Ziegenhaarsacktuch waren sie ganz behaglich gemacht und auch die darin sitzenden Menschengruppen hatten einen Anstrich von Gemüthlichkeit. Um 9 Uhr 15 Min. liessen wir dann zur Linken eine flache Thaleinsenkung und passirten eine Viertelstunde darauf den halb zugefrorenen Strom Ssára-ssú oder Ssíri-tschai, den eine ziemlich feste Eiskruste bedeckte; das darunter befindliche Wasser hatte etwa 16 Zoll Tiefe. Bald darauf liessen wir zur Rechten einen Grabhof mit alten Säulen und Postamenten und es war von grossem Interesse in Beziehung auf die Geschichte der früheren christlichen Periode dieses Landes, dass ein Inschrift-Stein hier auch den Namen der heiligen Thekla (ἡ ἁγία Θέκλα) aufwies. Wir verloren hier fünf Minuten mit Durchsuchung der Steine und hatten dann bald darauf der anderen Thalseite ein Tschiftlík, nach Dr. M. ein Turkomanen-Dorf Namens Döngel, d. h. „kehre wieder und komme". Dann war wieder Alles vereinsamt, bis wir 10 Uhr 40 Min. zehn Minuten zur Linken das Dorf Tschérkesly liessen, das von seiner früheren Position hart an der Strasse nach jener Stelle hin verlegt war. Zehn Minuten später durchschnitten wir die grosse, nach Eski-Schehr führende Strasse und passirten um 10 Uhr 55 Min. einen 20 Schritt breiten und 1½ Fuss tiefen Strom, der von N. nach S. mit so starker Strömung dahinzog, dass er ganz frei von Eis war. So kann also nicht der geringste Zweifel über die Richtung dieses Gewässers herrschen, die von früheren, auch den neuesten Darstellungen bedeutend abweicht und ein ganz entgegengesetztes Abzugsystem der Gewässer dieser Landschaft darthut. Von hier zogen wir nun ohne Pfad über die einförmige Ebene dahin, die zu immer dürrerer Steppe wurde. Jedoch änderte sich der Charakter der Landschaft, als wir um 11 Uhr 10 Min. die Vorhöhen einer Erhebung erstiegen, wo sich wenigstens eine schwache Vegetation in Wachholder zeigte. Es ist eine schön abgerundete Kuppe, welche diese Ebene von dem fruchtbaren Kessel Haráb Ewrén trennt. Um 11 Uhr 20 Min. hatten wir die Passhöhe erreicht und stiegen nun wieder abwärts, bis wir um 11 Uhr 35 Min. auf ansehnlicher, über einen ganz bedeutenden Strom geschlagener Brücke das in einem wichtigen Mittelpunkt alter Ruinen gelegene Dorf betraten. Hier machten wir Halt zum Frühstück. Haráb Ewrén, eigentlich Charáb Oirén, macht einen eigenthümlichen Eindruck. Die meisten Wohnungen haben auf der Aussenseite eine in das erste Stock führende Holztreppe, wie das in Phrygien überhaupt gebräuchlich ist; die Leute selbst leben nämlich, wie es scheint, nicht zu ebener Erde, sondern benutzen die unteren Räume, wie es auch natürlich ist, zu Viehställen und für sonstige Zwecke. Der untere Theil besteht aus Stein und viel altes Quaderwerk ist hineingebaut. Getreideschober sieht man überall im Orte und eine rege Geschäftigkeit thut sich kund. Auch ist der Eindruck, natürlicher Weise um so grösser, als man so eben eine ganz leblose Steppe durchzogen hat. Das Dorf hat ungefähr 100 Häuser, die angeblich insgesammt von Moslemin bewohnt sind, aber nach sehr bestimmten Anzeichen in Gesichtszügen, Verstand und Anschauungsweise bei den Meisten derjenigen Einwohner zu schliessen, mit denen wir in Berührung kamen, muss es viele Griechen und Armenier unter ihnen geben. Es lag hier offenbar ein nicht unbedeutender Ort des alten Phrygien, obgleich alle Bruchstücke, selbst die grosse Menge mittelmässiger Säulen, welche man noch jetzt sieht und welche dem Orte seinen Namen, „verwüstete Ruine", zuzogen, durch die Rohheit ihrer Ausführung mehr auf eine wohlhabende Landstadt als auf ein Centrum eines höher gebildeten Lebens hinweisen. Wir fanden eine Anzahl kleiner Griechischer Inschriften, besonders auf dem Grabhofe, aber auf keiner derselben fand sich der Name des Ortes; jedoch ist es fast ganz sicher, dass hier Midaeum lag, 28 millia von Dorylaeum (Eski-Schehr), auf der Strasse nach Pessinus.

Um halb drei Uhr Nachm. setzten wir Reiter unseren Marsch fort, nachdem unsere Leute schon vorausgezogen waren, und trieben daher unsere Thiere ein wenig an, um jene einzuholen. Auf dieser Seite des Dorfes sah man recht schönes Ackerland und nach einer halben Stunde hatten wir zur Linken eine andere Ruinenstätte und auch beim kleinen Dorfe Tschikúr-Aghá, das wir um 3 Uhr 40 Min. ebenfalls zur Linken liessen, zeigten sich Ruinen und wir fanden eine kurze Inschrift. Um 4 Uhr 15 Min. aber, kurz bevor wir den Fluss von Haráb Ewrén passirten, dessen Namen ich leider nicht erforscht habe, hatten wir zur Rechten ein Oktogon, wohl sicherlich ein Meschhed oder Ehrengrab, von den Seldschuken erbaut. Es ist auffallend, dass dieser Stamm, viel fanatischer als die verwandten 'Osmanlí, altes Baumaterial nie so in vollem Heidenornat bei seinen Bauten verbraucht hat, sondern, wenn er das Material benutzte, hat er es zum grossen Leidwesen des Archäologen ganz neu überarbeitet. So erkennt man denn auch noch hier auf einigen der behauenen Bausteine kleine Reste Griechischer Wörter, wie z. B. μνήμης χάριν. Andere Trümmer liegen umher. Aber gegenwärtig war selbst dieses Monument des Islam ganz verlassen und verödet und bereitete uns einigermassen auf den Zustand von Ssídi Ghâsi selbst vor. Höher hinauf liegt die Yaila Üeriän. Wir passirten dann den Fluss auf einer Brücke, wo wir unsere Leute wieder einholten, und hielten uns dann hart an den Höhen zu unserer Linken, indem wir uns nun südlicher wandten (S. 35⁰ W.). Da hatten wir um 4 Uhr 45 Min. zur Linken am Fusse des Höhenzuges ein kleines Tschiftlik und vom Abhange der Höhen darüber herabragend eine Gruppe grosser, regelmässiger Felsgrotten; diese machen auf dieser östlichen Seite den Anfang der Phrygischen Grottenwohnungen. Zu unserer Rechten entfalteten sich hier in der Ebene Obstbaumpflanzungen. Wir überschritten dann einen kleinen Kamm und erreichten um 5 Uhr 15 Min. Ssídi Ghâsi.

Die Lage von Ssídi Ghâsi ist bedeutend, wenigstens in Beziehung auf die Landschaft, zu der es gehört. Wohl unzweifelhaft lag auf der das Engthal beherrschenden Anhöhe im Alterthum eine Feste, und daher wohl der Name Prymnessos von πρυμνός. Dass Prymnessos hier lag, geht nach meiner Ansicht aus einer genauen Niederlegung der alten Itinerarien klar und bündig hervor, wiewohl hier sowohl von Prymnessos wie von Nacoleia Inschriften gefunden worden sind, aber letzteres lag, wenn auch in grosser Nähe, so doch etwas westlicher auf dem Wege nach Eumenia und ich werde seine Stätte im weiteren Verlaufe unserer Reise ziemlich deutlich nachweisen. Diese Frage, über die sich mein Begleiter zur Zeit nicht entscheiden konnte und über die er später die entgegengesetzte Ansicht ausgesprochen hat, glaube ich somit abgefertigt zu haben. Da, wo im heidnischen Alterthum eine Feste oder dergleichen lag, scheint man in späterer christlicher Zeit ein Kloster erbaut zu haben und eines solchen Stelle nimmt offenbar das grosse moslemische Klosterheiligthum des Ssídi Ghâsi ein.

So ist die Lage des Ortes keineswegs ohne Bedeutung, aber wie wir in den Ort hineinrückten, vermehrte sich stets mehr und mehr das Bild seines Verfalles und das Ganze hatte ein höchst klägliches Aussehen, so dass man nur zu leicht die noch in gutem Stande gehaltenen Häuser dabei übersah. Um so neuer war jedenfalls das Haus, das uns zum Quartier angewiesen wurde, und so angenehm es im heissen Sommer in seinem luftigen, ganz unvollendeten Zustande gewesen sein würde, so unangenehm war es bei ansehnlicher Winterkälte. Unser Zimmer nämlich schwebte in dem noch unausgefüllten Holzrahmen des sehr gross angelegten Hauses wie ein Nest in der Luft. Aber reinlich war das Werk sauber angelegte Holzwerk. Unser Wirth, ein freundlicher Türke, der seinen Reichthum vom Handel in Tschifuk oder Angora-Wolle sich erworben hatte, besonders als Agent von Hüssein Bei in Ssëwri-Hissar, erklärte diese Art, ein Haus allmälig aufzurichten, aus der bescheidenen Weise, wie man hier zu Lande Geld verdiene, nicht wie im Christenlande, wo man auf ein Mal gewaltige Summen einsäckele. Übrigens bezeugte die recht grossartige Anlage des Hauses, dass er keineswegs ein armer Mann sei, wenn er auch vorsichtig genug war, nicht über seine Kräfte hinauszugehen. Das ist der Vortheil dieses Fachwerkbaues, dass er gestattet, die einzelnen Theile des Baues ganz allmälig zu vollenden. Am Abend fanden sich ein Paar Freunde unseres Wirthes ein und es entspann sich eine recht gemüthliche Unterhaltung, von der jedoch Herr Dr. Mordtmann besser berichten kann als ich. Auch diese Leute hatten wegen der neuen Konskription Besorgniss vor dem Kriege und gingen von diesem Gesichtspunkt aus wohl mit um so grösserer Bereitwilligkeit auf die Frage wegen Deutscher Kolonien in Klein-Asien ein, obwohl wir fast überall die aufgeklärteren Einwohner sich das Beste von einer derartigen Maassregel versprechen sahen. Auch war es wunderbar, wie allgemein bekannt ein solcher Plan im Innern war, und es waren stets die Eingeborenen, die davon anfingen. Unsere Freunde meinten übrigens, dass Ssídi Ghâsi noch gegenwärtig 300 bewohnte Häuser habe, aber es scheint sehr fraglich, ob so viele wirklich noch bewohnt sind. Wir hatten ein recht gutes Abendessen. Ich lasse nun meinen Begleiter sprechen: „Der Mudír, welcher für unser Unterkommen sorgte, besuchte uns des Abends in Begleitung seines Divan Effendissi; er selbst war hier erst wenige Monate und hatte bisher in Rumelien fungirt, so dass er über die Verhältnisse seines jetzigen Wirkungskreises noch wenig unterrichtet war; er überliess uns also seinem Divan Effendissi, einem Eingeborenen, der uns auch sehr genaue Auskunft gab. Ssídi Ghâsi ist ein verfallener Ort, welcher nur 300 bewohnte Häuser zählt; dass er früher viel bevölkerter war, ergiebt sich sowohl aus der Beschreibung in Dschihân-Numâ, als aus den noch vorhandenen leer stehenden Häusern und dem grossen Umfang der Begräbnissplätze; die Einwohner (lauter Türken) gehen im Sommer auf die Yaila und bauen nur Gerste und Weizen. So ist denn Ssídi Ghâsi im Grunde Nichts weiter als ein Dorf, welches den Dörfern der Umgegend als Markt und Gericht dient. Unser Effendi beklagte diesen Verfall und fügte hinzu: „„Auf je einen Ort, wo 300 Häuser sind, wie hier, mussten mindestens 200 Häuser von Rajah bewohnt sein."" "Warum?" fragte ich ihn. ",,Die Rajah sind geschickte Landleute und Handwerker."" "Also" — entgegnete ich — ,,damit diese 200 Rajah das Land bauen und die übrigen Arbeiten verrichten, während die hundert Türken ihren Tschibuk rauchen?" — ",,Gott bewahre, nein"", sagte er, ",,damit diese hundert Türken von den Rajah die Arbeit lernen. Wenn wir Türken, wie hier, abgeschlossen sind, so werden wir dickköpfig und vorkommen; wenn aber Rajah unter uns sind, so lernen wir von ihnen. Unser Kaiser hat voriges Jahr durch öffentliche Anzeigen Einwanderer aus Europa eingeladen; warum kommen sie nicht? Wir könnten hier in Ssidi Ghâsi wenigstens 300 Familien mit Häusern und Anderem versehen und es bliebe noch genug für uns selbst übrig. Damit würde dann beiden Theilen gedient sein."" " Herr Dr. M. schliesst diese eigenthümliche Unterhaltung mit der Bemerkung: "Ich gebe diese Äusserung in wortgetreuer Übersetzung wieder, weil sie wichtig ist."

Dienstag den 14. Dez. Es hatte während der Nacht sehr stark gefroren und war noch am Morgen höchst empfindlich kalt. Obgleich wir eilten, so bald als möglich fortzukommen, da das Wetter sehr ungünstig aussah und wir zu den Phrygischen Gräbern einen grossen Umweg zu machen hatten, sollten wir doch warten, bis andere Pferde beschafft wären. Das war hier aber keineswegs leicht und es war ein Glück, dass sich unser Ssurrudjī aus Sséwri-Hissâr doch allmälig dazu verstand, weiter zu gehen. Mittlerweile wandten wir uns beide, aber Jeder besonders und vereinzelt, zum Heiligthum auf der Höhe hinauf, aber durch einen Zufall bekam ich das Grab des Heiligen selbst nicht zu sehen. Ich gebe daher hier, was Herr Dr. M. darüber sagt: "Ssëidi Ghâsi hat seinen Namen von dem Arabischen Roland, Ssëidi Ghâsi Battâl, dessen Grabmal hier ist; es befindet sich auf einer Anhöhe und ist eigentlich ein ganzer Komplex von Gebäuden. So ist hier ausser dem Grabmal noch eine Moschee, eine Medressee nebst den dazu gehörigen Baulichkeiten und es ist ein Gemisch von verschiedenen Architekturen. Ein Theil ist Byzantinisch-christlichen Ursprunges und war ehemals ein Kloster; ein anderer Theil stammt aus Seldschukischer Zeit, noch Anderes aus Türkischer Zeit. Ich setzte voraus, dass diese Stätte zum mindesten eben so heilig sei wie die Moschee und das Grabmal des Abu Ejūb Anssāri bei Konstantinopel, wo sich der Nicht-Mohammedaner leicht eine Tracht Prügel zuziehen kann, wenn er sich zu nahe heranwagt, weil eine fanatische Schaar den Zugang zu diesem Heiligthum mit Cerberus-Augen bewacht. Ich ging hinauf, sah den Eingang offen, trat hinein und betrachtete die Gebäude; ein alter Türke, der sich mir als Turbedâr (Grabhüter) zu erkennen gab, fragte mich, ob ich nicht das Grabmal besehen wollte. Darauf war ich nicht vorbereitet: solche Plätze darf man nicht mit Stiefeln betreten und mit Strümpfen bei der strengen Winterkälte auf den blossen Steinen herumzulaufen, schien mir bedenklich; ich lehnte es also ab, indem ich sagte, dass es zu kalt wäre, um die Stiefel auszuziehen. Er meinte aber, das wäre überflüssig, ich mich also hinein. Es war eine grosse, weite Halle, welche in eine andere nicht völlig so grosse führte, wo ich zwei Sarkophage sah, einen von wenigstens 25 Fuss Länge und einen von gewöhnlicher Länge. Ersterer repräsentirt, wie mir der Alte sagte, den Sarg des Sseidi Ghâsi Battâl, letzterer den Sarg der Prinzessin (krâl kysi, ich weiss nicht, welcher, da mir die Legende in ihrer ganzen Ausschmückung nicht bekannt ist). Bekanntlich werden alle Leichen unter der Erde bestattet und der Sarkophag, welcher oben steht, enthält Nichts, sondern repräsentirt bloss den wirklichen Sarg. Darnach müsste also der Sseidi Ghâsi Battâl ein grosser Held im physischen oder geometrischen Sinne des Wortes gewesen sein; übrigens war er nicht dicker, als andere Menschen zu sein pflegen."

Ich kopirte indessen einige andere Inschriften, die wieder meinem Begleiter entgangen waren. Eine Menge altes Baumaterial sieht man hier, theils eingemauert, theils frei umherliegend, und auch mehrere nicht unbedeutende Inschriften, so die in einen grossen Pfeiler eingegrabene, welche den Namen Prymuesos aufbewahrt hat und weniger leicht hierher geschafft werden konnte, als die beiden kleinen Steine, die den Namen Nacoleia enthalten. Auch sieht man im Hofraum eine Menge Säulen von ansehnlicher Länge frei am Boden liegen. Sie gehörten wahrscheinlich schon im Alterthum diesem Orte an und sind allem Anschein nach nicht von anderswo hierher geschafft. Wie nun diese einstige Zierde und die ganze Lebensbedingung des neueren Ortes, das, was ihm seinen Namen und seine Bedeutung verlieh, in gänzlichem Verfall dahinsinkt, so ist auch der Basâr im Orte selbst Nichts als eine einzige Ruine und nur wenige gute Wohnungen ragen aus derselben hervor. Wir eilten daher fortzukommen.

Um 9 Uhr ging es mit südlicher Richtung weiter, indem wir uns die enge Schlucht hinaufwandten, bis wir nach 25 Min. freier hinausstiegen, während es noch immer anwärts ging. Unsere Richtung wandt sich nun allmälig mehr nach W. um. Die Kälte, durch einen unfreundlichen Wind verstärkt, war auf dem höheren Niveau so empfindlich, dass wir uns von Herzen des Schutzes der Fichten und der Wachholders erfreuten, womit der Boden hier bekleidet war. Dabei war der Weg abscheulich schlecht, nach Thauwetter in rauhester Oberfläche zusammengefrorener Sumpfboden. Dann betraten wir ganz offenes Weideland, das von einigen Rindern belebt war, ein bei der Kälte etwas ungewöhnlicher Anblick. Sonst bot die Landschaft nicht eben ein Bild sehr regen Lebens, obgleich man zur Rechten in die Thalebene hinabschauete. Auf das Weideland folgte wiederum schönes Unterholz von Eichen und Fichten, aber der Pfad ward hier sehr gewunden. Um Mittag stiegen wir ein schönes Waldthal hinab in eine grüne Thaleinsenkung und hier zeigte sich sogar etwas weiterhin ein wenig Ackerland. Hier trafen wir auch mit drei stark bewaffneten Landeseingeborenen zusammen, die ohne Acker- oder sonstige Geräthe und nur in Begleitung eines unbeladenen Esels jedenfalls einen sehr verdächtigen Charakter hatten. Sie kamen aus dem Thale zur Linken her und wandten sich nach einiger Überlegung rechts ab. Nachdem wir um 12 Uhr 15 Min. eine Gruppe von Quaderruinen passirt hatten, wandten wir uns den gefrorenen Bach überschreitend nun in das nach SSW. sich hinziehende Waldthal und erst hier, in dem gut geschützten Walde, wo man vor dem unangenehmen Winde völlig sicher war, ward es behaglich, aber schon vor 1 Uhr traten wir wieder aus dem Waldthal in eine kahle Erweiterung hinaus. Hier passirten wir eine aus Steinhäusern bestehende Yaila mit viel altem Material und einem Wasserbecken; augenscheinlich lag hier im Alterthum das bedeutendste Dorf in dieser ganzen Waldlandschaft. Wir waren froh, als uns nach einer Viertelstunde der schöne Fichtenwald wieder in seinen Schutz nahm.

Hier ging es abwärts und so betraten wir um $1\frac{1}{4}$ Uhr das eigentliche Dóghauly-derè, das „Felshöhlenthal", eine schöne Waldtrift mit steil emporragenden Felswänden, in die Felshöhlen ausgearbeitet sind. Eine der letzteren hatte einen Halbkreis zum Vorbau. Hier war die schöne Trift auch anmuthig von Heerden belebt. Wie wir nun um eine Felsenecke hinumbogen, standen wir plötzlich vor der im engeren Sinne Dóghanly genannten Gruppe, einer einzeln stehen gebliebenen Felsmasse, die, von Kammern ganz durchlöchert, einen recht romantischen Anblick gewährt. Diese Felsgrottenstätte hatte sich dem beschränkten Verstand unseres Geleitsreiters offenbar als das Sehenswürdigste in dieser altehrwürdigen Waldlandschaft dargestellt, uns aber schien sie ganz untergeordneter Art und wir beeilten uns daher, das Merkwürdigste zu besichtigen, um dann endlich zu der Yásili Kayā, den ersehnten Gräbern der Phrygischen Könige, zu gelangen. Ich selbst erkletterte nicht ohne gewisse Mühe bei der grossen Kälte, welche die Hände ganz steif und unempfindlich machte, von der unteren Kammer aus durch einen schon im Alterthum angebrachten und mit Seitenstufen zum Einsetzen der Füsse versehenen schornsteinartigen engen Schacht den Gipfel des etwa 60 Fuss hohen Felsens. Auch hier waren mehrere Kammern und ein grösserer Saal oder Kapelle mit Bogenverzierungen. Allem Anschein nach waren diess Wohnungen der Lebenden, aber Nichts von besonderem Interesse fesselte hier den Beschauer. Ringsum, aber besonders auf der südlichen Seite der Thalschlucht, sicht man an steiler Felswand kleinere Grotten und darunter auch Todtenkammern. Zum materiellen Gebrauch künftiger Reisenden will ich nur erwähnen, dass in dieser Thalsohle ein Quellbach rieselt, so dass man hier, wo es auch keineswegs an Holz gebricht, einen kleinen Halt zur Erfrischung machen kann, während dagegen in der Nähe der Hauptgruppe der Königsgräber gewöhnlich kein Wasser sich zu finden scheint.

Um 2 Uhr setzten wir unseren Marsch mit S. 30° O. durch die schöne Waldtrift fort und passirten dann nach 20 Min. einen aus einem Seitenthal hervorkommenden und nach Osten fliessenden Bach und waren von der malerischen Scenerie der ganzen Umgebung mit den rings umher sich gruppirenden, schön bewaldeten Felsmassen so eingenommen, dass wir nur ganz zufällig, indem wir uns umwandten, an der Ostseite eines gelegenen Felswand, die das Thal nach NW. abschloss, ein recht stattliches Felsengrab erblickten. Wir wandten uns also dahin und fanden, dass es das von den Türkischen Eingeborenen seiner Doppelkammer wegen in gemüthlicher Weise „Ehegattengrab" genannte Grab war. Allerdings ist die Anlage desselben nicht durch nationale Eigenthümlichkeit ausgezeichnet, aber doch ist es ein recht stattliches Werk. Es ist im Dorischen Style ausgeführt, aber in so schlanken Verhältnissen, dass man unmöglich ein hohes Alter annehmen kann; jedenfalls ist es wohl nicht viel älter, als die Zeit Alexander's. Der Plafond der Vorhalle ist das Interessanteste und die Sorgfalt der Ausführung bedeutend.

Um 2 Uhr 35 Min. setzten wir unseren Marsch mit S. 20° O. fort, liessen 2 Uhr 50 M. eine Thalabzweigung zur Rechten und betraten, indem wir uns nun östlicher hielten, um 3 Uhr einen schönen Waldpass, worauf wir nach wenigen Minuten den Fuss des Pischmísch-kálessí erreichten. Diese Ruine nämlich stellte uns der Sabtié mit grosser Hartnäckigkeit als das von uns gesuchte Phrygische Eldorado und als die Yásili Kayā dar, obgleich wir auf den ersten Anblick der ganzen Örtlichkeit uns überzeugten, dass hier die Phrygischen Königsgräber nicht sein könnten. Sie finden sich allerdings hier ganz in der Nähe und Jeder, der meine topographische Skizze vor Augen hat, wird in der Folge diese beiden Denkmäler in ihrem natürlichen Zusammenhange besuchen können, so wie ich überzeugt bin, dass man nun, mit dieser klaren Darstellung vor Augen, das ganze doch nur beschränkte Terrain allseitig erforschen wird. Das war es besonders, was mein verehrter Lehrer Carl Ritter als so wünschenswerth und zum Verständniss dieser Gegend unumgänglich nöthig aussprach (Klein-Asien, I. S. 649). So im Gesammtzusammenhang ist auch diese Ruine keineswegs ohne ihr eigenthümliches Interesse. Das Kastell liegt auf einer steilen, aber nicht eben hoch ansteigenden, am Abhange schön bewaldeten Felskuppe und diese hatte man offenbar schon im Alterthume so bearbeitet, dass der Fels selbst an vielen Stellen zu einer Vertheidigungswand ausgehauen war, während man die Mauer an solchen Stellen, wo der Fels sich absenkt und nicht die nöthige Höhe erreicht, mit cyklopischem Befestigungswerk ausfüllte. Nicht allein diese Art der Bearbeitung des Felsens, die wohl hauptsächlich von den 'Osmanli mit dem Namen „Kochkastell" angedeutet ist, sondern noch mehr eine in den Felsen selbst ausgehauene und in das Innere desselben, wahrscheinlich bis auf das Niveau des Wassers hinabsteigende Treppenflucht ist das augenscheinlichste Zeichen hohen Alterthumes. Wasser fehlt jetzt hier in der Nähe ganz. Dabei beweist jedoch das im Seldschukischen Style in verschiedener Färbung schichtenweise aufgeführte, sogar mit hölzernen Bohlen verstärkte Backsteinwerk, dass diese kleine Felsfeste auch noch in bezüglich junger Zeit bewohnt war. Jedenfalls aber zeigt sie nicht die einzige Spur von Inschrift und wir suchten unserm einfältigen Führer begreiflich zu machen, dass diess unmöglich die gesuchte Yasili Kaya sein könne, da es hier doch ganz und gar an einer Yasili fehle. Aber er war dies so hartnäckig wie dumm und erklärte, dass diess ja alt, also auch yasili sei. Es war Nichts zu machen, da der Abend herannahte, als unserem Führer zu folgen; wären wir aber von hier aus das erste Thal südlich hinabgezogen, so wären wir direkt zu den gesuchten Gegenständen gekommen.

Um 3½ Uhr verliessen wir Pischmisch-kálessí und diess Mal unsere Thiere etwas antreibend, befanden wir uns in zwanzig Minuten wieder Angesichts des Ehegattengrabmales und hielten uns nun in diesem Thale nach SSW. entlang. Es läuft, wie ich mich später überzeugte, dem Thale der Yasili Kaya parallel. Um 4 Uhr 15 Min. stiegen wir in eine Waldsenkung hinab, reich an schöner Baumscenerie, und betraten nach 10 Min. westlicherer Abbiegung (W. 30° S.), einem kleinen Bache folgend, einen abwärts geneigten Waldpass, wo wir hart an einer hübsch belebten Gruppe trinkender Kühe hinstreiften. Sonst sieht man in diesen schönen Waldtriften jetzt leider wenig Hornvieh; der Russische Krieg hat darin eine ungeheuere Lücke gemacht, die erst in einer Reihe ruhiger Jahre wieder ausgefüllt werden könnte.

Um 3 Uhr 35 Min. hatten wir in einer Erweiterung dieses Passes zur Rechten einen einzeln stehenden Tuffkegel voller Höhlen, aber mehr unregelmässiger Natur, und ein wenig weiterhin zur Linken eine Gruppe in ihrer Kegelform und schneeweissen Färbung malerisch aus dem Fichtenlaube sich hervorhebender Kegel. Hier war die Waldtrift besonders schön und anmuthig belebt von Schafheerden. Hirtenknaben spielten hier umher. Allmälig öffnete sich das Thal und wir erblickten in der Ferne zur Rechten den Ort Kümbet; während wir uns nun ganz S. hielten, erreichten wir um 5 Uhr 18 Min., zuletzt mit kleiner westlicher Abbiegung, Yapúldagh, ein Dorf von etwa 30 Häusern. Hier wurden wir ganz leidlich im oberen Stocke über der Treppe einquartiert. Diese Oda's sind jedenfalls den in Armenien und Kappadokien gebräuchlichen vorzuziehen, wo Mensch und Vieh in ein und demselben Raume zu ebener Erde zusammenwohnt. Glücklicher Weise fehlte es hier nicht an Holz, denn sonst ist nicht zu leugnen, dass jene alt-patriarchalische kommunistische Sitte während der Winterzeit zur Gemüthlichkeit entschieden beiträgt, besonders in Gegenden, wo Nichts als Tesék gebrannt wird. Reich ist das Dorf allerdings nicht, da der Boden sehr arm ist und nur 2¼- bis dreifältige Frucht trägt, und demgemäss war auch unser Abendessen nicht eben glänzend. Während der Abendunterhaltung erhielten wir nun doch bestimmte Auskunft über die Yásili Kayá; da aber unser Führer ganz unzuverlässig war, musste ich mich dazu verstehen, noch einen zweiten anzunehmen.

Wir machten uns nun am folgenden Morgen so früh wie möglich auf den Weg zu der ersehnten Stätte. Es hatte aber in der vorhergehenden Nacht stärker als je zuvor gefroren und war ausserordentlich kalt. Ich gab mich diess Mal meinem antiquarischen Interesse ganz und nahm den Weg erst auf der Rückkehr nach Yapúldagh genau auf. Je mehr Mühe es uns gekostet hatte, diese Denkmäler des hohen und noch ganz in den Anfang historischer Überlieferung fallenden Alterthums zu erreichen, um so tiefer war der Eindruck, als wir endlich vor ihnen standen. Wir wandten uns zuerst zu dem Midas-Grabmale, das durch den einfach grossartigen Styl der Ausführung in der mit rechtwinkeligen mäandrischen und andern geschmackvollen Linien reich verzierten gewaltigen Felswand, ja schon durch die majestätische Lage dieser fast abgelösten Felsplatte einen grossartigen Eindruck macht. Diess Monument nämlich bildet das Kantenstück der das grössere Querthal im NO. beherrschenden Felswand und steht an der Rückseite nach dem südlichen Seitenthal, durch das wir uns ihm näherten, ganz frei da. In majestätischer Einsamkeit lagert sich das schöne Waldthal davor. Dazu die merkwürdige, an die historische

Zeit anknüpfende und Griechenland mit dem Orient verbindende Inschrift, die, obgleich kaum erst halb entziffert, doch darüber keinen Zweifel lässt, dass sie das Andenken eines „Königs Midas" verewigen soll. Vielleicht bestätigt sich auch meines Begleiters Vermuthung, dass das Wort zwischen „Midas" und „Herrscher" den Namen des Gordyas, also des Vaters des Midas, in der Form „Gavartaei" enthält. Herr Dr. M. äussert sich darüber folgendermaassen: „Die Lokalität machte auf mich den Eindruck, dass die beiden Thäler die Residenz der Phrygischen Könige enthielten, wovon freilich schon zu Strabo's Zeit Nichts mehr vorhanden war; die Felsenreihe in der Mitte aber war die Nekropolis der Residenz. Es ist hier nicht der Ort, die Phrygischen Inschriften, namentlich die des Midas-Grabes, einer eingehenden Besprechung zu unterziehen. C. Lassen hat in dem 10. Bande der Zeitschrift der D. M. Gesellschaft von Seite 369 an Mehreres über die Phrygische Sprache und namentlich über diese Inschriften ausgeführt, ich kann mich jedoch nicht mit allen seinen Ausführungen einverstanden erklären, weil sie zum Theil auf einem falschen Prinzipe beruhen. — In der Inschrift des Midas-Grabes steht ein Wort zwischen dem Namen des Midas und seinem Königstitel; dieses Wort liest Lassen nach Leake's Kopie „lavaltaie" und nach Stewart „gavartaei" oder „gavartaei" und erklärt es als eine Komposition von dem Phrygischen Wort γάνος, Freude, Vergnügen, und dem Sanskritworte varta, d. h. sich in einem Zustand befindend. ,,,Gavartaei'", fährt Lassen fort, ,,würde somit besagen, dass Midas ein seinen Nachkommen Freude gewährender Herrscher gewesen sei. Ich nehme daher an, dass wir nicht das Grabmal eines wirklichen Königs vor uns haben, sondern ein zum Andenken an den göttlich verehrten Stammvater des Phrygischen Herrschergeschlechtes errichtetes Denkmal.'" Die Sache ist viel einfacher; es ist in diesem Worte nicht eine Beziehung auf den mythischen Stammvater der Phrygischen Könige zu suchen, sondern es ist einfach der Name des historischen Vaters des historischen Midas; das Wort ist nicht gavartaei zu lesen, sondern Goardai und heisst „Gordyae". Das ganze Monument sieht auch gar nicht aus wie ein Denkmal zum Andenken an einen göttlich verehrten Stammvater, sondern ist ein wirkliches Grabmal, wie alle anderen an Linken und Rechten, und prachtvoller, weil es ein Königsgrab ist."

In der That, ein Jeder, der an der mysteriösen Entwickelung der Menschheit durch alle Stadien der Geschichte lebhaften Antheil nimmt, muss dieses Monument, das in behrer Einfachheit schon zwei und ein halbes Jahrtausend da gestanden und noch eben so lange da stehen kann, mit tief gefühltem Interesse betrachten. Wo ist nun aber die eigentliche Grabkammer? Sie muss doch wohl ganz wo anders sein als in der flachen und unregelmässigen Nische ganz unten an der Basis? Allerdings ist da offenbar eine Nische von Ursprung her gewesen, aber es wäre sonderbar und unvorsichtig gewesen, wenn man den wahrscheinlich doch reich ausgestatteten Leichnam des Königs so ganz im Bereiche jedes neugierigen Beschauers oder habgierigen Räubers niedergelegt hätte. Die Nische war augenscheinlich viel zu flach, um einen Sarkophag oder dergleichen aufzunehmen. Auch enthielt das andere Grab doch wahrscheinlich einen Sarkophag und wo ist da nun die Grabhöhle? Meine Ansicht ist, dass sie sich im Giebelfelde findet und dass die Darstellung schlüsselähnlicher Formen eine mysteriöse Andeutung des darunter Verborgenen ist. Übrigens ist das weiter nach W. gelegene Grabdenkmal offenbar das ältere. Das beweist sowohl das kürzere, gedrungene Verhältniss, wie der ganze Zierrat. Dieser architektonische Schmuck, besonders der Blätterschmuck ist ausgezeichnet schön. Ganz ähnlichen Schmuck finden wir schon aus noch älterer Zeit an Assyrischen Arbeiten. Dasselbe Verhältniss einer schlankeren, höher strebenden Form bei jüngeren Denkmalen, wie es meiner Ansicht nach das mit dem Namen des Midas bezeichnete Denkmal, noch mehr aber das in grösserer Entfernung von Texier aufgefundene und gleichfalls mit einer Inschrift versehene Grab zeigt, im Vergleich zu dem eben beschriebenen Felsgrabe bemerken wir an den verschiedenen Felsgräbern in Amassia. Übrigens war die ganze Felswand an der Südostseite des Thales voll von kleineren Grabkammern und einige davon sind keineswegs ohne Interesse. So ist in der Kammer hart zur Seite des Midas-Grabes eine sehr bedeutende Phrygische Inschrift, die ihrer mit grosser Schärfe tief eingeschnittenen Züge halber und bei der Nähe, wie sie der Forscher vor Augen hat, von grosser Wichtigkeit wird. Da, wo diese Felswand südwestlich vom Midas-Grabe in das Seitenthal vortritt, befindet sich die Grotte mit dem in Griechischer Sprache gereimten Aufruf an Apollo. Die Felswand ist hier ganz und gar zertrümmert und verwittert.

An Sonnenbeleuchtung fehlte es glücklicher Weise nicht, um diese schönen, denkwürdigen Arbeiten des Alterthums in ihrer ganzen Pracht zu sehen und das Einzelne der flachen Eingrabung mittelst der Schattenlinien klar zu erkennen, aber zur Erwärmung besass die Sonne durchaus keine Gewalt und die schneidende Kälte verhinderte eine vollständige Zeichnung. Das Midas-Grab ist übrigens von Texier im Ganzen recht gut und treu dargestellt; dagegen ist das nicht durch Inschrift belebte Grab im Seitenthal, das meiner Ansicht nach noch älter ist, ungleich besser von Stewart dargestellt, wie es denn entschieden die treueste und schönste Zeichnung ist, die dieser Reisende von Phrygischen Monumenten geliefert hat, während andere seiner Zeichnungen in Hinsicht der Treue viel zu wünschen übrig lassen. In der schönen Jahreszeit kann Nichts herrlicher sein, als ein mehrtägiges Lager in diesen prächtigen Waldthälern. Der Wasserreichthum dieser Landschaft kann im Sommer allerdings nur gering sein. Jedenfalls habe ich nun demjenigen, der Zeit und Geld auf ein beschränktes, aber überaus interessantes Feld wenden will, durch meine genaue topographische Eintragung eine vollkommene Erforschung dieser monumentreichen Landschaft ermöglicht, indem man erst jetzt das genaue lokale Verhältniss der einzelnen Monumente erkennt und die bei Ritter (Erdkunde Kl.-Asiens, I, S. 634 ff.) zusammengestellten reichen Daten mit Vortheil benutzen kann. Des so zugänglich gemachten Materials halber gehe ich in diesem mehr geographischen als archäologischen Bericht nicht tiefer in Einzelheiten ein.

Quartier in Yapúldagh. Hier wartete unser ein gutes Frühstück und dann machten wir uns sogleich auf, um das von Stewart auf Tafel 15 und nach ihm von Ritter S. 648 als „Grab mit den anbetenden Pferden" beschriebene Felsgrab zu besuchen. Schon von der Veranda aus hatten wir einen Fernblick dahin gehabt, wie die Höhe von der Höhe einer steilen Felswand in das Thal hinabschaut. Es ist wohl keine Frage, dass eigentlich diese isolirte festungsmässige Felsmasse den Namen Yapúl-dagh führt, das Dorf aber Yapúldagh-koei heisst. Das Thal ist sehr unregelmässig begrenzt und etwa 700—800 Schritt breit. Zuerst wandten wir uns nach einem jüngeren Felsgrabmal etwas weiter nach SW. abwärts im Thale; da diess aber Nichts von besonderem Interesse besass, versuchten wir ohne weiteren Aufenthalt die grössere und mehr versprechende Felskammer zu erklimmen. Aber von dieser Seite ist das eben keine Kleinigkeit und Stewart nennt

Erst auf dem Rückmarsch von diesen Königsgräbern nach Yapúldagh legte ich, wie gesagt, diese Strecke nieder. Die Windungen in den engen Waldschluchten sind sehr bedeutend und ich will sie hier angeben. Wir brachen um 11 Uhr 10 Minuten auf und hielten uns zuerst mit SW. am kleinen Bache abwärts; dann machten wir um 11 Uhr 30 Min. eine kurze, fünf Minuten lange Biegung nach W. 10° N. in einem herrlichen Fichtenthal entlang, bis wir uns um 11 Uhr 35 Min. mit S. am waldigen Abhange der Anhöhen zur Linken hinhielten mit einem Waldkessel zur Rechten, hinter dem sich eine Ebene öffnete. Um 11 Uhr 40 Min. ging es S. 20° O., um 11 Uhr 48 Min. wieder scharfe Biegung nach SW. Um 12 Uhr 5 Min. näherten wir uns mit N. 10° W. der Hauptebene und erblickten das ansehnliche Dorf Kümbet etwas nördlich von einem Hügel. Nach fünf Minuten betraten wir mit S. 20° W. die Ebene selbst und erreichten um 12 Uhr 20 Min. wieder unser

diesen steilen Absturz unersteiglich. Wir wussten aber zur Zeit nicht, dass man von der anderen Seite des Felsens mit weniger Beschwerde, allerdings aber auf grossem Umwege zu ihm gelangen kann. Die erste Strecke war leichter zu erklettern, die letzten 50 Fuss aber waren vollkommen steil, wie künstlich abgehauen, und wir mussten uns in einem kleinen Einriss an vorspringenden Felsspitzen und einzelnen Büschen hinaufziehen. Da erreichten wir eine kleine Felsplatte, die man vor dem Eingang gelassen hat, und nun erst sahen wir, dass die Höhle die ganze Felswand durchbricht und ihren eigentlichen Zugang von der anderen Seite her hat, während diess nur eine Zierfaçade war. Obgleich die Verhältnisse nur klein sind, ist das Grab von grossem Interesse und hohem Alterthum, aber die Darstellung in dem Giebelfeld oberhalb des Einganges hat stark gelitten und ist nicht mehr genau zu erkennen. Zumal ist es unwahrscheinlich, dass hier

Pferde dargestellt seien, da die Thiere davon gar Nichts an sich haben, am wenigsten das zur Rechten, und von einer anbetenden Stellung gewahrt man ebenfalls Nichts. Ich habe S. 93 eine Ansicht der Façade gegeben, der Art, dass man auch die hauptsächlichsten Motive der zweiten und dritten Kammer sieht. Die Spitzsäule inmitten der beiden Thiere hat wohl jedenfalls einen phallischen Charakter; mein Begleiter glaubte in dem Aufsatze die Phrygische Mütze zu erkennen, aber daran ist nach meiner Meinung nicht zu denken; er sagt: „eine Phrygische Mütze auf einem Pfahl zwischen zwei Löwen skulpirt." Nachdem wir diese Façade untersucht, betraten wir das Innere. Die erste Kammer hat ein gewölbtes Gemach, dann führt ein im Giebelfelde mit einer Volutensäule geschmückter Thüreingang in ein zweites Gemach, dessen gleichfalls in Fels ausgehauenes Dach gegiebelt ist. Diess ist ein sehr interessanter Umstand. Übrigens sind die Kammern überaus klein und beschränkt. Auch das dritte Gemach, das sich hinter diesen anreiht, das aber für die meisten Besucher das zuerst betretene sein wird, ist gegiebelt. Wir hatten schon gleich von der anderen Seite am durchfallenden Lichte bemerkt, dass man hier wieder an das Tageslicht trete, waren aber nicht wenig überrascht, als wir aus diesem hinteren Gemache auf eine grosse, freie, auf dem Felsgipfel geöbnete Terrasse hinaustraten und hier überall die Spuren menschlicher Arbeit erkannten. Besonders überzeugten wir uns auf den ersten Blick davon, dass man diese ausgedehnte Felshöhe in ähnlicher Weise wie Pischmisch-kálessi befestigt habe, indem

man da, wo der Fels aufsprang, diesen selbst zur Brustwehr ausgearbeitet, an anderen Stellen aber wahrscheinlich mit anderswo aus dem Kalkfelsen leicht entnommenem Material aufgemauert hatte. Allerdings war diese sonst ansehnlich breite und etwa 120 F. über den Fluss aufsteigende Felshöhe desshalb weniger geeignet zu einer Feste, weil sie sich nach der entgegengesetzten Seite absenkte und also weniger natürliche Festigkeit darbot. Dennoch war es eine leicht stärker zu befestigende, vortreffliche Königsburg und ich gebe meinem Begleiter vollkommen Recht, der die Meinung ausspricht: „Der Berg bildete vielleicht die Sommerresidenz der Phrygischen Könige, während sie im Winter auf der Doppelebene von Jazili Kaja residirten." Auch senkte man Magazine in den Fels ein und führte einen unterirdischen Brunnengang nach O. 20° S. zum Fluss hinab. So hatte also diese Felsmasse im Phrygischen Alterthum offenbar einen fortifikatorischen Zweck, aber daneben diente sie auch zu Grabkammern, vielleicht aber trat die letztere Benutzung erst ein, als der erstere Zweck aufhörte; denn sonst hätte man es doch wohl nicht erlauben können, dass man jene oben beschriebene Grabkammer durch die ganze Tiefe der schützenden Felswand durchführte, obgleich die Steilheit der Wand die Sicherheit vielleicht einigermaassen wieder herstellte; auch konnte die Öffnung leicht verschlossen werden. An dieser selben Wand nun hat man nach der inneren Seite mehrere Grabkammern angebracht mit zum Theil ganz interessanten und eigenthümlichen Motiven, wovon ich hier zwei Façaden mittheile. An der einen

 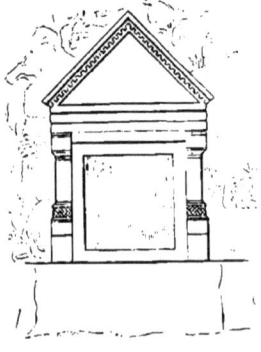

Das „Grab mit den anbetenden Pferden"; Kümbet und seine Alterthümer. 95

haben die Kapitäler der Pilaster dem Anscheine nach Buchstaben, wenigstens erkennt man deutlich ein *A* in ähnlicher Form wie auf dem Midas-Grabmale. Bei derselben Façade sieht man keine Spur einer eigentlichen Grabnische. Aus den im heutigen Gräberhofe sich findenden Baubruchstücken erkennt man, dass der Ort oder die Umgegend noch bis in jüngere Zeit hinein bewohnt war.

Mittlerweile, während wir diese höchst interessante Stätte untersuchten, warteten unsere Leute am nordwestlichen Fusse der Felshöhe und so stiegen wir denn nach dieser Seite hinab, indem wir am Fusse der Felshöhe wieder den Bach passirten. An ihm zogen wir dann, als wir um 1 Uhr 30 Min. unseren Marsch fortsetzten, abwärts im Thal entlang. Seine Diagonalrichtung geht von SO. nach NW.; wir selbst hielten uns N. 25° W. Das Thal wird auf der westlichen Seite von einer niedrigen Felsumsäumung umschlossen, dagegen hatten wir auf der entfernten östlichen Thalseite bald die am waldigen Abfall auftretenden Zuckerhüte, die wir gestern Abend auf unserem Wege von Pischmischkálessi zu unserer Linken gelassen hatten. Um 1 Uhr 55 Min. erweiterte sich das Thal auf unserer Linken und erstreckte sich bis zu einem anderen schön bewaldeten Hügelzuge, der nach NW. in malerischen Formen sich absenkte. Alle diese Höhen haben einen eigenthümlichen Charakter und ihre Bekleidung mit Fichten machte einen überaus lieblichen Eindruck. Um 2 Uhr 5 Min. passirten wir mit W. 30° N. einen mitten im Thal aufspringenden Hügel und erblickten weiter drüben eine von einer Höhle oder einem Felsgrabe belebte vereinzelte Felsmasse. Der Thalboden hatte hier vortreffliches Weideland. Wir betraten dann nach einigen Minuten einen bewaldeten Felssporn, von dem wir um 2 Uhr 25 Min. wieder in die Ebene hinabstiegen und hier einen Gräberhof passirten. So erreichten wir um 2 Uhr 30 Min. das ganz ansehnliche Dorf Kümbet, auf einer nach Norden höher aufsteigenden Hügelung gelegen, an deren Westseite ein Fluss grosse Sümpfe bildet. Das Dorf hat eine Moschee und 60 elende Theil des Jahres von Turkomanen bewohnte Häuser und gewährt ein sehr grosses archäologisches Interesse. Während ich mich dem von Stewart beschriebenen und der stattlichen Ausstattung wegen seinem kleinen Werkchen als Frontispice vorgesetzten, sogenannten Grabe Solon's

zuwandte, war ich erfreut, auf dem künstlich bearbeiteten höchsten Punkte der Felshöhe eine reich und höchst eigenthümlich verzierte Nische zu entdecken, von der ich hier eine Skizze mittheile. Sie öffnet sich nach W. und geht oben in eine schornsteinartige Öffnung aus, war also augenscheinlich keine Grabnische, sondern eine Gebets- oder Opfer-Nische, wie diess wahrscheinlich auch der Fall war mit der ähnlichen Nische in Boghās-koei; es ist wohl kaum nöthig zu sagen, dass es unmöglich ein Herd zu gewöhnlichen häuslichen Zwecken gewesen sein könne. Sie hat etwa 7 Fuss Höhe und die ganze Felspartie zu beiden Seiten ist künstlich behauen. Man hat von hier eine weite Aussicht über die ganze Thalebene und zur Blüthezeit von Alt-Phrygien muss sie einen sehr schönen Anblick gewährt haben. Von hier stieg ich an der nördlichen

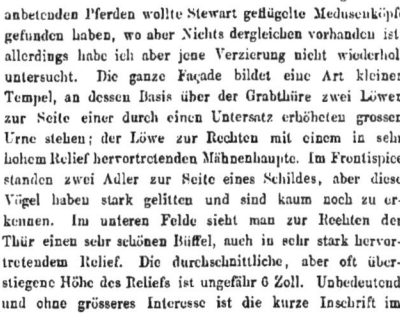

Seite des Hügels etwas abwärts nach dem verfallenen und verlassenen Hause des Agha, unter dessen Grundmauern, im Muttergefelsen ausgehauen, das höchst reiche und interessante Grab sich befindet. Ich gebe desshalb hier (siehe die folgende Seite) eine Skizze von der Façade, obgleich Stewart eine recht hübsche Zeichnung davon geliefert hat; aber in meiner künstlerisch ungeschmückten Skizze habe ich verschiedene Motive mit grösserer Genauigkeit angegeben, dagegen konnte ich die kreisrunde Verzierung im unteren Felde, links von der Grabthür, nicht für ein Medusenhaupt erkennen, sondern es schien mir ein Schild zu sein.

Auch im Grabe mit den sogenannten anbetenden Pferden wollte Stewart geflügelte Medusenköpfe gefunden haben, wo aber Nichts dergleichen vorhanden ist; allerdings habe ich aber jene Verzierung nicht wiederholt untersucht. Die ganze Façade bildet eine Art kleinen Tempel, an dessen Basis über der Grabthüre zwei Löwen zur Seite einer durch einen Untersatz erhöheten grossen Urne stehen; der Löwe zur Rechten mit einem in sehr hohem Relief hervortretenden Mähnenhaupte. Im Frontispice standen zwei Adler zur Seite eines Schildes, aber diese Vögel haben stark gelitten und sind kaum noch zu erkennen. Im unteren Felde sieht man zur Rechten der Thür einen sehr schönen Büffel, auch in sehr stark hervortretendem Relief. Die durchschnittliche, aber oft überstiegene Höhe des Reliefs ist ungefähr 6 Zoll. Unbedeutend und ohne grösseres Interesse ist die kurze Inschrift im

Inneren der Kammer, die, wie das runde Sigma im Namen Solon deutlich zeigt, von einem späteren Besucher oder Besitzer eingemeisselt wurde. Mein Begleiter hatte einige Mühe hineinzukriechen, um sie von Neuem zu untersuchen, da der Eingang mit Steinen verrammelt war. Herr Dr. M. macht dazu die folgende eigenthümliche Bemerkung: „Die Inschrift befindet sich im Inneren der Höhle und dem paläographischen Charakter nach gleicht sie vollkommen der metrischen Inschrift neben dem Midas-Grabe; beide sind höchst wahrscheinlich vom Kaiser Julian veranlasst worden, dessen Verehrung des 'Apollo auch anderweitig bekannt ist." In die Türbe neben dem Hause des Agha sind verschiedene Skulpturen aus weissem Marmor eingemauert.

Um 3 Uhr 15 Min. verliessen wir Kümbet, um unseren Marsch über Kará Ewrén fortzusetzen. Dieses Dorf hatte ich schon von der Felshöhe aus in N. 35° W. visirt. Wir durchzogen nun die schöne Ebene am Flüsschen entlang, passirten nach 10 Minuten auf einer Holzbrücke ein grösseres Flüsschen, das von der Rechten kam, und überschritten den Strom nach 15 Minuten abermals, ebenfalls auf einer Holzbrücke. Das Thal ist hier etwa eine Meile breit, hat aber nur wenig Baumwuchs. Auf der rechten Thalseite sieht man viele Höhlen, die dem Dorfe Kará Ewrén den Namen gegeben haben. Das Dorf selbst, das uns nach fünf Minuten zur Rechten blieb, hat zur Seite einen Grabhof voll von Säulen und alten Bautrümmern. Es war gerade durch einen Brautzug belebt. Wir stiegen nun etwas anwärts, aber um 4 Uhr 25 Min. senkten wir uns wieder in eine mit Eichengebüsch bewachsene, unregelmässige Ebene hinab, liessen hier nach 25 Min. zu unserer Linken einen zugefrorenen Wiesensee und überschritten dann, hart bevor wir das Dorf betraten, auf einer Holzbrücke ein aus jenem hervorströmendes Flüsschen. Um

5 Uhr waren wir in Kerk-Ér, einem Dorfe von 50 theils aus Holz, theils aus Stein erbauten Wohnungen mit ausschliesslich moslemischen Bewohnern. Gleich beim Eintritt machte eine mit Glasfenstern versehene und weiss angestrichene reinliche Dschámi einen recht angenehmen . Eindruck. Wir erhielten hier leidliches Quartier am Ende des Dorfes und auch gute Kost. Mein Begleiter fügt folgende Bemerkung hinzu: „Die Berge sind hier noch ziemlich bewaldet, aber die Ebene ist schon wieder ganz kahl. Die Einwohner von Kyrker (so schreibt er den Namen) bauen Weizen, Gerste und Opium; die Opium-Ernte ist aber dieses Jahr durch Dürre verunglückt, unser Wirth hatte im Ganzen nur 80 Drám geerntet." Da mir daran lag, die von Stewart fast ohne alle Angabe von Entfernung und Richtung als durch Phrygische Grabstätten ausgezeichnet erwähnten Ortschaften topographisch näher zu bestimmen, wie man denn früher von der Lage Yapúldaghs auch nicht die geringste Vorstellung hatte, erkundigte ich mich auch ganz vorzüglich nach Gheriss, das auch von anderen Reisenden erwähnt wird, und erfuhr, dass es vier Stunden von hier liegt, auf dem Wege nach Kutaya hin, auf der Grenze der letzteren Provinz und der von Eski Schéhr. Dagegen kannte Niemand Afghan-koei, das Stewart übrigens nicht eigentlich als Ort erwähnt, obgleich das koei doch ein Dorf andeutet, sondern als Namen einer Stammabtheilung der Turkomanen. Die Leute, die wir befragten, meinten, es solle Aghi-koei heissen, ein solches Dorf läge ziemlich auf unserem Wege, 1½ Stunden weiter hin. Wir hatten jedoch jetzt keine Musse mehr, noch weitere Umwege zu machen, sondern sahen uns gezwungen, so schnell wie möglich auf geradem Wege Konstantinopel wieder zu erreichen. Aber die Kälte war während der Nacht und am folgenden Morgen so gross, dass wir erst um 8 Uhr fortkamen. Die Pferde

hatten in der halb offenen Stallung sehr gelitten. Zur Rechten hatten wir gewelltes Land, links in 10 Minuten Entfernung eine bewaldete Hügelkette. Unsere Richtung war zuerst N. 15° O., um 8 Uhr 20 Min. ward sie N. 40° O. Um 9 Uhr betraten wir einen Pass, in den von der Linken her aus einem anderen Thale ein Flüsschen hereinzog. Dort liessen wir ein Yürük-Lager zur Seite liegen. Fünf Minuten weiterhin passirten wir den Fluss auf einer Brücke und zogen nun an seiner linken Seite abwärts; auch als wir 9 Uhr 30 Min. mit N. 15° W. zum Pass in das Thal hinaustraten, setzte er sich zur Rechten mit Baumebene fort. Dort zog er um 9 Uhr 40 Min. ab, während wir mit W. ein schönes klares Seitenflüsschen passirten. Wir wandten uns nun über N. (9 Uhr 45 Min.) wieder nach NNO. hin (9 Uhr 50 Min. N. 30° O.). Hier betraten wir mit Eichengebüsch bewachsenen Boden. Das Eichengebüsch setzte sich auf dem gewellten Lande fort, über das wir seit 10 Uhr mit N. hinzogen. Unsere Hauptrichtung war dann seit 10 Uhr 30 Min. N. 15° O. Zu gleicher Zeit durchschnitten wir einen ziemlich kahlen Thalkessel und durchzogen hier einen Grabhof mit alten Trümmern und Säulenresten. Alles spricht dafür, dass hier Naeoleia lag, und dann erklärt es sich auf das Leichteste, wie jene Inschriftsteine mit dem Namen dieser Stadt nach Ssídi Ghási gekommen sind. Denn die letztere Stadt steht vermittelst eben dieser Thalsenkung mit dieser Ruinenstätte in Verbindung und man sieht sie von hier aus ganz deutlich, wie sie in der Entfernung von etwa fünf Viertelmeilen bis anderthalb Meilen recht malerisch am nördlichen Fusse der Hügelkette oder vielmehr des Plateauabfalles daliegt. Man weiss, wie die 'Osmanlí alte Inschriftsteine selbst aus grösserer Entfernung herbeizuschleppen sich nicht scheuen, um ihre Gebäude damit zu schmücken. Allerdings fanden wir an dieser besonderen Stelle jetzt keine Inschrift mit dem Namen von Naeoleia und man kann unsicher sein, ob nicht eine der weiterhin zu erwähnenden Ruinenstätten mehr Recht auf bestimmte Identifikation mit jener alten Stadt zu beanspruchen hat, die entschieden hier in der Nähe von Prymnessos (Ssídi Ghási) und zwar auf einer westlicheren Strasse lag, ganz wie wir es hier finden. Der Umstand, dass wir gerade hier zwei Votivinschriften auf den „donnernden Zeus" fanden, könnte es zu bestätigen scheinen, dass hier der eigentliche Mittelpunkt jener städtischen Gemeinde und das Heiligthum lag; aber das war auch mit der anderen Ruinengruppe der Fall. Im Übrigen können wir wohl annehmen, dass der Ort in mehreren kleinen Flecken zerstreut lag. Die eine der erwähnten Inschriften befindet sich auf einer mit Rinderköpfen geschmückten Votivsäule und erinnert lebhaft daran, wie verderblich ein dürres Jahr auf diese Ebenen einwirken muss, zumal in Bezug auf den Viehstand; Inschriften ähnlichen Inhaltes bilden fast den ganzen Stoff der Lapidarmonumente dieser Gegend. Gegenwärtig waren die umliegenden Äcker sorgfältig bestellt und man hatte selbst die Steine eifrigst hinweggeräumt. Dennoch zeigten die Trümmer eines verlassenen Dorfes, dass die Gegend gelitten haben musste.

Wir stiegen nun aus der Thalsenkung anwärts und hatten um 11 Uhr 10 Minuten ein höheres, aber zerrissenes Terrain erreicht, auf dem wir um 11 Uhr 27 Min. wieder eine sehr klare Ansicht von Ssídi Ghási hatten; es lag hier gerade in Ost. Drei Minuten weiterhin kamen wir an den Ruinen eines Gebäudes vorbei, anscheinend eines Tempels und wieder mit zwei Weihinschriften auf den Donnerer. Wir hielten uns hier zehn Minuten mit Untersuchung der Ruinenstätte auf und stiegen dann gleich wieder anwärts, nachdem wir einen Bach überschritten. Es ist zu bemerken, dass die alten Bewohner dieser Landschaft ihre Ortschaften mehr in den Niederungen hatten, die neueren aber mehr auf den Plateauhöhen. So erreichten wir ein Paar Minuten vor 12 Uhr ein Ssedják [nach M. Ssidschár, vielleicht aus Versehen] genanntes Dorf mit grossem Kuppelgebäude und zwei mächtigen, weithin sichtbaren Pappeln. Das Kuppelgebäude ist eine Gruppe von zwei Türben und einem 'Imáret mit einer Masse alten Materials, besonders von schönen Säulen mit eigenthümlich reichen Phrygischen Kapitälern — ich meine mit Voluten von einer Grösse, wie wir sie wohl in Assyrien und an den Phrygischen Gräbern, aber nicht mehr in den uns erhaltenen Ionischen Bauten finden. Auch in den in einiger Entfernung von hier gelegenen Grabhöfen zeigte sich viel altes Material und ich empfehle hier die nähere Untersuchung künftigen um die Archäologie dieses Landes sich bekümmernden Reisenden.

Mit N. 30° O. über die kahle Hochebene dahin eilend holten wir beiden Europäer bald unsere während unseres Verweilens vorausgezogenen Leute ein und stiegen um 12 Uhr 15 Min. von der Hochebene hinab in eine Thalsenkung mit etwas Sumpfung, wo wir zur Rechten auf einer kleinen Erhebung wieder einen Grabhof liegen liessen, zur Linken aber, zur Seite eines den Sumpf hier überbrückenden Dammes, eine kleine hübsche Stele mit etwas interessanter Inschrift, als man sie in dieser Gegend gewöhnlich findet, die sie neben dem donnernden Zeus auch den „siegreichen Vater Zeus" erwähnt, so wenigstens verstand ich die Inschrift. Bald dahinter, um 12 Uhr 30 Min., erreichten wir das „Quittendorf" Aïwalý und hier liessen wir uns ein kleines Frühstück bereiten. Das Dorf zählt 38 bis 40 Häuser und hat seinen Namen von den Früchten, die in einigen am südlichen Abhange der Anhöhe gelegenen Gärten mit Glück gezogen werden. Im Alterthume blühte hier auch, wie man an den gleich zu erwähnenden Resten sieht, der Kultus des Dionysos, aber zur Zeit gab es hier keine Trauben. Bis das Frühstück fertig war, kehrten wir den Weg, den wir gekommen waren, eine Strecke weit wieder zurück, um den auf der Anhöhe jenseits des Sumpfes gelegenen Grabhof nach Inschriften zu durchsuchen, und fanden denn auch einige ganz interessante und selbst geschmackvoll gearbeitete Votivstelen, besonders eine, deren vier Seiten recht hübsche Darstellungen zeigten: auf der Seite der dem Dionysos geweihten Inschrift das schmuckreiche und im Occident nicht ganz gewöhnlicher Weise mit einem Flügelpaar angethane Bild des Gottes mit Traubenbüscheln in der Hand und einem Kinde zur Linken; auf der gegenüberstehenden Seite Reben; dann von den beiden anderen auf der einen das Brustbild einer Frau und auf der anderen ein recht geschmackvolles Weingefäss. Das war eine ganz ungewöhnliche Darstellung, denn die meisten dieser Stelen haben nur den Schmuck der Rinderköpfe, die offenbar sehr beliebt waren und wohl entschieden auf ausgedehnte Rindviehzucht in dieser Phrygischen Landschaft hinweisen, in ganz anderem Maassstabe, als man dies angenommen hat. So lernen wir hier wieder, wie das so oft der Fall ist, aus kleinen archäologischen Bruchstücken höchst interessante Momente für die Geographie und Kulturgeschichte kennen.

Die Bewohner von Afwaly scheinen einen bedeutenden Grad von Wohlhabenheit zu besitzen. Wir verliessen den Ort um 1 Uhr 30 Min. mit N. 20° O. und stiegen anwärts auf die nackte gewellte Ebene, die von einer ansehnlichen Schafheerde belebt war, während auch ein Paar Kameele sich sehen liessen, sonst eine Seltenheit in dieser Landschaft. Um 2 Uhr 8 Min. ward unsere Richtung N. 10° O., dann aber bekam sie, um 2 Uhr 30 Min., eine geringe westliche Abweichung, indem wir in eine bedeutendere Strasse gelangten, die von S.O. von um S.O. kam. Zur Linken liessen wir das an einer grösseren Höhe gelegene Dorf Täschly. Dann durchschnitten wir einen kleinen Pass und stiegen in frischerem Grün gemach anwärts. Auf diesem ziemlich guten Weideboden passirten wir um 3 Uhr 15 Min. eine Ruinenstätte mit sehr schönen Bruchstücken. Es waren insgesammt Votivsteine und wir verloren einige Minuten, um die Inschriften zu kopiren. Gleich beim Weitermarsch liessen wir an den Hügeln zur Linken das Dorf A'ltenüs oder A'ltinüs. Herr Dr. M. bemerkt über die alterthümliche Bedeutung dieses Ortes: „Am Abend hörten wir, dass man bei Altinüs eine Menge Steine mit Inschriften ausgegraben und in ein dort erbautes Bad eingemauert hätte. Jedenfalls bezeichnet also Altinüs oder vielmehr der Platz, wo wir die Inschriften kopirten, eine alte Lokalität, deren Name aber sich einstweilen noch nicht ermitteln lässt." Hier belebte sich die Strasse und Wagen und Fussgänger kamen uns mit Tabak beladen von Eski Schöhr entgegen. Die Hügelkette zur Linken setzte sich fort und etwas weiterhin passirten wir einen kleinen Kalkpass. Dann war die Landschaft wieder ziemlich eben, bot aber keineswegs ein sehr belebtes Bild dar; in der Ferne lagerten sich vor uns kleinere und grössere Höhen. Wir bogen dann um 4 Uhr 15 Min. mit N. links von der Strasse ab über die Vorhöhen der Hügelkette, um in Kará Basár Nachtquartier zu nehmen. Hier erfreute sich das Auge einmal wieder des Anblickes einer Rinderheerde. Wir wandten uns dann um 4 Uhr 35 Min. ganz nach W. hin und erreichten das erwähnte Dorf um 5 Uhr.

Kará Basár liegt recht anmuthig am Eingang eines Engthales, in dem sich eine Stunde weiter aufwärts ein anderes Dorf Nameus Andän mit vielen Ruinen aus dem Alterthum befinden soll. Kará Basár, das fälschlich auf den Karten als Kará Schöhr figurirt, ist als solches ein ziemlich neues Dorf, da die Bewohner erst vor etwa vierzig Jahren aus der Nähe von Afiūm Kará-Hissár hierher übergesiedelt sind. Aber auch im Alterthum lag hier ein Ort. Man sieht am Eingange des Dorfes eine sehr schöne Votivsäule, die zwei Brüder Namens Plusios und Perseus ihren Eltern und dem Donneror Zeus errichtet haben. Das Dorf hat 50 leidliche Häuser aus Stein und die Bewohner bauen ausser Gerste und Weizen auch Opium, aber sie klagten, dass die Ernte desselben seit 7 Jahren nicht gerathen sei. Auch scheint der Boden keineswegs sehr ergiebig zu sein, da die Saat nach Angabe unserer Wirthe nur 3- bis 7fältige Frucht trägt. Die 'Osmanli Klein-Asiens sind im Ganzen nicht eben strenge Befolger der Pilgerfahrt und in den Dörfern zumal findet man selten einen Hadschi's; hier aber trat sich unter unsern Besuchern Einer hervor, der von Mekka und Ägypten erzählen konnte. Es waren meist grosse, abgehärtete Gestalten. Herr Dr. M. nennt den Ort Kará Täsch und das ist wahrscheinlich sein offizieller Name; es ist aber keine Frage, dass die Einwohner selbst ihn als Kará Basár bezeichneten.

Freitag den 17. Dez. Das Wetter ging mehr und mehr zur schlimmsten Winternatur über. Starker Schnee war während der Nacht gefallen und am Morgen blies uns ein scharfer Nordwind ins Gesicht. So hörte denn jede weitere Beobachtung auf und es war Glück genug, dass wir wieder auf der grossen Strasse waren und gesehen hatten, was wir hatten sehen wollen. Wir eilten nun so schnell, als es unsere ziemlich angegriffenen Pferde von Ssëwri-Hissár erlaubten, über die öde, baumlose Hochebene vorwärts und erreichten in drei Stunden zehn Minuten, zuletzt mit starkem Abstieg, Eski Schöhr, das alte Dorylaeum. Kaum konnte man sich bei solchem Wetter in die Lage der Kreuzfahrer versetzen, die auf dieser Ebene von Hitze und Durst gepeinigt zu verschmachten fürchteten und daher einen um so härteren Kampf gegen den Feind zu bestehen hatten. So wie wir die Stadt erreicht hatten, wandten wir uns ohne Verzug nach dem Posthause oder Menselhâné, um sogleich für unser Weiterkommen mit frischen Postpferden zu sorgen. Die grossen Moscheen verleihen dem Orte ein gewisses Ansehen, aber ausserordentlich still und wie ausgestorben schien Alles zu sein. Dazu trug nun wohl der Freitag das Seinige bei. „Wir zählten 8—10 Minarets und eine Hauptmoschee; die Stadt selbst besteht aus zwei getrennten Theilen, der eigentlichen Wohnstadt und dem Basár, welche durch einen Steindamm von etwa $\frac{1}{2}$ Stunde Länge mit einander verbunden sind. Die berühmten Bäder von Eski Schëhr sind in der Basárstadt. Die Meerschaumgruben, welche ein für Deutschland sehr wichtiges Produkt liefern, liegen 7—8 Stunden ostwärts von Eski Schëhr, nach Ssöwri Hissár zu, und sind an Griechen und Armenier in Biledjik verpachtet; der Fiskus erhebt eine Abgabe von 10 % vom Werthe." (Zusätze von meinem Begleiter.)

Während die Pferde in Bereitschaft gesetzt wurden, streiften wir im Orte umher und besahen einige interessante Skulpturen aus dem Römischen Alterthum, die sich an Brunnen und sonst fanden; darunter zeichnete sich besonders eine aus, die eine Gruppe von zwei kämpfenden Löwen und Bären darstellte, und eine andere mit einer höchst eigenthümlichen Tempeldarstellung.

Um Mittag brachen wir schon wieder auf, mit guten Pferden, die uns die Hoffnung gewährten, wenn das Wetter nicht gar zu ungünstig würde, noch heute Ssöghüd zu erreichen, aber das wieder losbrechende Schneegestöber zwang uns, am Fusse des Gebirgspasses in It Burnú, das wir in 3 Stunden 20 Minuten erreichten, Nachtquartier zu nehmen.

„Wir passirten zuerst den Pursak und liessen dann folgende Dörfer zur Seite: Kará Schehr, eine Stunde von Eski Schehr, rechts am Wege; links vom Wege auf einer Anhöhe liegt ein altes Kastell, Karidsche genannt; diess ist die vulgäre Aussprache, vollständiger heisst es Karadschá Hissár, d. h. das schwärzliche Schloss. Es ist eine der ältesten Eroberungen der Osmanen; schon Ertogrúl, der Vater Osman's I., soll es um das Jahr 684 (1285) erobert haben; Osman I. eroberte es im Jahre 687 (1288). Die ganze Geschichte dieser Zeit aber ist so verworren und widersprechend, dass sie fast noch so gut wie von vorn zu bearbeiten ist. Weiter passirten wir Ssögüd Öni, $1\frac{1}{2}$ Stunden, links; Keskin, $3\frac{3}{4}$ Stunden, auch links am Eingange des Gebirges; Eiros, 4 Stunden, rechts vom Wege, im Gebirge. In It Burnú, d. h. Hundsnase, wohnte der Scheich Edebeli, Schwiegervater Osman's I., wie denn überhaupt in dieser Gegend, der Wiege des Osmanischen Reiches, fast jeder Ort in der Biographie Osman's I. eine Rolle spielt." (Dr. Mordtmann.)

Unser Quartier in diesem Bergorte war bei solchem Wetter nicht sehr erfreulich und wir mussten uns mit einem recht kalten Gemach im oberen Stocke begnügen, zu dem eine gebrechliche Treppe hinaufführte. Zudem war unser Wirth in tiefen Missmuth versunken, da sein einziger Sohn vor Kurzem in die Armee getreten war, und auch hier fanden wir Furcht vor nahem Krieg, wovon in Europa zur Zeit nur noch Wenige eine Ahnung hatten. Sonst kam uns nur ein Armenier zu Gesicht, der in einem zwei Stunden von hier entlegenen Dorfe von 500 Häusern, Namens Tschálkará, angesessen war. Das Schneegestöber hielt zahlreichere Besucher ab. Auch lag der Schnee am folgenden Morgen so tief, dass wir für die schwierige Gebirgspassage bei andauerndem Schneegestöber einen neuen kundigeren Führer nehmen mussten. Der strichweise zu grosser Tiefe angehäufte Schnee gestattete nur langsames Vorwärtsgehen und bei steilerem Anstieg und bei Biegungen um Felsecken machte sich die Kälte besonders empfindlich. Gleich hinter dem zweiten Derbénd, als wir den Kamm des Dömanitsch überschritten, begegneten wir einer Maulthierkarawane, die sich mühsam genug durch die schneebedeckten Bergpfade durcharbeitete. Wir stiegen nun etwas abwärts und erreichten Ssöghüd, aber es war so kalt und unfreundlich, dass wir selbst zum Besuch des Grabes Ertogrúl Bei's, des Vaters Osman's, keine Lust hatten. Der Name Ssöghüd, ausgesprochen „Ssöüd", bedeutet „Weidenbaum" und daher heisst der Ort nach M. auf Persisch Bid, was dasselbe bedeutet.

Gegen 2 Uhr setzten wir uns mit neuen Pferden in Bewegung, mussten uns aber entschliessen, den allerdings belohnenden Umweg über Biledjik zu nehmen, da diess die Poststrasse ist, obgleich sie zwei Stunden weiter ist, als die andere Strasse. Die Entfernung von Ssöghüd nach Biledjik beträgt acht Poststunden. Nach vier Stunden erreichten wir Yenikoei, passirten dann ein ausserordentlich prächtiges Thal, das sich von W. nach O. erstreckt, viel von Maulbeerpflanzungen, durch die ein ansehnliches Flüsschen, der Tschéltolük, seinen Lauf nimmt, und in dem nach W. hin das Dorf Aschágn-koei liegt. Dann ging es hinauf nach Biledjik und wir hatten eine tief eingerissene Thalschlucht zu umgehen. Der Ort, am Ende des Thalwand hinauf gelegen, ist recht ansehnlich und hat 800 Häuser, die sich meist in drei Stockwerken erheben, aber wie gewöhnlich nur aus leichtem Fachwerk bestehen, ohne alle Solidität. Auch zeigte sich eine bedeutende Geschäftigkeit und grosse Fabriken breiteten sich aus. Die Seidenindustrie ist sehr bedeutend, aber fast ausschliesslich in den Händen der Armenier, die mit wenigen Ausnahmen die Bevölkerung des Ortes bilden.

Das gereichte uns keineswegs zum Vortheil, denn nur mit grosser Mühe erhielten wir Quartier und Provision konnten wir gar nicht auftreiben; dabei wurden wir mit äusserstem Misstrauen behandelt und konnten auch durchaus keine Nachrichten einziehen. Kurz, es war ein überaus unerfreuliches Quartier.

Am folgenden Tag machten wir durch eine zum Theil höchst interessante Landschaft, aber auf jetzt abscheulichen Wegen einen tüchtigen Ritt nach Issnīk, dem alten Nicaea. Wir machten nur einen kurzen Halt in Wesīr-Chāné und in Lefkeh. Der grosse, ja grossartige Chān hat noch seine Solidität bewahrt, steht aber ganz verödet da; eben so ist Lefkeh jetzt ein ganz unbedeutender Ort von etwa 250 Häusern, halb von Griechen und zur Hälfte von Türken bewohnt. Wir hielten uns auch hier nur kurze Zeit auf, so viel, als nöthig war, um die Pferde zu wechseln, und setzten dann unseren Ritt bei jetzt leidlicherem Wetter fort. So erreichten wir das alte Nicaea beim Eintritt der Dunkelheit. In der warmen Jahreszeit ist ein Ritt durch diese Sumpfebene nach Sonnenuntergang nicht eben anzurathen, denn die Miasmen sind sehr gross. Ich hatte auf meiner früheren Klein-Asiatischen Reise diese historisch so berühmte Stadt nicht besucht und ihre Mauern und Thore machten einen grossen Eindruck auf mich; sie sind der Grund, wesshalb die Eingeborenen den Ort Dschénovsilīk nennen, zu Deutsch „Genuesenthum", wie sie denn fast alles mittelalterliche Bauwerk vor der Zeit der Osmanen, d. h. auch ihnen vor ihrem grossen Murad den Dschénovīs zuschreiben. Der offizielle Name ist Issnīk, vielleicht schon eine Byzantinisch-volksthümliche Verderbung des alten Namens. In dem unbedeutenden Städtchen, das jetzt den Kern von Nicaea einnimmt, giebt es Leben und Geschäftigkeit nur auf dem kleinen Plätzchen, das sich um eine schöne Ulme und einen sehr moslemischen Tränkbrunnen umherlagert. Denn hier ist das Posthaus und seine Bedeutung als Poststation auf der grossen Strasse nach der Hauptstadt giebt dem Städtchen noch einiges Leben, und die ganze Nacht hindurch zog man ein und aus. Aber eben diese Nähe der Hauptstadt macht es dem Reisenden, der nicht allen Komfort bei sich führt, sehr schwierig, sich seine Bedürfnisse zu verschaffen, und diese Beobachtung hatte mein Begleiter stets schon auf seinen früheren Reisen gemacht, namentlich auf den grossen Landstrassen, und er erklärt die Erscheinung folgendermassen: „Die Ursache", sagt er, „ist sehr einfach; die Lebensmittel sind in der Hauptstadt so theuer, dass die Producenten auf viele Tagereisen in der Runde fast ausschliesslich alle ihre Produkte dahin senden und für sich nur dasjenige behalten, was in Konstantinopel unverkäuflich ist, d. h. so gut wie Nichts. Diess ist buchstäblich wahr und sehr häufig tritt der Fall ein, dass die grosse Noth sie zwingt, ihre eigenen Lebensmittel, die sie selbst producirt haben, wieder in Konstantinopel einzukaufen." Übrigens erhielten wir ein zwar sehr kleines, aber aus neuem Holze gefertigtes reinliches Gemach. Wie wir nun auf unsere Reise zurückschauten, waren wir mit ihren Resultaten höchst zufrieden. Aber das Schlimmste stand uns noch bevor und wir sollten sie nicht ohne schwere Züchtigung beenden.

Am nächsten Morgen früh war es zwar sehr kalt und der Frost stark, aber die Luft war ziemlich rein. Allmälig jedoch überzog sich der Himmel mit dickem, drohendem Gewölk. Während dessen machten wir einen höchst interessanten Gang um die für die mittelalterliche Kulturgeschichte so überaus wichtigen Mauern mit ihren in verschiedenem Styl, bald eirund, bald vieleckig, von verschiedenen Byzantinischen Kaisern errichteten Thürmen in die eine Menge grossartigen alten Materials, vorzüglich Marmorblöcke hineingebaut ist, aber bald überfiel uns ein so heftiges Schneegestöber, dass man kaum noch um sich blicken konnte. Leider wird die Untersuchung dieser Mauern sehr gestört und erschwert durch die ganz hart an sie herantretenden Maulbeerpflanzungen. Sie sind übrigens schon vielfach beschrieben, aber Herr Dr. M. besitzt manch neues Material über ihre geschichtliche Entwickelung.

In unser Quartier zurückgekehrt hatten wir erst noch einige Zeit zu warten, bis der dickwanstige Tatar mit seinem Gefolge befördert war; denn die Vorrechte dieser Leute sind ausserordentlich. Dann waren auch wir bald im Zuge, denn das abscheuliche Wetter konnte uns nicht zurückhalten. Übrigens, obgleich unser Endziel dasselbe war, war unser Weg doch ganz verschieden. Der Tatar nämlich nahm seinen Weg über Herssek, um von da seine Reise zu Lande fortzusetzen, wir aber wandten uns nach Kará-Murssal, in der bestimmten Erwartung, dort das Dampfboot von Ismid zu treffen; aber das Schicksal wollte, dass wir ebenfalls zur Landreise gezwungen werden sollten, und in Gébiséh trafen wir mit unserm Reisegefährten wieder zusammen.

Genug, dieser Marschtag von Issnīk nach Kará-Murssal war der beschwerlichste dieser ganzen Reise und wurde mir nur erträglich durch das sich daran knüpfende Interesse des krassesten Gegensatzes gegen meine Reise durch die Sahara im Gluthsommer 1855. Dichtes Schneegestöber hielt den ganzen Tag an und war bei der durchdringenden Kälte keineswegs ganz erfreulich; natürlich waren die Wege über den Gebirgskamm abscheulich und selbst gefährlich und unser erfahrener Führer konnten hier die Spur überhaupt erkennen. Wir hofften, dass wir auf dem Kamm das Schlimmste überstanden hätten, aber erst beim Herabsteigen an den Saum des Golfes wurde es fast unerträglich. Wie wir nämlich abwärts stiegen, löste sich

Issnik, das alte Nicaea; Landreise über Gébisëh nach Konstantinopel.

der Schnee in halb aufgethaute Eissplitter auf, die, von heftigem Winde getrieben, uns ins Gesicht peitschten. So kamen wir in Kará-Murssal in sehr mitgenommenem Zustande an und fanden leider kein ordentliches Kaminfeuer, sondern mussten uns mit einem Kohlenbecken begnügen. Dabei war es bei den abscheulichen Wegen schon Abend geworden und wir konnten fast Nichts zur leiblichen Stärkung auftreiben. Überhaupt aber ist der Ort aus den schon oben angegebenen Gründen mit Lebensmitteln sehr armselig bestellt. Um so mehr beeilten wir uns am folgenden Morgen, Kará-Murssal zu verlassen, da selbst heute das Dampfschiff von Konstantinopel wiederum ausbleiben konnte. Wir zogen es daher vor, ein Boot zu miethen, das uns nach Dil Baschi, der Herssek gegenüberliegenden Landzunge, bringen sollte. Dort nämlich hofften wir Postpferde zu finden und ehemals war dort wirklich eine Nebenstation der Post, wo man Pferde bis Gébisēh bekommen konnte; seit Errichtung der täglichen Dampfbootfahrt nach Nikomedien aber ist diese Station aufgehoben. So war es ein grosses Glück für uns, dass gerade, als wir nach dritthalbstündiger Fahrt aus unserm Kaïk ans Land stiegen, ein so eben angekommener Posttatar davon galoppirte und so eine Botschaft mitnehmen konnte, dass augenblicklich Pferde für uns von Gébisēh herbeigeschafft würden. So hatten wir doch schon um 4 Uhr Nachmittags Pferde zu unserer Verfügung. Mittlerweile verstrich die Zeit immerhin traurig genug, denn wir konnten unseren Gram nicht einmal mit Essen vertreiben und hätten hier trotz unseres Geldes verhungern können; denn Gold konnte hier Niemand wechseln. Das wäre allerdings unsere Schuld gewesen, wenn wir nicht in Kará-Murssal, das auf den Rang eines Städtchens Anspruch macht, uns mit kleiner Münze zu versehen versucht hätten, aber selbst dort hatte man nicht wechseln können. Ich besass nur noch ein 5-Parastück in Scheidemünze und kaufte mir dafür ein Paar Wallnüsse. Kaffé, der ausserdem fast allein hier zu haben war und der bei der Kälte sehr angenehm gewesen wäre, war schon völlig unerschwinglich. Im Allgemeinen waren wir auf unserer Reise sehr eifrig bemüht gewesen, stets Scheidemünze bei uns zu führen; eine solche Vorsicht ist für einen Reisenden hier im Innern von der allergrössten Bedeutung. Im kleinen Hafen hier luden etwa zehn Küstenfahrer Getreide, wie es schien, für Rechnung der Regierung.

Als wir einmal unsere Pferde hatten, ging es rüstig vor sich und wir machten in Gébisēh nur so lange Halt, als der durchtriebene Postherr uns zurückzuhalten für gut fand; um 2 Uhr nach Mitternacht langten wir endlich ziemlich durchnässt und ermüdet in Skutari an. Davon hatten wir denn den Vortheil, dass wir am nächsten Morgen mit dem ersten Dampfschiff nach Stambul hinüberfahren konnten.

Die ganze Reise hatte mich sehr befriedigt, obgleich ich gewünscht hätte, Manches mit mehr Musse untersuchen zu können. Jedenfalls hatte die auf meiner ersten, im Jahre 1847 von Syrien bis Konstantinopel in den grössten Zickzackwindungen ausgeführten Reise durch die südlichen und westlichen Gestadelandschaften Klein-Asiens erworbene Ansicht dieser so höchst interessanten, von Natur und Geschichte reich ausgestatteten Halbinsel einen ganz anderen Hintergrund gewonnen und fing an sich zu einem Gesammtbilde zu vervollständigen.

Ich blieb noch vier Tage in Konstantinopel und schiffte mich dann auf dem Lloyd'schen Dampfboot nach Triest ein. Die Fahrt war im Ganzen sehr angenehm und manche interessante Persönlichkeit lernte ich dabei kennen. Unter den Passagieren befand sich auch der Künstler Ssvóboda, der aus Indien zurückgekehrt, wo er mehrere Felsreliefs photographisch aufgenommen hatte. Einen schönen Tag hatte ich in Triest und auf dem Karst. Daheim tönte schon das Kriegsgetümmel aus der Ferne.

Die von mir und Herrn Dr. Mordtmann auf dieser Reise gesammelten Inschriften werden in einer anderen, für solche Gegenstände passenderen Zeitschrift veröffentlicht werden, wahrscheinlich in derjenigen des Instituto archeologico di Roma. Das auf vergleichende Geographie Bezügliche ist daraus schon diesem Bericht einverleibt worden.

Inhaltsverzeichniss.

(Von den Buchstaben hinter den Seitenzahlen bezeichnet a die erste, b die zweite Spalte einer Kolumne.)

A.

Abu Schâr Dorf 69 b; 70 a.
Achir-koei Dorf 25 b.
Äpfel 19 b; 27 a: 29 a; 56 a; 73 a; 86 b; schöne — in Amâssia 29 b.
Afghân-koei Dorf 90 b.
Ainsworth, Mr., Angaben über Kyr-Schähr 71 b; 72 b; über Djèmalî 74 a; 74 b; über Denek Mâden 76 b.
Aiwalý „Quittendorf" 97 b.
Ak-dâgh „Weissberg" 53 b; 54 a.
Ak-koei „Weissdorf" 60 b.
Ak-köyunlû die Dynastie „vom Weissen Hammel" 15 a; 18 a.
Ak-Pungâr „Weissquelle" 41 a, b; Assyrische Felsgräber in dessen Nähe 41 b.
Aktsché-kalêh Dorf 4 b.
Ala-dâgh Kuppe des Argaeus 58 a.
Ala-dâgh ein anderer 59 a.
A'ladja elendes Städtchen 41 b.
Alaun in Karâ-Hissar 14 b; im Pontus schon von Plinius erwähnt 15 a.
Alaungruben 13 b; 14 b.
'Alî Ghâleb (Ali der Sieger) Dorf 44 a.
Almûsch Dorf 20 a.
A'ltenüs Dorf 96 a.
A'ltsche Dorf 81 b.
Amâssia Stadt: Zugang 28 a; malerischer Charakter 28 b; Seidenhandel 32 a; 35 b; 37 a; alte Wasserleitung 26 b; Felsgräber 30 a; Königsgräber 32 a, vgl. 41 a; Spiegelgrab 35 b; Seldschukische Bauten 30 b; 31 a, b; Hochschulen 37 b.
A'ngora Stadt: Namensformen 79 a; erster Anblick 78 b; Charakter von 79 a.
Angora-Wolle (tiftîk) 79 a; 86 a; 88 b; Preis von 83 b.
Angora-Ziegen 83 b; 86 b.
Aprikosen 61 a; 63 a; 73 a; 85 a.
Aquädukt bei Amâssia 28 b; bei Uergüb 62 b.
'Arâbîssôn Städtchen, s. Yarâ-pissôn.
A'rdassi Städtchen 9 a; der dort residirende Amtmann 10 b.
A'rdassi-tschai „Fluss von A'rdassi" 9 a, b; 10 a.
Argaeus (Erdjias) Berg, schöne Ansicht 52 a; 54 b; 55 b; 58 a; 66 a; 69 b.
Armenier 11 b; 12 a; 16 b; 17 a, b; 51 b; 53 b; 54 a; 57 a; 59 a; 86 a; 99 b. Ihre Zudringlichkeit 67 a; 99 b.
Armenischer Boustyî 8 b; 39 b; — Kirche 12 a.
Armutl'ý „Birnendorf" 16 b.
A'schadi-kalêh Dorf 19 a.
A'schik Paschazâde Chronik 18 a.
Aschkâr Owâ Thalebene 17 a.
'As-e'-dîn („Würde des Glaubens") Kei Kobâd, Seldschukischer Fürst 22 b Note.
'As-e'-dîn Ebû 'l Fetîh Kei Kavûs 72 a.
A'ssarli kayâ alte Bergfeste 80 a.
A-ssí Yûsghâd Dorf 77 b.
Assamâk Flussschnellen des Ssakaria bei 84 a.

Assyrisch-Medische Ruinen bei Ueyük 42 b; bei Boghâs-koei 43 b; — Königsstrasse 45 a.
Astyages vielleicht dargestellt 46 b.
Auxnôs Dorf 62 b; 63 b; 65 a.
Augusteum das in Angora 79 b.
A'yio Va-ssilî (der Heilige Basilius) Dorf 4 a.
A'yio Va-ssilî, ein anderes Dorf 4 b.

B.

Bâk-ledjä Dorf 38 a.
Bâli köyundjîk „der alte Schäfer" Dorf 80 a.
Bascha-koei Dorf 52 b.
Batâl Dorf 52 b. — Der Held Batâl (Dattâl) oder Ssîdi Batâl 53 a.
Batschi-koei Dorf 82 a.
Baumwollenfelder 76 b; 77 a.
Bâyana Dorf 11 a.
Bêbek Dorf 84 b.
Begêsch oder Beidjes Dorf 82 b.
Bekâr-Hammamî heisse Quellen 38 a, b.
Bektâsch nuderer (falscher?) Name von Ak-koei 60 b.
Bektschî Gendarmerie-Kapitän 8 a; 9 a.
Bektschî-hâné Station 8 a.
Bêler Dorf 11 a.
Berek-l'ý Dorf 68 b.
Betriebsamkeit, Zeichen von 10 b; 18 b; 38 a; 39 a; 76 a.
Biledjîk gewerbreiche Stadt 99 b.
Birmböume 9 a und passim.
Birnen 11 b; 17 a; 19 b. — B.-Dorf 16 b.
Bödlisé Dorf 84 b.
Dogenbau, gute Beispiele vom 9 b; zu spitz bei Brücken 7 a.
Boghâs-koei „Dorf des Engpasses"; erster Anblick 44 a; Alterthümer 44 b; Hauptstadt von Pteria 45 a; Felsskulpturen 45 b; 46 a; Citadelle, Befestigungen 47 a, b; Palast-Tempel 48; Sitz eines Derebei 44 a.
Bohnen 4 b; 75 a.
Boré Mns., seine Inschriften 17 a, b; 22 b; 35 b.
Bös-tepé „Eishügel" bei Trapezunt 6 a.
Bös-tepé am Halys 54 b.
Böyalý-koei, volksthümlich contrahirt Buyalle, „farbiges Dorf" 61 a.
Bruonengang; antiker aus der Feste von Karâ-Hissar 14 b; in Tökät 22 b; Turcha) 26 a; Amâssia 34 a; in Pischmîsch Kaleh-ssî 91 a; in Yapulî-dâgh 94 b.
Buchen 8 a.
Büffel 20 a; 25 b; 41 b; 43 b; 82 a; 84 a; grosse Heerden von 70 a.
Bülbül-oghlî „Sohn der Nachtigall", Dorf 11 a; Bewohner Christen 11 b.
Büldürutsch Berg 60 b.
Bunân, auch Bosûk, Landschaft, Unsicherheit 53 b.
Buyâk limân „grosser Hafen", schöne Thalbildung 4 b.
Buyûk „grosses" Ssâri kayâ Dorf 53 b.

C. (Vgl. K.)

Caesarea Cappadociae, s. Kaissarieh.
Chân oder Hân, Pl. chânlar, hânlar, „Karawanserai, Herberge", ihr Charakter 6 b Note; 7 a; 10 a; 27 a; ihr Schmutz 56 b. Schöner Chân 19 a; 70 b; 100 a.
Chanê-posta (grammatisch richtiger l'osta-chânê) „Posthaus" in Angora 80 a.
Chaua Dorf 7 b.
Cheir e' dîn Bascha, Gouverneur von Yûsghâd 40 b Note: 50 a, b.
Cheir-ullah Efendi's Türkische Geschichte 18 a.
Chorss-abâd, Palast in —, verglichen 48 a, b.
Chosch-oghlân „schöner Knabe", Dorf 25 b.
Christen 11 b; in den Troglodyten-Thälern 64 a: 65 b; 66 a: verkappte 7 b; 87 b.
Christenthum hat sich in den umschlossenen Berggegend constant erhalten 7 b.
Christenverfolgungen 65 b.
Christliche Darstellungen 66 a, b.
Comana Pontica 21 a, b.
Cyaxares von Medien erobert Kappadokien 45 a; Krieg mit Alyattes 45 b.
Cyklopischer Bau, welchen Ursprungs 47 b.

D.

Dâgh-dibî „am Fusse des Berges", Herberge 11 b.
Dâgh-sserâi „Bergpalast", wohl alte Ruinen 38 b.
Dârabûd Bach 17 a.
Dégirmên-dâgh „Mühlenberg" 19 b.
Déghirmên-seû „Mühlenwasser" 6 a.
Délidjö-tschai Fluss 63 a; 64 b.
Délikli-tâsch, dêkili-tâsch, „zerbrochener Stein", „Säulenstein", altes Grabmal 63 a; 64 b.
Déli Mêhemed Batâl der Held 53 a.
Demirdjî „Schmiededorf" 84 b.
Denek-Mâden Dorf u. Grubenschmelzwerk 76 a.
Derbênd agha-ssi, der Kommandant eines solchen Postens 6 a.
Déré-bei „Thalvogt", unumschränkter Vasall 44 b; 75 b.
Déré-bend, Der-bend „Thalpass, Polizeistation im Pass" 4 a; 20 b; 28; 76 a; 99 b.
Derwische 72 b; sind Atheisten 76 b.
Devret oder Devriteh Dorf 50 b.
Dîl-bâschi „Zungenhaupt", Landspitze 101 a.
Dionysos, Kultus des 98 a.
Dödomu Dorf 80 b.
Doghanli-dèré „Felshöhlenthal" 90 a.
Döngel Ort 87 a.
Donnerer Zeus, Kultus des 97 a, b; 98 a, b.
Doppelädler auf den Thor von Karâ-Hissar 14 a, b; auf dem Portal von Ueyük 42 a; in Boghâs-koei und in allgemeiner Beziehung 45 a.
Dorylaeum alte Stadt 98 b.
Dürre, grosse 20 a.

Dj oder Dsch.

Djan-bâs „Prahlhans", Held 74 a.
Djèmalî Dorf 74 a.

Inhaltsverzeichniss.

Djemalā, ein anderes Dorf 76 a.
Djengel-boghās-sī „Klauenpass" 26 b.
Djössero Dorf 6 b.
Djèwislik „Wallnussdorf" 6 b; 7 a.
Djïlán-lỹ-dāgh „Sesamberg", Sporn des Argaeus 58 b.

E.

E'dighe Bergweiler 77 b.
Eghatana, Vorbild der Befestigung von Boghās-koeï 45 a; 47 b.
Ehegattengrab 99 b.
Eichen 11 a; 39 b; sehr schöne 78 b; 90 a.
Eichengebüsch 12 b; 13 a; 19 b; 20 b; 26 b; 41 a; 76 a, b; 96 a; 97 a.
Einwanderung in die Türkei 73 a; 88 b.
Eiros Dorf 99 a.
Elmā-dāgh „Apfelberg" 77 a.
Emîr-gũl „Fürstensee" 80 b.
Emirler Dorf 71 a.
Emirler „die Fürsten", Hügel mit Seldschuki-schem Kiosk 55 a.
Ënderes Dorf 17 a; schöne Pflanzung 17 b.
Erbsen 70 a.
Erdjīas Berg, s. Argaeus.
E'regli (Heraclea) Stadt, Küste bei 4 a.
E'rkelet schönes Gartendorf 55 b; 56 a; scharf markirtes Thalrand von 58 a.
E'rserüm-Strasse, Verkehr darauf 13 b.
Er-Singana oder Ersingiān Stadt, Strasse dahin 11 a.
E'rtogrul Osmans Ahne 99 a; sein Grab 99 b.
Eski-Schēr „Alt-Stadt", Dorylaeum 98 b.
Essakodjaïla Dorf 74 b.
Eupherbien 11 a.
E'werek Dorf 59 a.
Ewlia Dorf 25 b.
Ewlia Türkischer Schriftsteller 15 a passim.

F.

Fachwerkbau in Karā-Hissár 14 b; in A'ngora 78 b; in Ssīdī Ghási 88 b; Vortheile desselben 88 b; 99 b.
Fämüle Dorf 82 b.
Fanda Dorf 6 a (nach Dr. Mordtmann 6 b Note Fondak).
Feigen, gekochte 82 b.
Felsgräber 27 b; 30 a; 32 a, b; 33; 35; 40 a; 60 a; 63 a; 64; 91 b; 92; 93; 94; 95.
Felshöhlen am Halys 55 a; bei Indje-ssū 59 b; im Troglodyten-Thal 60 a, b; 61 a, b; bei Uergüb 62 a; 63 b; in Martschan-dere-ssī und Umgebung 89 a; 90 a passim; Kosten der Herstellung 64 a.
Feresa Dorf 8 a.
Fichten 8 a, b; 12 b; 89 b; 90 a; 91 b; 95 a.
Flachs 17 b; 26 a; 75 a, b.
Franzosen, ihre Dumpfboote auf dem Schwarzen Meere 3 b.

G.

Gadjur-dāgh (Name nicht von mir kontrolirt) 11 b.
Gänseebene 25 b.
Gaziura 26 a; s. Turchal.
Gēbīsch Dorf 100 b.
Gelbbeeren 79 a.
Gemüse 13 a.
Genuesische (sogenannte) Bauwerke 11 a; 100 a.
Gerste 10 b; 17 b; 19 b; 70 a; 74 a, b; 75 a, b; 88 b; 96 b; 98 b passim.
Ghayāth e' din Seldschukenfürst 24 a Note.
Ghayāth e' din Ebū'l Fetih Kei Chusráf, Sohn des Kylidsch Arselan 31 a.
Ghayāth e' din Hussein 56 b.
Ghayāth e' din Méhemed, ein Karā-köyunlū 30 b.
Ghayāth e' dünīa ū e' din Ebū' e Fetih Kei-Chusráv, Sohn des Kei Kavūs Kässim 72 b.

Ghiaur-dāgh „Ketzerberg" 7 b.
Ghiaur-koeï „Ketzerdorf" 8 a.
Ghiaur-köprü „Ketzerbrücke" 7 b.
Ghiaur-pungār „Ketzerquelle" 80 a.
Gök Medressèh „Blaue Hochschule" 31 a.
Gül-Schēhr „Seestadt", „Rosenstadt" (?), Beiname von Yarā-pissōn 67 b. Ich weiss nicht, welche von den beiden Erklärungen die richtige ist; Kiepert zu Ritter's Kl.-Asien, I. p. 985, erklärt „Rosenstadt"!
Gordyas, Vater des Midas 92 a.
Gräber, s. Felsgräber, Meschhod, Türbeh.
Griechen, wohlhabiges Bild von 60 a; — sprechen und schreiben im Inneren Kl.-Asiens nur Türkisch 60 a; 63 b; Griechen verdrängt 61 b.
Griechisch gesprochen in Büllbül-Oghlū 11 b.
Griechische Mädchen in Nationaltracht 4 a.
Griechische Sprache, aber nicht griechischer Typus 8 a.
Gümenek Dorf 21 b.
Gümüsch-hánè Silberbergwerk, Weg nach — 7 a, b; 9 b; 10 a.

H.

Hadji Bektisch Heiliger und Dorf 68 b.
Hadji Hängurlỹ Dorf 82 a.
Hadji-koeï „Pilgerdorf" mit schönerm Ackerbau 39 a.
Hagebutten 59 b; 61 a.
Haïmanŏ (Clammanene) Landschaft 82 a.
Halff Bei Häuptling der Kurden 35 b (verdruckt Hámed Bei) 40 a und Note.
Halys „Salzfluss" 68 b, ep. 76 b; als Grenze zwischen Kappadokien und Phrygien und zwischen Medischem und Lydischem Reich 45 a; Furth des Kroisos 77 a; seine Breite 69 a; Inseln 70 a; Gefälle 76 a; Felsgrotten an ihm 55 a.
Hámid Dorf 74 b.
Hamilton, Mr. W., seine Verdienste um Kl.-Asien 42 a, Angabu über Ueyük 42 a.
Hān, s. Chān „Herberge".
Hanf 6, 8 Note; 27 a; 70 a.
Harāb-Kevrèn „verwüstete Ruine" von Midaium 87 b; Fluss von 87 a, b; 88 a.
Hassān-dāgh Berg 60 b; 69 a, b.
Hassán-dedè Dorf 38 a.
Hassár-galèh Dorf 38 a.
Háyio V á-ssíli oder A'yio V á-ssíli Dorf 4 b.
Háyios oros Dorf 4 b.
Herodot, Bestimmtheit seiner Angaben 45 b.
Hersek Dorf 100 b.
Hirse gebaut 10 b.
Holzbau 12 b; 19 a; 43 b; vgl. Fachwerkbau.
Hufeisenbogen in den Felshöhlen von Martschane 65 b.
Hussen oder Hossèn Gouverneur von Ssèwrī Hissár 85 b; 86 a, b.
Hussèn Ghási Heiliger 74 a; Kuppe von 78 a, b.

I.

I'brahīm-koeï „Abraham-Dorf" 42 a.
Ilākssa Dorf 6 b.
Ilbös Höcker des Argaeus 58 a.
Imád Dorf 43 b.
Indje Armenier, sein Charakter 37 a, b.
Indje-ssū Stadt 59 b; Reinlichkeit und Nettigkeit von 60 a.
Indjir-linán „Feigenhafen" 4 b.
Indjir-lỹ „Feigenort" 52 b.
Iné-basár, richtiger E'sine-basár, Dorf 26 b.
Iné-boli Hafenort 4 a.
Inschriften besprochen passim, s. Amássia, Midas-Grab, Phrygien, Dionysos, Donnerer Zeus, Tolistobogar, Seldschuken, Solon's Grab.

Inschriftsäule 78 b.
Iris „Bogenfluss" wegen der ungeheueren Biegung, die er macht (Tösan-lỹ ssū), verödet 19 b; 20 b; alte Brücke über 21 a; Holzflössen auf 21 b; bei Tōkát 24 a, b; 26 a, b; in Amássia 34 a, b; 36 b.
Issmīd Stadt, Dampfschifffahrt 100 b.
Issnīk Stadt, s. Nicaea.
It-burnū „Hundsnase", Dorf 99 a.

(J siehe Y.)

K.

Kádhi-köpri-ssỹ „Richterbrücke" 20 b.
Kaïmak geronnene frische Milch 85 a; K. und Quitten als Frühstück 31 b; 87 a.
Kaissarieh (Caesarea, Mazaca), Verfall und Schmutz von 56 a, b; christliche Betriebsamkeit in 56 a; Tabak in 56 a; Zahl der bewohnten Häuser in 58 a.
Kala-djỹk „Kastellort", Dorf mit alten Resten 39 a.
Kala-koeï „Kastelldorf", Dorf mit Pontischen Felsgräbern 27 a, b.
Kalkīt-tschaï „Fluss von Kalkīt", auch Karā-tschaï „Schwarzfluss", der alte Lykos, „Wolfsfluss", wegen seines reissenden Gefälles und Brausens 13 a, b; 14 a; 16 a; 17 a; 19 b (bier Kalkūt geschrieben).
Kammhöhe 6 a; 11 b.
Kapūk-dāghi „Deckelberg", schöne Kuppe 20 a.
Kapūk-tepè „Deckelhügel", Lübenkamm, 50 b; 52 a.
Kapelle, christliche 64; 65; 66.
Kappadokien Grenzprovinz von Medien 45 a; Kappadokisch-Tyane 46 b; K — eSlädte wo gegründet 58 a; Gräber K — er Satrapen 41 a.
Kapū-ssū „Thorwasser", enger Thalpass 4 a.
kará-basár „Schwarzmarkt" 58 b.
Karā-bök oder Karā-biyīk „Schwarzdorf" 13 a.
Karā-bunár „Schwarzquelle", Dorf 68 b.
Karā-burún „Schwarzmeer", Weinberge u. Landhäuser 4 b.
Karā-djá örū „Schwarzruinen", nettes Landdorf mit Felshöhlen 61 b.
Kara-ewrèn „Schwarzruinen" 96 a.
Karā-ghulssū Dorf 80 a.
Karagötsch Dorf 54 b.
Karā-Hissár „Schwarzburg", vollständig „Schabháne K.-H.", „Alaunmagazin Schwarzburg", eigenthümliche Lage von 14 a; Gegensatz von Stadt und Pflanzung 14 a; Verfall 14 b; 16 b; Gegensätze der Landschaft 15 b; Natur der Gärten 16 a; Weinzucht 16 a; Montagsmarkt 17 a, vgl. 16 b; schneebedeckte Kuppen östlich vor 8 b.
Karā-in „Schwarzhöhle", Dorf mit vielen Felshöhlen 61 a.
Karā-Mursaäl Stadt 100 b; 101 a.
Karā-Schēhr „Schwarzstadt", Dorf 99 a.
Karā-tschaï „Schwarzfluss", s. Kalkīt-tschaï.
Karā-uçyük „Schwarzruinen", Dorf 82 a.
Karduchen-Typus 8 a.
Karïdjè Kastell 99 a.
Karīssa alter Ort 42 a.
Kar-lỹ „Schneedorf" 78 b.
Karren, einbeimische 12 a; 29 a; 67 b.
Kātïrčjī „Maultiertreiber" passim.
Kayāsch-bāschī-tschaï „Fluss am Anfang von Kayasch" 78 b.
Kayásch Dorf 78 b.
Kelnás Dorf 34 a.
Kelnás, anderes Dorf 86 b.
Kekridjé Dorf 75 b.

Kéllier Armenisches Dorf 53 b.
Kérassûn Stadt, malerische Lage von 4 a; Strasse von Karà-Hissár nach Kérassûn 16 b.
Kerk-ẹr od. Kyrk-ẹr, „Vierzig Höhlen", Dorf 96 b.
Kerklar Bergkuppe 34 a.
Keskin Dorf 99 a.
Kessí-köprü Brücke 70 b.
Kiamil Baschá von Amássia 30 a; 40 b Note.
Kidros Thalschlucht 4 a.
Kirschbäume 9 a.
Kir-Schöhr oder Kyr-Schöhr „Feldstadt" 71 b; noch nicht verödet 73 a, b; Seldschukische Bauten in 72 a.
Kisslar-dághi schöne Kuppe 39 a.
Klein, Herr 32 a; 36 b.
Ködil Dorf und Fruchtoase 10 b; Birnen 11 b.
Köllü Hissár „Schloss mit dem Dorf", Name und Lage 18 b. (NB. Die Bemerkung Dr. Mordtmann's enthält offenbar einen Widerspruch.)
Kölat Gebirgskamm 8 a, b.
Konstantinopel, veränderter Charakter seit 1847 3 a; Grab des Siegers und des Besiegten, des Moslem und des Christen, Kloster Pánkratór, Zaïrêk djámi 3 a; Mauern von 3 b.
Köprü-ghiaur-koeï „Ketzerbrückendorf" 8 a.
Köprü-koeï „Brückendorf" 70 b.
Koralla, Ruinen von 4 b.
Kürssẏk Dorf 12 b.
Kótoba Dorf 81 b.
Krieg, Einwirkungen des Russischen Kr. auf Kl.-Asien 91 a.
Kroisos König, wo er den Halys passirt 77 a; verwüstet Pteria 45 b.
Krug, Herr, Seidenhändler in Amássia 28 b, 29; 40 a.
Kurden 54 a; 67 b; 75 b; Milli K. 40 b Note; Awscharische K. 53 b.
Küschla „Winterresidenz" 43 b; 53 a.
Kylischlár Dorf 19 a.
Kymbet Dorf mit Phrygischen Denkmälern 95 a.
Kyr-Schöhr, s. Kir-Schöhr.
Kysilbásch „Rothköpfe", Ketzer und Freigeister 20 a; 38 b.
Kysil-irmak „Rother Fluss", s. Halys.

L.

Lefkeh Stadt 100 a.
Leo Diaconus, Angabe über Höhlenthäler 65 a.
Linseu 70 a; 74 a.
Lokmán Bergkuppe 34 a.
Lonssa Dorf 6 a.
Löwe Wappenbild von Paphlagonien und Angora 78 b.
Lykos „Wolfsfluss", steile Ufer 17 b; starkes Gefälle 18 b; grosse Enge 19 a; Scheidegebirge zwischen L. und Iris 19, b; vergl. Kalkít-tschaï.

M.

Máden-koeï „Gruben-Schmelzhüttendorf" 8 b.
Mais gebaut 6 b Note; 7 b; 10 b.
Malà-koeï Dorf 81 b.
Martschan-dere-ssí Thal von Martschan 63 a, b.
Martschanne Dorf und Höhlen 63 a, b; 64 a, b; jetzt ganz moslemisch 64 a; 65 a.
Mátara-djiuuin-koeï 6 b Note.
Matschka Thal mit zahlreichen Dörfern 7 b. (NB. Wir hörten den Namen nie Madjuka aussprechen.)
Matschka-koeï Dorf 6 b Note.
Maulbeerpflanzung 23 b; 27 a; 28 a; 36 a; 99 l; 100 b.
Maulthier-Karawane 13 b; 54 b; 99 b.
Medjidyseh-tschaï 40 a.

Médjeles „Rathssitzung", Unehrlichkeit eines 40 b Note; 72 a.
Médresséh „Hohe Schule" in Amássia 31 a; 37 a; in Kaïssaríeh 56 b; in Kyr-Schöhr 72 a.
Meerschaumgruben 99 a.
Melonen 7 b Note.
Merdan 'Ali Dorf 75 a.
Meschhed Grab-Denkmal eines Glaubenszeugen (schehîd) 24 a; 87 b.
Midaïum alter Ort 87 b.
Midas-Grab 91 b; 92 a, b.
Möda-ssü Fluss mit dem Dorf Möda-ssü-koeï 18 a.
Moegirdü-ssü, zweifelhafter Name des Flusses Dōghirmén-así 6 a.
Mätu Tschiftlik „Gut Mätu" 20 a.
Moslemischer Charakter passim; Gastlichkeit 17 a; 19 b.
Mudír Ober-Amtmann, passim.
Mühürdji Engpass 6 b Note.
Mülk Dorf 84 b.
Muschûl Dorf 19 a.
Mutesellim „Amtmann" 9 b.

N.

Naculeïa, Lage von 97 a.
Nadelholz 12 a; s. Fichten.
När oder Nôr Dorf 67 a, b.
Nebel, dicker 77 a, b.
Nef-Schöhr „Neustadt", gewerblicher Ort 66 a.
Nicaea (Isnnîk) 100 a; Mauern 100 b.
Nicopolis nicht bei Enderess 17 b.
Nigdeh, Ausdehnung der Provinz von 73 a.
Nûr e' dîn ben Timur 22 a.

O.

O'ba Schéheri Dorf 54 b.
Obstbaumpflanzungen 44 a; s. Birnen u. s. w.
O'da (Gemach, Gastzimmer), Einrichtung 9 a; 13 b; Grundriss 22 a; 52 b; 74 a; in Phrygien 91 b.
O'dā-báseheï „vorzügliches Gemach" 77 b; 78 a.
Odún-dágh „Holzberg" 60 b.
O'ladjík Dorf 84 b.
Oliven 4 b; fehlen im Innern Kl.-Asiens ganz.
Opium gebaut 94 b; 98 b.
Oran-sseráï Dorf 54 b.
Ordu Dorf 4 a.
Orta-koeï Dorf 78 a.
Ortu Dorf 84 a.
Osmanlí, Charakter der 7 b; 88 a; Osmanisches Element 3 a; Gastlichkeit 17 a; Phr. Tüchtigkeit 77 b; feiner Sinn für Natur im Namengeben, passim (s. Yaghmúr-bába); Wiege des Osm. Reiches 99 a.

P.

Pappeln an Wasserrinnen 10; 68 b; 72 b; 86 b.
Paryadres Gebirge, Charakter 4 b.
Peïon altes Kastell 86 a.
Pessinus, Ruinen von 86 a.
Pflaumenbäume 86 b.
Phrygia, Provinz Phr. in Röm. Inschrift 86 b; 90 b; 91 b; 93 a; 94 a; Phr. Residenzen 94 a, b; Bauweise 91 b; Phr. Kapitäler 97 b; schöne Waldtriften 90 b; Topographie jetzt festgestellt 91 a; 93 a.
Piré Pungarí „Lousequelle", Dorf 81 b.
Pischmisch-kalch-ssí „Kochkastell" (weil der Mutterfels so künstlich behauen ist; Stewart schreibt fälschlich S.S. seines Buches Mischmisch-kalé-ssí, aber es hat mit „Aprikosen" nichts in der Welt zu schaffen), Phrygische Burg 90 b; hohes Alterthum 91 b.

Platana Dorf 4 b.
Prymnessos, Lage von 88 a; 89 b.
Pteria, s. Boghás-koeï.
Puchta (richtiger Purk) Dorf 17 a.

Q.

Quitten 97 b; vgl. Kaïmák.

R.

Rindviehheerde, grössere 98 b.
Rindviehzucht in Alt-Phrygien 98 a.
Ritter, Carl, Angaben berichtigt 13 a, b; 66 b Note; 91 a; 93 b.
Roggen 74 a; 75 a.
Römische Strasse 78 a.

S und Ss.

Sabtíć (zuweilen verschrieben Sabtier) „Geleitsreiter", passim.
Ssakaria (Sangarius) Fluss, Charakter des 83a; Flussschnelle des 84 a.
Ssálmané Ort 82 a.
Salzgrube 68 a.
Ssanaûli Dorf 20 a. — NB. Dieser Punkt auf meiner Reisestrasse ist von grosser Bedeutung, weil sie hier mit derjenigen Tschichatscheff's, veröffentlicht in der Zeitschrift für Allg. Erdkunde, Bd. 6, 1859, zusammenfällt und somit dessen höchst unsichere Daten einigermassen kontrolirt.
Ssansûn Stadt 4 a.
Sára Stadt 38 a.
Ssára-ssü „Gelbes Wasser", Fluss 87 a.
Ssárilár Dorf 50 b.
Sasslik „Schilfbecken" 59 a.
Ssẹghèrly Dorf 68 b.
Seidenzucht 27 a; 30 a; 35 b; vgl. Maulbeerpflanzung.
Seldschuken, ihre Herrschaft 28 b; 30a; Wappen 15 a; Baureste, s. Amássia, Tokát, Kaïssaríeh, Kyr-Schöhr; der Grundsatz bei Benutzung alten Baumaterials 88 a.
Ssertschehüllü Dorf 53 a.
Sséssera Dorf 6 a.
Sséwri Hissár „Steilkastell" Stadt und Schloss 84 b; erster Blick auf 82 b.
Síbero „Síeberdorf" 16 a.
Seïdi Ghásí „der heilige Kämpe", Arabischer Roland 89 a; seín Sarkophag 89 b; Ort S. Gh. 88 a.
Sígaua oder Máden-koeï 8 b.
Sil Dorf 13 b.
Ssinossoun Dorf 61 b.
Sïyarét „Kapelle", Dorf 34 a; 56 a.
Ssofûli Dorf 74 b.
Solon's Grab 95 b, 96.
Sẹngbūd „Weidenbaum" Stadt 99 b.
Söghüd Oení Dorf 99 a.
Sphinx angebracht 42 a.
Spracheigenthümlichkeiten 19 b.
Stewart's Phrygische Darstellungen (Description of some ancient monuments, London 1842) 92 b; 93 b; 95 a.
Sögür Dorf 71 b.
Sully Dampfboot 3 b; 4 b.
Ssultán Murád Chaué Station 19 a.
Ssẏeheri Tëkessí Weïler 12 b. — NB. Die dort angeführte Schreibweise Dr. Mordtmann's scheint mir nicht wahrscheinlich, weil bei diesem Dorf wandernder Turkomanen schwerlich an eine feste oder ein festes Zelt zu denken ist.

Sch.

Schab-háné „Alaunmagazin". Der Name ist fest und ist richtig und nicht durch das von Dr. Blau befürwortete (s. Kiepert zu

Inhaltsverzeichniss.

Ritter's Erdkunde Kl.-Asiens, p. 1018) Schebin zu ersetzen, das, obgleich von Indjidjean gebraucht, wenn anders sein Schabin dasselbe bedeutet, jetzt ganz unbekannt ist. S. Karáhissár.
Schafheerden 41 a; 44 a; 52 a; schöne Sch. 75 a; 76 b; 91 b; 98 b.
Schafzucht 81 b.
Schneefall 98 a.
Schneegestöber 99 a; 100 b.

T.

Tabdcháné-ssū „Wasser der Tabaksfabrik", Fluss bei A'ngora 78 b.
Tabak 6 b Note; 7 b; in Kaissarieh 57 a; in Eski Schēhr 98 b.
Tabakschneider aus E'nderess 17 b.
Talaidjūk Dorf 26 a.
Tanssara Dorf mit Pflanzung 14 a; 15 b.
Tarla-ssū Fluss 54 a.
Täsch-lý „Steinnest", Dorf 98 a.
Täsch-owá steinige Thalebene 26 a.
Taulíssin Dorf 58 a.
Tavium, Lage von 45 a, b.
Tékich Kloster. Dorf 52 b.
Tesēk getrocknete Kuhfladen als Feuerung 25 b; 91 b passim.
Texier, Mr. Seine Reise von Trapezunt nach Djewíslik 6 b; Angaben über Boghās-koei 45 b; 46 b; über die sogenannten Tempel 49 b; 50 b; über Kaissarieh 56 a; 57 b; über Martschánne 63 a; 65 b; 66 b; über A'ngora 79 b; über die Phrygischen Gräber 92 b.
Thaläss Ort 52 a.
Thekla, die heilige 87 a.
Tiftik, s. Angora-Wolle.
Tirêboli, hübsche Lage 4 b.
Tōkát Stadt 21 b; Missionshaus 22 a; Bevölkerung 23 a; Höhe nach Van Lennep 23 a; Kupferschmelzen 23 b; 24 a; Seldschukische Bauten 22 a; 24 b; Skizze von Tōkát auf Kartenblatt 2.
Tolistobogier in Inschrift erwähnt 86 a.
Toptschi Dorf 52 a.
Tösau-lý ssū, s. Iris.
Trapezunt oder Tarabosán, Ansicht vom Meer 4 b; Skizze von Tr. von der Südseite 4; Ankunft 4 b; Handelsbedeutung prekär (NB. noch mehr berührt von dem Unglück, das seitdem E'rserūm betroffen) 5 a; Schloss der Komnenen 4 a; Ayía Ssofía 4 b.
Traubenhonig 71 b.
Tricomia, Ruinen von 86 b.
Tuffformation 60 a.
Tuffpyramiden 61 a, b; 63 a; 67 b; 69 (Skizze von T.); 91 b; 95 a.
Tumuli künstlichen Aussehens 25 b; 55 b; 83 a.
Türbeh „Grabmal" 25 b; 56 b; 72 a; 97 b.
Türbeh-dār „Grabmalhüter" 89 b.
Turchal Stadt 26 a.
Türken, s. Osmanlī.
Turkomanen 26 a; 42 a; 69 b; 73 b; 74 b; 75 a, b; 82 a; 84 a; 87 a; 95 a; 96 b; Kleidung der Turkomaninnen 70 a.
Tūs-koei „Salzdorf" 68 a.

Tsch.

Tschagmák Dorf 54 a.
Tschálkara Dorf 99 b.
Tschopán- (Tschapár-) Oghlū Gründer von Tüsgliád 52 a.
Tschaschnegíri-köprü „Mundschenks-Brücke" 75 b.
Tscheltolūk Fluss 90 b.
Tscherkéss-lý Dorf 87 a.
Tschichatscheff Mr. Seine Reise durch Kl.-Asien, s. Ssamáil.
Tschiklár Dorf 39 b.
Tschikor'ý Dorf 39 b.
Tschikūr-aghá Dorf 87 b.
Tschingiseḥlár Dorf 52 b.
Tschun Dorf 74 a.

U.

Uedjassá oder Uetsch Hissár 66 b.
Uergüb Stadt mit Felshöhlen 61 b.
Ueyük „Ruinen" Dorf mit merkwürdigen Ruinen 42 a, b; wahrscheinlich Winterpalast des Gouverneurs von Pteria 43 b, vgl. 45 b.
Uīghur 27 a.
Ulomen 10 a; 100 a.
U'lu Schehrain „Grosse Stadt", Dorf 12 a.
Utsch-koei Dorf 40 a.

V.

Van Lennep Missionär 22 a; 23 a.
Vegetationsstufen 20 a.
Vincke, Freiherr von, sein Plan von Amássia 31 b (NB. Herr v. V. machte diese Skizze nur auf dem Durchmarsch, ohne die Höhen zu besteigen); Plan von A'ngora 78 b.

W.

Wachbeder 12 b; 41 a; 87 a; 89 b.
Wallnussbäume 7 a; sehr schöne 8 a; 9 b; 11 a; 18 b; 19 a; 25 b; 26 a; 38 a; 63 b.
Wefík Effendi, einsichtsvoller Türkischer Diplomat (zur Zeit Gesandter in Paris) 3 b.
Weiden, schlanke 11 a; zahlreich 60 a; W. von ungeheurer Grösse 78 a; 86 b.
Wein von Sée'wrī Hissár 85 b.
Weingärten, schöne 18 b; 19 a; 21 b; 68 a.
Weintrauben, schöne 75 a.
Weinzucht von Kará-Hissár 16 a; 19 b; 52 b; in Kyr-Schēhr 73 b; 74 a.
Weizen 10 b; 19 b passim.
Wesīr Chán, grosse Karawanserai 100 a.
Wölfe 75 b, 83 b; 84 a.

Y statt J.

Yachschi-Háné Dorf und Furt am Halys 77 a.
Yaghmūr-bába „Regengrab", Gebirgsdorf 82 a.
Yaghmūr-lý „Regenort", anderes Gebirgsdorf 69 a. NB. So feinen Sinn haben die Osmanolí für Naturverhältnisse: weil an diesen Gebirgslängen der Niederschlag des Regens so viel stärker ist, als in der Umgegend.
Yaïla (Sommerweide) 12 a; 41 a; 82 b; 84 b passim.
Yaïla-odjī Dorf 80 b.
Van Schéhr „Alt-Stadt" Ruinenstätte 38 a.
Yapúl-dágh Felshöhe mit Dorf 91 b; höchst interessante Stätte Phrygischer Baudenkmäler 93 b.
Yard-pissén 67 b.
Yüsili kayá „der beschriebene Fels", die Felsskulpturen zu Boghās-koei 44 b; 45.
Yásili kayá, das Midas-Grab 91 b; 92 a; vgl. 90 a; 91 a.
Yásir-dághi Berggruppe 53 a.
Yasón burúu „Jason's Nase" (Jasonium), Kap 4 a.
Yásse-tschenéhne Dorf 54 b.
Yassī-hūk Dorf 83 a.
Yassurúk Yaïassí Berghöhe 15 b; 16 b.
Yeni-koei, „Neudorf" 26 a.
Yeni-koei anderes 79 b.
Yochne-ssī oder Yogne-ssū Dorf 54 a u. Note.
Yükbás Dorf 42 a.
Yürüks „Wanderstämme" 6 b; 8 a; 13 b; 20 a; 87 b; 97 a. Ihre Frauen verschleiern sich nicht 8 a.
Yüsghád oder Yosghád Stadt, Sitz der Militärregierung 51 a.

Z.

Ziegen 7 b; 8 a; 41 a.

Druckfehler und Berichtigungen.

S. 6 b, Z. 6 v. u. lies im Derbend statt in Derbend.
„ 9 b, „ 9 v. o. l. aufwärts st. abwärts.
„ 15 b, „ 10 v. o. l. 5000 st. 4500.
„ 17 a, „ 1 v. u. l. Purk st. Puchta.
„ 20 a, „ 9 v. o. l. Subtiei st. Subtier.
„ 22 b, „ 4 v. u. l. 631 st. 638.
„ 25 a, „ 5 v. o. ist aus Versehen der auf das Wort „folgender" bezügliche Grundriss des Seldschukenpalastes in Tōkát ausgefallen.
„ 25 b, „ 22 v. u. l. Sabtié st. Sabtier.
„ 27 b, „ 2 v. u. l. Tschichatscheff st. Tichatscheff.
„ 35 b, „ 7 v. o. l. Halíl Bey st. Hamed Bey.
„ 40 a, „ 8 v. o. und in der Überschrift l. Kurdenhäuptlings st. Drusenhäuptlings.

S. 42 a, Z. 24 v. u. l. vom Halys st. von Halys.
„ 48 a, „ 6 v. u. l. Chorss-abád st. Khorss-abád.
„ 50 a, „ 10 v. o. l. Note 5 st. Note 6.
„ 50 a, „ 2 v. o. l. Note 9 st. Note 8.
„ 52 a, „ 11 v. o. l. waren st. war.
„ 56 a, „ 1 v. u. l. der nachfolgende st. dernach folgende.
„ 56 b, „ 10 v. o. l. Gesimse st. Bogen.
„ 59 a, „ 10 v. u. l. Ewerek st. Everek.
„ 66 a, „ 7 v. u. l. BACHMAN.
„ 67 b, „ 5 v. u. Wegen Gül-Schehīr „Seestadt" s. das Register.
„ 72 b, „ 10 v. u. l. also dem Sohne dessen st. also von demselben.
„ 80 a, „ 15 v. u. l. Ghiaur st. Giaur.
„ 80 b, „ 1 v. u. l. Küyundji st. Küyandji.